全面、实用、科学、权威的社交礼仪读本

每天学点
社交礼仪

商务礼仪 生活礼仪
职场礼仪 服务礼仪
交际礼仪 家庭礼仪

王立 李成凤◎编著

以礼待人，以礼行事，有礼走遍天下！

优雅的行为举止，得体的仪表和言语，

是一个人做事成功的必要因素。

内蒙古出版集团
内蒙古人民出版社

图书在版编目（CIP）数据

每天学点社交礼仪 / 王立，李成凤编著. —呼和浩特：内蒙古人民出版社，2012.1（2013.2 重印）
ISBN 978-7-204-11478-8

Ⅰ. ①每… Ⅱ. ①王… ②李… Ⅲ. ①心理交往 - 礼仪 - 通俗读物 Ⅳ. ①C912.1-49

中国版本图书馆 CIP 数据核字（2012）第 009596 号

每天学点社交礼仪

编　　著　王　立　李成凤
责任编辑　晓　峰
装帧设计　汇集山水
出版发行　内蒙古出版集团　内蒙古人民出版社
地　　址　呼和浩特市新城区新华大街祥泰大厦
印　　刷　三河市同力印刷装订厂
开　　本　787×1092mm　1/16
印　　张　16
字　　数　300 千字
版　　次　2012 年 2 月第 1 版
印　　次　2013 年 2 月第 2 次印刷
印　　数　12001-16000 册
书　　号　ISBN 978-7-204-11478-8/G·3397
定　　价　28.00 元

图书营销部联系电话：4972001　4972092
如出现印装质量问题，请与我社联系。联系电话：（0471）4971562 4971659

前言

在这个世界上，没有谁能够与世隔绝，无论是做人还是做事，都离不开交际。人在社会化过程中，需要学习的东西很多，而社交礼仪教育是一个人在社会化过程中必不可少的重要内容。因为，礼仪是整个人生旅途中的必修课。任何一个生活在某一礼仪习俗和规范环境中的人，都自觉或不自觉地受到该礼仪的约束。

人与人生活在社会这个大家庭里，注重礼节，讲究礼仪，追求文明，掌握交往原则，融洽人际关系，这是每一个向往成功的有志者必修的一门课，也是自尊与尊重他人的表现。

通过礼仪的教育和训练能够帮助人们树立起一种内心的道德信念和礼貌修养准则，这样就会获得一种内在的力量。在与他人交往时，就会自觉按礼仪规范去做，就能使大家相处得和谐、愉快。谁都喜欢同一个彬彬有礼的人相处，而不愿意和一个粗鲁无礼的人接近，可谓“礼多人不怪”。

礼仪被公认为是协调人际关系的行为准则，在西方社会把礼仪视为人生成功的第一课。“没有礼仪，就没有事业的成功”是所有成功者的共识。中国素以“礼仪之邦”而著称于世，讲“礼”重“仪”是中华民族世代沿袭的传统，源远流长的礼仪文化是先人留给后人的一笔宝贵财富。

在人际交往日益频繁的今天，礼仪已经被人们约定俗成为一种社会行为准则，每个人要想立足于社会、拥有成功的人生，必须对

现代礼仪有所了解，并按照这样的行为准则来约束自己的言行。礼仪是一个人的内涵、形象、人格和魅力的完整展现，同时也是非常实用的社交艺术，它可以使你在人际交往中多一分和谐、少一分隔阂，多一分自信、少一分退缩。良好的礼仪不仅决定你的好形象、好人脉，而且还决定你的好前程。

礼仪是为人之本，成事之根，了解和把握礼仪可以为你的成功助上一臂之力。

好礼仪决定你的好形象、好礼仪扩展你的好人脉、好礼仪成就你的好前程!

本书根据人们日常生活的需要，阐释了在社会交往中所涉及到的各种礼仪知识，是一本科学、全面、实用的礼仪知识全书，是你提升自身素质的精神补充剂。

学习和进步是生活的主旋律，我们要时刻督促和鞭策自己成为一个优秀、卓越的人，那么，首先就应该从加强礼仪水平开始。打开此书，你就能够了解到日常生活中细节处的礼仪，从而全面地提升自己的形象，为成功奠定基础。

目录

第一辑　仪表礼仪

在现代社交当中，一个人的仪表起着非常重要的作用。在仪表中，一个人的素质和修养可以得到充分的体现。好的仪表会得到对方的认可，获得自信和成功，反之，则会让对方看不起，因此，在现代社交中，我们应当高度重视自己的仪表。

第二辑　家庭礼仪

有人说家庭生活除了油盐酱醋茶之外，其他的都是多余，实际上这是一种错误的认识。现代家庭想获得幸福、美满、和谐的生活，是要用心去呵护的。

第三辑　日常生活礼仪

在日常生活中，往往更能展现一个人素养的高低，掌握在不同生活场合的礼仪，充分展现一个积极向上、自信健康的自我，将会让你在现代交际中左右逢源。

第四辑　为人处世礼仪

在社会中为人处世是一个深邃而又敏感的话题。万事礼为先，但礼不是天生俱来，必须要用心领会、去学习，得体的礼仪，定会让你在人际交往中，如鱼得水……

第五辑　人情往来礼仪

中国是一个注重情感的传统古国，从古至今一直沿袭数千年的人情往来礼仪，更是增进亲朋好友之间感情的最重要方式。因此，巩固人与人之间的友谊，开拓更为广泛的社交范围，重要的一个方法就是经常相互交往。

第六辑　社交礼仪

俗话说得好：“礼多人不怪”。良好的社交礼仪能够使自己在社会中被接纳、被理解、被帮助，可以将自己置身于社会竞争中的优势地位，让自己的成功之路更加通畅，为自己增添许多幸福。

第七辑　社交场合的礼仪

有些社交场合需要按一定的礼仪行事，本章节给你介绍几种常见的社交场合礼仪，通过本章学习，相信你的一言一行都会做到自然得体、落落大方。

第八辑　现代职场礼仪

在职场中，有些人如鱼得水，常常加薪晋级；有些人却步步倒退，往往处于下坡趋势。显然，每个在职场打拼的人士，都想看到第一种情况，因此，本章节将会教你一些职场礼仪技巧，让你赢得别人的相助。

第九辑　商务礼仪

商界中有句箴言：“一流人才最注重商务人缘”。因此，要做好生意要遵循商务礼仪，尽快建立自己的人际关系网。

第十辑　服务业礼仪

俗话说：“车有车道，行有行规。”面对各个行业的不同情况，要区分对待，万不可一概而论，否则，不但闹出笑话，还会伤害对方。

第一辑
仪表礼仪

在现代社交当中，一个人的仪表起着非常重要的作用。在仪表中，一个人的素质和修养可以得到充分的体现。好的仪表会得到对方的认可，获得自信和成功，反之，则会让对方看不起，因此，在现代社交中，我们应当高度重视自己的仪表。

1. 仪表，决定你的成败

美国著名成功学家拿破仑·希尔说："一个人能否成功，关键在于其心态。"成功人士都有一种积极的心态，而仪表正是这种积极心态的外在表现。仪表指人的外表，包括人的仪容、姿态、服饰、风度等。优雅得体的仪表能够增强人的自信，从而以奋发、进取、乐观的心态，去面对现实，处理人生所遇到的各种问题。

1960年9月，尼克松和肯尼迪二人举行竞选总统的第一次辩论。当时，两个人的声望不相上下。但是大多数评论员认为，尼克松是经验丰富的"电视演员"，击败缺乏电视演讲经验的肯尼迪是在情理之中的事情。然而，事实却出人意料，肯尼迪最终取得了竞选的胜利。这是什么原因呢？原来，尼克松没有听从电视导演的劝告，再加上他精神疲惫，萎靡不振，面部化妆又用了深色的粉底，在屏幕上显得疲惫不堪、愁眉苦脸，最终导致竞选失败。而肯尼迪则不同，他在竞选之前做了大量的准备工作，还到海滩晒太阳，养精蓄锐。结果，当他出现在电视屏幕上时，红光满面、精神焕发，演讲论辩谈吐自如，最终成功折桂。由此可见，仪表的好与坏，有时的确能决定一个人事业的成败。

个人交际、个人事业的成功与否，自身的仪表起着举足轻重的作用。就拿应聘求职来说，现代企业招聘人员时，非常注重面试这一个环节，应聘者的个人仪表是面试的首要问题。因为公司或企业的员工需要直接与社会、与消费者接触，他们展现在社会上的个人形象反映出的其实就是企业或公司的形象。

日本著名企业家松下幸之助有一次到银座的一家理发室去理发。由于过度的操劳与奔波，他带着一副疲惫的样子，衣冠不整地来到理发室。理发师看到他的形象后，语重心长地对他说："您对自己的容貌修饰丝毫不重视，就如同将你的产品弄脏似的。作为公司的代表，您这样不注意形象，产品能够打开销路吗？"一句话将松下幸之助问得哑口无言。他将理发师的劝告牢记在心，从此对自己的仪表一直十分重视。

从这个故事中可以看出：仪表首先能引起交往对象的特别关注，仪表礼仪通过修饰来展示，并影响到对方对自己的整体评价，因此具有非常重要的实际意义。

在个人礼仪当中，仪表可以说是重中之重。要想打造得体的仪表，您须要谨记以下两条黄金法则：

（1）仪表是一个人内在品质的最佳体现

谈到仪表，有些人常说：许多有学问的人从来不注重自己的仪表。其实这只是片面之

见。要知道，不太注重仪表形象的人毕竟是少数。对于大多数在社交场合纵横的人，仪表的作用至关重要。常言道："质于内而形于外。"文化素质高、气质超群的人，大都懂得如何修饰自己的仪表。仪表端正体现了一个人的内在修养、自尊心和品位格调，也是对交往对象的最大尊敬。

美国的一位行为学家做过这样一个实验：当他以不同的仪表在同一个地点出现时，得到的反应却是迥然相异：当他以西装革履的绅士面孔出现时，任何一位陌生人都对他礼貌有加，他也显得颇有风范：当他打扮成一副流浪汉的模样时，与他接近的大多数则是些无业游民。由此可见，在社会中与人交往，尽管"人不可貌相"，但人际交往中仪表所表达出的意义是无法用语言形容的，是一个人内在品质的具体体现。

(2) 仪表集中表现了一个人的修养

在社会交往中，仪表端庄已经成为了人们的一句口头禅。在大多数人看来，一个仪表端庄的人往往具有很好的教养。良好的第一印象是成功的一半，美好的第一印象往往不会重复出现。两个萍水相逢的人见面后，短短的几秒内就能形成第一印象。许多人因为仪表的原因，在社会交往中屡屡碰钉子。

总而言之，仪表是打通人脉王国的通行证。一个仪表端正的人在社会中行走，得到的是众人的鲜花与掌声；一个仪表不端的人只会受到别人的鄙视与嘲讽，自己也不会在大庭广众之下昂首挺立，当然也难以获得足够的自信。所以说，仪表是决定个人成败的关键因素。

2. 服饰，叩开成功之门的"敲门砖"

"人要衣装，佛要金装。"这句话虽然古老，但永远都不会过时。在现实社会中，得体美观的服饰能够为你成功打造良好的个人形象，是帮你叩开成功之门的"敲门砖"。

1945 年 2 月 11 日，苏、美、英三国首脑在雅尔塔签订《雅尔塔协定》。走进会场，第一眼就会看到苏联领导人斯大林，因为他那身洁白耀眼的元帅服光彩照人，最先夺走了人们的视线。后来，每当人们拿起三国首脑签订协议的照片时，最先看到的还是斯大林。白色元帅服帮助了斯大林，使他成为会议上最引人注目角色。

当服饰与穿戴者本人的气质、个性、身份、年龄、职业以及穿戴的环境、时间互相协调时，就能真正达到美的境界。

1986 年，英国女王伊丽莎白二世访华。当女王乘坐的专机在北京机场缓缓降落之时，女王那秀丽端庄的面容顿时引起旁人的关注，温柔慈祥的笑意更是引起了人们的啧啧称

赞。最引人注目的则是女王头戴的一顶明黄色帽子和一身明黄色的西装套裙，在太阳光的照耀下显得无比耀眼、绚丽。

伊丽莎白二世在其他国家和地区访问时，一般不穿黄色服装。来到中国之前，女王的公关顾问特意为她选择了这套明黄色裙装。除了明黄色较为亮丽，将女王的肤色衬托得富有光彩之外，黄色还是中国历代帝王的专用色，显示出一种雍容华贵的王室气象。

伊丽莎白二世这套黄色裙装，既将自己的气质、修养与情操很好地体现出来，也显示出她作为一国君主的尊严与高贵，还表现出她尊重中国传统文化习俗的友好姿态。这就是服装礼仪的最佳效果。

服装的搭配要遵循审美原则。世界时装界所公认的服装礼仪审美三准则，具体是指穿衣服要适应时间、地点和场合，即 TPO 原则。

(1) 时间原则（Time 原则）

时间原则是一个线型概念，泛指时代、季节、早晚等。

① 把握时代的主流，与时尚的节拍相吻合

着装要体现出时代气息，同时还要把握分寸。既不能太超前、赶时髦，也不能步人后尘，与时代格格不入。选择服装应当与自己的身份、年龄相符合，这样能够使个人的气质风度得到很好的体现，给人一种美好协调的印象。

② 根据季节的更替来选择不同的服装

按照这种要求，夏季的着装应以轻柔凉爽、简洁明快为着装格调，选择的色彩与款式要给人一种轻快凉爽的感觉；拖沓繁琐、颜色浓重则是大忌。冬季的着装要以保暖、轻便为原则，避免穿衣过厚，给人一种臃肿不堪、形体欠佳的感觉；还要避免为追求形体美观而着装太薄，以至于冻伤冻病。至于春秋两季，着装的自由度要相对大一些。轻巧灵便，薄厚适宜是着装的原则。

③ 适应早晚变化和生活规律

早晨锻炼时宜穿运动装；白天学习、工作时着装要显得整洁、简洁，不能随意化；晚上的穿着则可以随便些，如果是出席一些重要的社交场合，譬如舞会、音乐会等，着装则要讲究一些。

(2) 地点原则（Place 原则）

地点原则又叫环境原则，是一个面的概念，指因地制宜地着装，着装则要根据不同的文化背景、地理环境、历史条件及风俗人情，在服装上显示出不同的格调与特色。

譬如：穿着西装革履走进金碧辉煌的高级酒店会产生一种人境相得益彰的感觉；在静谧肃穆的办公室里，穿着一套睡衣，穿一双拖鞋，将会显得人境两不宜。若西装革履入农村茅舍，则容易给人一种妄自尊大的感觉。

(3) 场合原则(Occasion 原则)

场合原则是一种线面兼容的概念,最能体现出服装的艺术效果,主要指服饰穿戴要与社交场合的气氛相互协调。在不同的社交场合,因为气氛情绪的不同,服饰穿戴也要有所不同。着装得体最主要体现了一个人的文化素质及文明礼貌。

在办公室,着装应当端庄大方。男士不能穿背心、短裤、拖鞋,女士不能穿太短、太露的服装。外出旅游着装更应轻便、简洁,高跟鞋、太宽松的服装是不合时宜的。喜庆场合穿戴可以艳丽、明亮一些。而比较庄重严肃的庆典活动及悲伤场合,着装也要体现出端庄严肃。

佩饰也是现代礼仪中的重要组成部分。为了使内在形体的整体美展示出来,选用佩饰则是你的首选。用佩饰装点仪表也应符合一定的礼仪规范和佩戴原则。在社交场合要佩戴诸如帽子、墨镜、胸花、别针、手提包等类饰物,以达到巧妙渲染、展现高雅、追求情趣的效果。饰物的搭配要讲求个性与着装的相互协调。饰物与着装的巧妙配合,可以形成一个和谐缜密的整体,能够巧妙衬托仪表,体现出自己丰富的个性。佩戴饰物不要讲求太多,在较为正式的交际场合,全身佩戴的饰物不得超出三件,使其起到"红花配绿叶"的作用,使人们的内在气质与品味得到很好的展示。

佩戴饰物还要与服装的色彩、质地、款式相搭配,要将饰物看做是服装整体上的一个小环节,在风格与搭配上要和谐,给人一种美的感觉。

"人靠衣装,马靠鞍鞯。"在社交生活中,一个着装整洁、鲜亮明快的人总是会备受欢迎的。

3. 站姿礼仪

在人际交往过程中,"站有站相"是对一个人礼仪修养的基本要求,良好的站姿能将美好的气质和风度烘托出来。

挺直、均衡、优美、典雅的站姿是发展人的不同质感动态美的起点和基础。如果站姿不标准,其他姿势的优美则无从谈起。

(1) 正确站姿的规范要求

正确站姿的基本要求是:从正面来看,身形应保持直立,头颈、身躯和双腿与地面垂直,两肩平衡,两臂和手要在身体两侧下垂,眼睛平视,观望四周,嘴略闭,面带微笑;从侧面看,其下颌应稍收,眼睛平视前方,胸部稍微挺起,小腹收拢,整个形体就会显得平稳、庄重、自信且有力度。

由于男女之间的性别差异，男性要有稳健的立姿，讲求“站如松”，这样可以显示出男性的强壮、刚健、潇洒、英武；女性的立姿则要将女性的妩媚轻盈、典雅娴静充分地体现出来。女子在站立之时，双脚应该并拢或呈“V”字形，双手交叉于下体，通常放在前面：男子站立之时，双脚可以收拢，双脚又可以叉开，双手在下体自然交叉放后，也可放前。站立时间如若较长，可一腿支撑，另一条腿稍微弯曲，但上身必须保持直挺。与别人站立交谈时，双臂可以随着谈话的内容做一些有节奏的手势，切不可将手插在口袋中或交叉于胸前。

规范站姿的具体要求，除肃立姿势之外，男性可以表现出双手相握，平稳叠放在胸前的前腹式站姿，或将双手置于身后，做双手相握的站姿；双脚可略微叉开，与肩部保持同宽。女性站立的主要姿势为前腹式，双腿要合拢，脚位要与服装相协调，身穿紧身短裙，脚跟要靠紧，脚掌可分开呈“V”字状或者丁字步；穿礼服或旗袍者，双脚的距离可以分开些。

(2) 应注意的不雅站姿

在生活中有一些不雅的站姿，不论男女都要注意。一般来说，站姿切忌歪头晃脑、颈部收缩、耸肩、含胸、哈腰、撅臀：切忌身躯歪斜、浑身抖动、驼背躬腰、倚靠扒扶；手位不当，如：抱在脑后、手扶下巴、抱于胸前、插入衣袋、游离不定等；腿姿不雅，如双腿的距离叉开的幅度过宽、双腿搅和在一起、双腿弯曲、高跷二郎腿等；脚位不妥，如独脚式、蹬踩式等。

不能下意识地做小动作，如玩弄打火机、香烟盒，拨弄发辫、咬手指甲等，这样不仅显得过于拘谨，还容易给人一种没有自信和缺乏教养的感觉。

当然，具体情况应当具体分析，具体采取哪一种站姿应当根据时间、地点、场合的变化而有所改变。但不论哪种站姿，只有身体保持挺直，站姿才能显得自然轻松、优美得体。

4. 坐姿礼仪

得体的坐姿是一种静态美。动态美扣人心弦，静态美则使人怦然心动。坐姿是一种静态身体造型，这种姿势在人们的社交活动中往往给人带来深刻的印象。

古人所说的“坐如钟”，意思是坐着要稳重不动，像钟一样，姿势要端正优美。

上世纪 90 年代，一家知名的大公司到一所大学招聘应届毕业生，该大学推荐了两位候选人。这两位学生都是学校的优等生。其中一个穿着打扮适中，言谈也非常得体，但是一坐下就会高跷二郎腿，给人一种傲慢不羁的感觉。第二个人正在操场踢球，闻讯后急忙

跑回办公室，当时出了一身汗，一副衣冠不整的样子。当他知道事情原委之后，马上向面试者致歉。来者笑道：“没有关系，可以坐下来随便谈谈。”这个人连忙说道：“谢谢!”坐下后，双腿稍微合拢，双手放在腿上，上身端正挺拔。端正的坐姿，给人一种谦逊、严谨的印象，面试者对他非常赞赏，结果此人被录用。由此可见，仅仅因为两个人的坐姿不同，他们的前程却变得大相径庭了。

端庄优雅的坐姿，不仅能给人稳重沉着的感受；而且能够体现自己的风范与气质。养成良好的坐姿习惯，需要注意以下几个方面的礼仪：

(1) 入　座

入座又叫就座、落座，指的是人们坐到座位上的行动。入座要遵守以下几个原则：

讲究顺序，礼让尊长，注意方位，从左入座，背对座椅，落座轻稳。

在社交及公共场合，如果与他人一起就座，应该非常礼貌地邀请对方，并与对方同时就座，不能与别人争座。入座之后也要讲究方位，座次的尊卑要讲清，主动将上座让给尊长。就座时，需要从座椅的左侧就座，这样能够显示出你的礼貌。与别人面对面就座时，要将自己的背部靠近座椅，右脚后撤，使腿肚与座椅边贴近，再轻轻地坐下，不能出声。女士穿裙入座时，应该将裙子拢紧，以免“春光外露”。

(2) 坐　定

正确的坐姿是：入座者下肢要与上身体位相互协调，双腿与双脚的摆法更要得体。

坐姿的基本要求是端庄、大方、文雅、得体。具体说来应是：

上体要正直，头部要端正，双目平视，两肩要齐平，下颌略微收缩，双手搭放自然。

坐定后，男士双膝可并拢或略微分开，也可以向一旁倾斜，两脚平稳着地。在公共场合，在沙发与椅子上就座，最好不坐满，正襟危坐，表示恭敬、尊重对方，双目正视对方，面带微笑。女性应该牢记“坐莫动膝，立莫摇裙”。女士的坐姿要温文尔雅，轻松自然。

坐姿的基本要求是：腰背直挺，手臂放松，双腿略微并拢，与人平视。与人讲话，要将双手搭在沙发的扶手上，手心不可朝上；双手亦可相交，也可放在腿上，双手相交不能超过手腕二寸；还能将左手掌搭在腿上，右手掌可以搭在左手背上，这种坐姿显得娴熟大方。

在客人面前就座，谈话中手脚不可盲目乱动，手舞足蹈更不可取。除与你亲密无间的客人之外，一般不在沙发上平躺，否则显得有失文雅。

(3) 离　座

离座也需要注意礼仪，一般来说有以下 4 个程序：

① 先后顺序

身份高者要先离坐，身份相当者可同时离坐。

② 起身轻稳

离开座位时动作要缓慢，不能用力过猛，更不宜发出声响。

③ 自左向右离开

应同入座一样，坚持“左入左出”的原则，礼貌要始终如一。

④ 站稳脚跟再离开

离座时要稳当自然，右脚可以向后略收半步，然后起立，站起身后，右脚与左脚要保持平齐，移步要从容。站好再走可以保持动作稳健，跌跌撞撞或匆忙离去，则会表现出举止轻浮。

(4) 不雅的坐姿的纠正

在正式场合就坐，以下几种坐姿要避免：双腿叉开过度；高抬“二郎腿”或“4”字形腿；腿脚摇晃抖动；摇头晃脑，东张西望；弯腰曲背或上身前倾过度；双手端臂、抱脑后、抱膝盖、抱小腿、放于臀部下面；双腿前伸、脚尖指向他人；双手撑椅；既跷脚又摸脚；坐下后任意挪动椅子。

接待客人或到别人家做客，不能高跷二郎腿，显示出不可一世；或者摆出一副懒洋洋的神态靠在沙发之上，双手交叉于胸前，对客人表示冷淡；或将双脚搭在桌面上，表现出对别人不屑一顾的神态。

这些姿势不利于主宾之间建立和睦亲切、友好轻松的关系。到朋友、亲戚家做客，坐姿可随便一些，不必正襟端坐，但也不能有失大礼。

“坐如其人”，坐姿也是一个人素养和个性的集中体现。得体的坐姿能够塑造成功社交者的良好形象，而坐姿不当，容易使人觉得你缺乏素养。

5. 行姿礼仪

行姿是一种动态的姿势，可以充分展现一个人人的动态美。

在日常生活或公众场合中，走路都是浅显易懂的肢体语言，它能够将一个人的韵味和风度表现出来。

(1) 正确行姿的基本要求

正确的行姿能够体现一个人积极向上、朝气蓬勃的精神状态。正确的行姿是要靠正确的站姿作为基础的。走路时，上身应挺直，头部要保持端正，微收下颌，两肩应保持齐平，应该挺胸、收腹、立腰。双目也要平视前方，表情自然，精神饱满。

行路时步态是否美观，关键取决于步度和步位。行进时前后两脚之间的距离称为步

度，在通常情况下，男性的步度是 25 厘米，女性的步度大约为 20 厘米。女性的步度也与服装、鞋之间有关系。通常来讲，以直线条为主的服装特点是：庄重大方、舒展矫健；以曲线为主的服装特点是：柔美妩媚、飘逸优雅。

行走时脚落地的位置是步位。行路时最佳步位是两脚踩在同一条直线上，并不走两条平行线。女性走路之时，倘若两脚分别踩两条线走路，则是有失大雅的。

步态美的一个重要方面是步速稳健。要使步态保持优美，行进速度应该是保持平稳、均匀，过快过慢都是不允许的。

步韵也非常讲究。在行进过程中，膝盖和脚腕要有弹性，腰部理应成为身体重心移动的轴线，双臂要轻松自然地摆动。身体各部位之间要保持动作和谐，使自己的步调一致，显得优美自然一些，否则就显得没有节奏。

(2) 互相礼让

在行走过程中，如有急事需超越别人，应从旁边绕过，不可强行闯过，最好应轻声招呼，不慎撞了行人应该表示道歉。

(3) 礼宾次序

两人同行，前为尊，后为卑，右为大，左为小；三人并行以中央为尊，右边次之，左边又次之：男女同行，进出门口，男士应礼让女士先行。如出入电梯门，女士则应先进后出。推门下车或在黑暗区域通过时，男士应该率先行动。

在餐会上，男士应该让女士先行，以便介绍或就座。

男女二人在街上并行时，男士应该让女士走在比较安全的一边，指的是男士应该走靠公路车辆来往的一面。在平时，应该遵循男左女右的原则。男士若与两位女士搭伴同行，不能走在中间，应该走在最左边。如果路窄只允许一个人通过，男士应该在女士身后行走。两男一女行走，可让女士在中间行走。

(4) 遇友应主动问候

行路过程中碰到好朋友，要与其主动打招呼互致问候，但是切不能高声喊叫，以免使路人受到影响；遇见熟人应该点头施礼；遇见尊者应停下说话；如遇到老幼病残应该在行路中提供帮助；如果遇到久别的故交，寒暄之后如果想要交谈，应该主动走到路边，不宜在道路当中或人多拥挤的地方说话。更不能将路口堵塞，以免妨碍人们的行走或车辆的流通。

(5) 遵守交通规则

城市的街道人来客往，络绎不绝。在行路过程中，对于交通规则、交通信号灯的指示都要遵守，确保人身安全。过公路时要走人行横道，在人流拥挤的地方应讲求循序而行，

做到不抢不挤。碰到气候不佳或天气恶劣，必须注意安全。对意外跌倒、碰伤的人要尽力帮助。骑自行车或驾驶汽车也要严格遵守交通规则，保持谦逊礼让，确保安全。

(6) 注意不雅行姿

在正式场合，有几种行姿需要避免：

行走时切忌摇头晃脑，身体不能左右摆动，脚尖不能向内或向外，摆着“鸭子”步；或者弓背弯腰，六神无主；双手乱放，无有规律，双手插在衣服口袋、裤袋之中，双手掐腰或倒背双手；或东张西望，左顾右盼，指指划划，对人品头论足：与几个人一路同行，勾肩搭背，或者蹦跳，或者大喊大叫等均为不良表现。

维护一个良好的自我形象是仪态礼仪规范的实质。坐、立、行是我们生活中经常发生的动作。一个人的站姿、坐相、行姿，能够恰当反映出他对生活及人生的态度，也是一个人心境的外在体现。所以，平时就要注意自己的姿势，逐渐培养自己的风度。

6. 手势运用原则

手是传情达意的工具，它集形象、情意、指示等多种表达功能为一体，手势是人们在日常交往中频繁使用的体姿语，称得上是一个人的第二张“面孔”。

运用手势，要学会注意观察，通过对方所表现出的种种手势，判断他或者她想要表达的意思。

如果对方双手自然摊开，表明其心情舒坦，无所顾忌；如果对方双拳紧攥，说明其怒气冲天；如果对方以手支头，表明其在全神贯注地听你讲话；如果对方将手捂在嘴前，他正在吃惊；对方用手成“八”字型托住下颏，证明其已陷入了沉思；对方用手挠后脑、抓耳垂，表明对方非常羞涩或无可奈何；而双手无目的地乱动，则说明对方情绪紧张、难以自控；如果不自觉地摸嘴巴、擦眼睛，对方是在撒谎；对方搓双手，如果气温不低，表明是在期待；对方咬手指或咬指甲，如果他已成年，证明他的心理不是很成熟，涉世不深；双手的指尖相对，支在胸前或下巴部位，是自信的表现；对方与你说话时，双手插在衣袋中，表明他对你不屑一顾，爱答不理。

当然，手势并不是孤立运用的，要做到表情达意，必须要与人的眼神及面部表情相配合，这样才能充分发挥手势的意义。社交经验丰富的人，在交际场合都会巧妙运用手势。与人交谈时，为了使语气加强。强调内容的重要性，往往设计几种手势与语言相配合，借此增强自己的表达效果；与人交谈时，留心控制自己的双手不随便乱动，保持一种文质彬彬的风度。

但是，也有一些人在手势运用上并不雅观，譬如：兴奋时就会不由自主地边讲话边打响指；遇到难题时，就会抓耳挠腮，焦躁不堪；与人聊天、谈话时，会边说话边挠痒；在公众场合，习惯指手画脚、拉拉扯扯；说话时，同样的一个手势连续做，给人一种单调、乏味的感觉。

以上种种表现都有损自己的社交风范与气度。一般来说，手势的正确运用要注意以下四点：

（1）简洁明确

手势的运用最重要的是要使人看清、看懂，并能根据你的手势领会你的心理，不能含糊不清。

（2）动幅适度

双手的运动轨迹柔和协调。一般说来，手势的活动范围大体有3个区域：上区（肩部以上），表达出一种理想、希冀等积极肯定的思想；中区（肩部至腰部），多表示叙事和说明等比较平静的思想；下区（腰部以下地区），通常表示否定、消极。若手势的动幅过大或过多，会使人觉得浮躁张扬，过小又会显得暧昧不堪，手势太生硬则会使人敬而远之。

（3）自然得体

手势要与语言表达相一致，要符合对象、场合的需要，不能刻意模仿别人的手势，以免妨碍自己思想感情的表达。

（4）和谐统一

手势要与整个面部表情和谐一致，下意识的动作要坚决避免。同时应注意在不同国家、不同民族，手势的意义也各不相同。

当然，人体是一个有机整体，各个部位是相互配合、相互协调的，同时也是变化多端的。手势应该在实践中综合掌握，灵活运用。

7. 微笑的力量

微笑是一种艺术、一门学问，用你的微笑去欢迎每一个人，那么你就会成为最受欢迎的人。微笑不会花费你一毛钱，但却能给你创造许多奇迹。

戴维·史汀生是美国一家小有名气的公司总裁，他几乎具备了成功男人应该具备的所有优点：他有明确的人生目标，有不断克服困难、超越自己和别人的毅力与信心；他大步

流星、雷厉风行，办事干脆利索、从不拖沓；他的嗓音深沉圆润，讲话切中要害；而且——他总是显得雄心勃勃、富于朝气。他对于生活的认真与投入是有口皆碑的，而且，他对于同事们也很真诚，讲求公平对待，与他深交的人都为拥有这样一个好朋友而自豪。

但初次见到他的人却对他却少有好感，这令熟知他的人大为吃惊。为什么呢？仔细观察后才发现，原来他几乎没有笑容。

他深沉严峻的脸上永远是炯炯的目光、紧闭的嘴唇和紧咬的牙关。即便在轻松的社交场合也是如此。他在舞池中优美的舞姿几乎令所有的女士动心，但却很少有人同他跳舞。公司的女员工见了他更是畏如虎豹，男员工对他的支持与认同也不是很多。而事实上他只是缺少了一样东西，一样足以致命的东西———副动人的、微笑的面孔。

因为微笑是一种宽容、一种接纳，而这位总裁紧闭的嘴唇、咬紧的牙关则是向人们传递了这样一条信息：烦着呢！别靠近我！试想在这样的情况下，谁还愿意同他接近呢?

人是喜爱微笑的动物。笑是上帝赋予人类的一项特权，真诚的微笑可以缩短人与人之间的距离。试想，当我们遇到一位陌生人正对着你笑时，你是否感觉到有一种无形的力量在推着你跟他接近，如果你看到的是一张“苦瓜脸”、“驴脸”，你还会有好心情吗？你只能对这种人敬而远之。

笑，可以消除人与人之间的隔阂、误会。当你跟朋友吵了一架之后，忽然有一天见面时，看到他给你送过来一个真诚友善的微笑，你还会对他像刚吵完架似的对他嫉恶如仇吗?

笑，可以缓和紧张的气氛，调节庄严的氛围。在严肃的报告会上，在长时间的比较枯燥的课堂，主讲人适当地开个小玩笑可以打破紧张沉闷的气氛，重新调动听者的注意力。

笑，可以融解客人的拘谨。当客人来访，我们以笑脸相迎，会使客人感到自由、轻松愉快。

有句谚语说得好：微笑是两个人之间最短的距离。人际交往中离不开笑，一个没有笑的世界简直就是一个人间地狱。

在业务往来和应酬场合中，笑能带来许多意想不到的效果。笑，使人变得善良友好；笑，让人觉得喜庆吉祥；笑，让人感到亲切自然；笑，表明你的心胸坦荡。所以，当你笑的时候，别人才会把你当做朋友，才能向你敞开心胸。

那么怎样才能学会自然地微笑呢?

如果你对别人抱着友好的态度，对别人具有好感，自然会笑口常开，久而久之，微笑会自然地变成你自身的一部分。当你遇到别人时，如果心中想：“啊！能看到你，真高兴!”把这种心情表现在你脸上，你会显得满面春风。

你每天都应抽出点时间去笑。在家庭中，也特别需要这样的调剂。笑，能使你在社会上人际关系融洽，家庭中天伦之乐融融。当你某一时刻心情恶劣时，设法使自己笑出来，是改变心情最好的办法。

无论你遇到的困难多么大，处境如何痛苦，一旦你笑了，你就可能撑得过去，不会被

困难压倒，也不会向处境屈服。

如果你平时不太喜欢笑，又想学会笑，那么可先从搜集和剪贴各种趣事和笑料做起。用剪贴簿搜集资料当然很花费时间，但是只建立一个简单的笑料档案却很容易，把你所喜欢的和别人代你找到的笑话和漫画剪下来就可以了。

另外，再预备一本记事簿，记下日常生活中遇到的可笑事情，你一翻阅就会笑起来。

微笑是内心愉悦的自然流露，它会给你带来很多方便。你可能发现以前同别人相处很难，现在却完全相反。微笑是疲倦者的软床、沮丧者的兴奋剂、悲哀者的阳光。所以，如果你希望获得别人的欢迎，那就别忘了对人展露你的微笑。

8. 微笑是最好的见面礼

一个人的素质修养，不仅体现在穿着打扮、言谈举止中，还体现在他的一颦一笑中。

人们都将微笑视为一个应付无聊的、不近人情的、难以回答的问题的手段。微笑的面孔永远受人欣赏，受人欢迎。

美国希尔顿饭店董事长康纳·希尔顿在 50 多年里，不断地到他设在世界各国的希尔顿饭店视察，视察中他经常问到员工的一句话是：“你今天对客人微笑了没有?”

作为董事长，康纳·希尔顿将微笑看得非常重要。他将微笑作为对待顾客的最佳见面礼，成为衡量自己生意兴隆与否的标准。显而易见，微笑也就是他成功的一个重要因素。

我们与别人交往，也要学会微笑待人，以真诚的微笑叩开他人的心扉，让他感受到你的真情与美丽。

（1）微笑是社交的通行证

在社会中与人交往，微笑是最美的礼仪。微笑不仅是一个妩媚动人的符号，更是一个无风险、高回报的“投资项目”，相信没有谁会拒绝别人的微笑。但是，能够经常保持亲切微笑的人却并不多。真诚、信任、礼貌的微笑，将会为你的社交打开一条通向成功的通途。

微笑可以将双方的心理距离有效缩短，进一步使交往氛围融洽起来。

微笑在人们生活中的各个领域都起着很大的作用：当我们同陌生人萍水相逢，微笑会使人觉得亲切，在心理上产生一见如故之效；在家庭当中，微笑可以使家庭幸福和睦……

微笑是送给别人最佳的见面礼，微笑能够将许多言谈都无法表达的信息恰如其分地表达出来，与对方达到共融。

（2）微笑的基本要求

礼节性的微笑，要有得体恰当的动作要领：一要额肌收缩，眉位提高，眼轮匝肌放松；二要两侧颊肌和颧肌收缩，肌肉稍微隆起；三要面两侧笑肌收缩，并略向下拉伸，口轮匝肌放松：四要嘴角含笑并略微上提，嘴唇要半开半闭，以不露齿为宜。

微笑要发自内心、自然大方、真挚热忱，显示出自己的亲切与慈祥。微笑要由眼神、眉毛、嘴巴、表情等方面动作协调配合来完成。生硬、虚伪、情不由衷则不可取。

自然的微笑，发自内心的微笑，人们就乐于接受，并能取得人们的信任。

我们要学会微笑，不能因为精神疲惫，精神受挫，而改变自己的情绪，改变自己的微笑。当我们内心经受痛苦折磨之时，一旦在公众面前出现，就要提醒自己：绝对不能因为自己的不佳情绪，而使整个社交场合，整个公共氛围的气氛受到影响。

（3）微笑的禁忌

当然，微笑是一种礼仪，但是也有所禁忌。

在正式场合，应力戒以下几种失礼、失态的“微笑”：

① 假笑：虚假的笑，皮笑肉不笑；

② 冷笑：面带怒意、讽刺、不满、无可奈何、不屑一顾的笑；

③ 怪笑：笑得阴阳怪气，令人心里不舒坦，这种笑常含嘲讽、恐吓之意，会使人感到厌恶；

④ 媚笑：故意逢迎讨好别人，并伴随一定功利目的的笑；

⑤ 窃笑：暗自偷笑，幸灾乐祸，洋洋自得地取笑、嘲讽他人；

⑥ 狞笑：面带凶相的笑，一般表示愤怒、惊恐、吓唬等，这样做非常失态。

“逢人面带三分笑”。微笑是善意的标志，友好的使者，礼貌的表示。在人际交往过程中，无论是熟人相见，还是陌生人萍水相逢，只有将微笑倾情奉献，才能感受到对方的盛情和美意。

9. 交谈礼仪的基本要求

交谈，是表达思想及情感的重要工具，是人际交往的主要手段。在人际关系中的“礼尚往来”中有着十分突出的作用。可以说，在万紫千红、色彩斑斓的礼仪形式中，交谈礼仪占据主要地位。所以，提高语言方面的修养，学习、掌握并运用好交谈的礼仪，是至关重要的。

交谈是以两个人或几个人之间的谈话为基本形式，进行面对面的学习讨论，沟通信息，交流思想感情，谈心聊天的言语活动。它以对话为基本形态，包括交谈主体、交谈客

体和交谈内容 3 个方面。这三方面不仅具有固定性，而且具有互换性。随着人类社会的高度发展，交谈已成为政治、外交、科学、教育、商贸、公关等各个领域中重要的、不可缺少的一项语言活动。

(1) 交谈的作用

交谈是一门艺术，而且是一门古老的艺术。“一人之辩重于九鼎之宝，三寸之舌强于百万之师”，在人类发展史上，交谈作为一种社会现象，是和人类劳动、生活、交际活动一起发展起来的。交谈的艺术性体现在：尽管人人都会，然而效果却大不一样。所谓“酒逢知己千杯少，话不投机半句多”正说明了交谈的优劣直接决定着交谈的效果。与人进行一次成功的谈话，不仅能获得知识、信息的收益，而且感情上也会得到很多补偿，会感到是一种莫大的享受；而参与一场枯燥无味、死气沉沉的交谈，除了是时间上的浪费之外，还会有一种受折磨的感觉。

交谈是建立良好人际关系的重要途径，是连接人与人之间思想感情的桥梁，是增进友谊、加强团结的一种动力。“良言一句三冬暖，恶语伤人六月寒”，说明交谈在交往中的作用是举足轻重的。一个善于交谈的人，能广交朋友，给人带来友爱，为社会增添和谐，就能享受到社会特有的友情与温暖。在现实生活中，我们经常看到不少人因话不得体，伤害了亲友，得罪了同志，甚至有些人因言语失误，结怨结仇，操刀动斧，酿成生活悲剧。

交谈不仅是人们交流思想的重要手段，而且是学习知识、增长才干的重要途径。善于同有思想、有修养的人交谈，就能学到很多有用的知识，“与君一席谈，胜读十年书”就是对交谈意义深刻的总结。英国文豪肖伯纳曾经说过：“你我是朋友，各拿一个苹果，彼此交换，交换后仍各有一个苹果；倘若你有一种思想，我也有一种思想，而朋友相互交流思想，那么，我们每个人就有两种思想了。”可见，广泛地交谈可以交流信息、深化思想、增强认识能力和处理问题、解决问题的能力。因此，掌握交谈的礼仪要求、提高交谈的语言艺术，对于提高工作水平和工作效率，也具有极其重要的作用。

(2) 交谈的原则

① 真诚坦率

真诚是做人的美德，也是交谈的原则。交谈双方态度要认真、诚恳，有了直率诚笃，才能有融洽的交谈环境，才能奠定交谈成功的基础。认真对待交谈的主题，坦诚相见，直抒胸臆。“出自肺腑的语言才能触动别人的心弦”，真心实意的交流是自信的结果，是信任人的表现，只有用自己的真情激起对方感情的共鸣，交谈才能取得满意的效果。

② 互相尊重

交谈是双方思想、感情的交流，是双向活动。要取得满意的交谈效果，就必须顾及对方的心理需求。交谈中，来自对方的尊重是任何人都希望得到的。交谈双方无论地位高低，年纪大小，或长辈晚辈，在人格上都是平等的，切不可盛气凌人、自以为是、唯我独

尊。所以，谈话时，要把对方作为平等的交流对象，在心理上、用词上、语调上，体现出对对方的尊重。尽量使用礼貌语，谈到自己时要谦虚，谈到对方时要尊重。恰当地运用敬语和自谦语，可以显示一个人的修养、风度和礼貌，有助于交谈的成功。

（3）交谈时应注意的技巧

① 言之有物

交谈的双方都想通过交谈，获得知识、拓宽视野、增长见识、提高水平。因此，交谈要有观点、有内容、有思想，而空洞无物、废话连篇的交谈是不会受人欢迎的。没有材料做根据，没有事实做依凭，再动听的语言也是苍白的、乏味的。我们在交谈时，要明确地把话说出来，将所要表达的信息准确地输送到对方的大脑里，正确反映客观事物，恰当地揭示客观事理，贴切地表达思想感情。

② 言之有序

言之有序，就是根据讲话的主题和中心设计讲话的次序，安排讲话的层次，即交谈要有逻辑性和科学性。“使众理虽繁，而无倒置之乖；群言虽多，而无棼丝之乱。”（刘勰《文心雕龙》）有些人讲话，一段话没有中心，语言支离破碎，想到哪儿就说到哪儿，东一榔头西一棒槌，给人的感觉是杂乱无章，不知所云。所以，交谈时，先讲什么，后讲什么，思路要清晰，内容有条理，布局要合理。

③ 言之有礼

交谈时要讲究相应的礼仪。知礼会为你的交谈创造一个和谐、愉快的环境。讲话者态度要谦逊，语气要友好，内容要适宜，语言要文明；听话者要认真倾听，不要做其他于此无关的事情。这样才能形成一个信任、亲切、友善的交谈气氛，为交谈的成功奠定基础。

（4）交谈常用的谦敬语

谦敬语是在人际交往中用来表示谦虚、尊敬的礼貌用语，也称客套话。

谦敬语的运用十分普遍，它可以说是社交中的润滑剂、粘合剂，能减少人际间的“摩擦”和“噪音”，可以沟通双方感情并产生亲和力，其作用是不可低估的。它可以使互不相识的人乐于相交；可以使初次见面的人很快亲近起来；请求别人时，可使人乐于提供方便和帮助；在发生不愉快时，可以避免冲突，得到谅解；洽谈业务时，使人乐于合作；在服务工作中，可以给人以温暖亲切的感受；在批评别人时，可以使对方诚恳接受。一个有教养的人，应当掌握使用客套话的艺术，自如地运用于各种场合。

交谈常用的谦敬语主要有以下几种：

① 谦敬称呼用语

称呼尊长可用老先生、老同志、老师傅、老领导、老首长、老伯、大叔、大娘等。

称呼平辈可用老兄、老弟、先生、女士、小姐、贤弟、贤妹等。

自谦可以用鄙人、在下、愚兄、晚生等。

② 事物谦敬用语

称姓名敬辞可用贵姓、尊姓大名、尊讳、芳名（对女性）等。

称年龄敬辞可用高寿（对老人）、贵庚、尊庚、芳龄（对女性）等。

住处可用府上、尊寓、尊府等。

见解可用高见、高论等。

身体可用贵体、玉体等。

③ 自谦辞

称姓名——草字、敝姓等。

称朋友——敝友等。

称住处——寒舍、舍下、蓬荜等。

称见解——愚见、拙见等。

称年龄——虚度××。

④ 谦敬祈使用语

请人提供方便、帮助——借光、劳驾、有劳、劳神、费心、操心等。

托人办事——拜托。

麻烦或打断别人——打扰。

求人解答——请问。

劝告别人——奉劝、敬告。

请别人做客——大驾光临、欢迎光临、恭候光临。

请别人不要送——请留步。

请别人提意见——请指教、请赐教。

请别人原谅——请包涵、请海涵。

⑤ 谦敬欢迎用语

欢迎顾客——欢迎光顾、敬请惠顾。

欢迎客人——欢迎光临。

初次见面——久仰、久仰大名。

许多时未见——久违。

访问——拜访、拜望、拜见、拜谒。

没有亲自迎接——失迎、有失远迎。

自责不周——失敬、失礼。

拜别——告辞、拜辞。

送别——请留步、请回、不必远送。

中途辞别——失陪。

⑥ 其他谦敬用语

归还这东西——奉还。

赠送东西——奉送。

陪伴——奉陪。

祝贺——恭贺。

请对方宽容——恕……

以上谦敬语，比较固定而且常用，使用时，要感情真挚，发自内心，再辅以表情、眼神和手势，以增强表现力，发挥更大的感染力量。

（5）交谈时的礼貌用语

① 问候礼貌用语

您好。早安。午安。晚安。

② 告别礼貌用语

再见。晚安。祝您愉快！祝您一路平安！

③ 应答礼貌用语

不必客气。没关系。这是我应该做的。

非常感谢。谢谢您的好意。

④ 表示道歉的礼貌用语

请原谅。打扰了。失礼了。实在对不起。

谢谢您的提醒。是我的错，对不起。请不要介意。

10. 注意把握自己的表情

对于一个人来说，最复杂的是表情，最能打动人心的也是表情。表情会随着一个人心情、所处场合的不同而各有不同。如果心情愉快，表情会如沐春风；如果一个内心忧郁、悲戚不堪的人，表情也会自然带着些许哀伤。

法国著名作家罗曼·罗兰曾经说过：“面部表情是多少世纪培育成功的语言，是比嘴里讲的更复杂千万倍的语言。”

现代传播学认为：人际交流的核心组成部分是表情。美国有一位心理学家研究指出：一个信息的传送 =7%的语言 +38%的语音 +55%的表情。

对于语言来说，表情更直观、形象一些，也容易得到别人的理解与察觉。一般来说，表情达意的方法有以下 3 种：

(1) 头部的表情达意

头部动作在表情达意方面的表现力是比较强的，人们常见的头部动作有：点头、摇头、昂头、低头等。

① 点头：在不同的情况下表达的意思也各有不同

点头称是、点头会意、点头咂嘴——表示同意、肯定、赞赏和满意。

点头微笑——表示致意、感谢、客气、恭顺等。

② 摇头：一般表示否定、反对、阻止或不以为然的态度

摇首吐舌、摇首咋舌——表示惊讶、怀疑、不理解。

摇首顿足——表示不满和无可奈何等。

③ 头发：有保护头部和美容修饰的作用，也能起到表情达意之效

怒发冲冠——表示异常愤怒。

毛发直竖——表示害怕至极。

耳鬓厮磨——恋人相处。

④ 在社交过程中，头部表现出正、倾、侧，也反映出人的不同心态

身体直立，头部端正——表现出一种自信和庄重的风度。

头部前倾——表示倾听、同情和关心。

头部侧斜——表示对对方的谈话颇感兴趣。

(2) 面部的表情达意

面部表情对人的语言起着解释、澄清、纠正和强化作用。在反映人内心的真实性上具有相当的可靠性。

美国总统林肯曾说：“一个人过了 40 岁就该对自己的脸孔负责。”这话是不无道理的。人的面貌虽然是先天生成的，但一个人的面部表情却可以随着人的心理活动而改变。表情是一个人人格、气质和文化修养的具体体现。表情既可以流露出美好情怀，也可以反映出一个人的心计。表情是每个人自身拥有的一笔宝贵财富。这笔财富可以将自己的人格魅力充分展现出来。

面部表情是一个人内心情绪的外在表现，常常体现一个人的个性。人们常说的“察颜观色”、“心如其面”，就是告诉人们看人要先看脸，见脸如见心。因为在体态语言中，面部表情的“词汇”最丰富，也最有表现力。它能最迅速、最敏感、最充分地表现出人类的各种情感，如喜、怒、忧、思、悲、恐、惊。人们可以从面部的微妙变化中，看到一个人错综复杂的情感变化。

面部肌肉的收展也是情感的自然流露。一般是喜则眉飞色舞，怒则咬牙切齿，哀则愁眉苦脸，乐则笑容满面。

(3) 眉目传情

俗话说："眼睛会说话，眉毛会唱歌。"眉目可以传达自己丰富的表情，眉毛的动作有多种多样。眉语可以分别用不同的语义来表示，如扬眉表示高兴，展眉表示安慰，飞眉表示兴奋至极，喜眉表示欢乐，竖眉表示震怒，横眉表示鄙视，皱眉表示难为情，锁眉表示愁苦，挤眉表示嘲笑，低眉表示服从。

许多有关"眉"的动作性词语，能够反映出眉目可以传达的表情。眉开眼笑、喜上眉梢表示喜悦；扬眉怒目、愁眉蹙额表示愤怒；愁眉泪眼、低眉垂眼表示悲哀；竖眉瞪眼表示惊惶不安。

"眼睛是心灵的窗户。"在众多体态语言中，眼睛最能沟通心灵、倾诉感情。合理运用目光是一种重要的礼仪。在人际交往过程中，目光可以表现出对对方的友好、亲切与关爱。当人们想表达一种事情，而又不能用语言来表达之时，往往用眼睛来传达，这就是用眼睛传情达意，进一步使对方领悟你的意图，两个人在短时间内能够用语言沟通。

最大限度地运用目光的表现力，能够创造一个最佳效果的交际氛围。在谈话中注视对方的角度，是关乎对交往对象的亲疏距离与对人态度的问题。在社会中与人交往，应用直视、平视、正视、凝视等目光。目光注视对方时间的长短也是有一番讲究的，要根据关系亲疏和对对方表示友好重视的程度，来决定目光注视时间的长短。

表情语能够切实反映出人们的心理活动和情绪变化。在人际交往中，学会观察对方面部表情是一种学问。如果交往者喜上眉梢，你与他的交谈可以无拘无束；如果交往者怒目而视，你就要与之保持距离；如果交往者眉高眼低，则是对你轻视的表现，你就应该对其敬而远之。

11. 切莫忽视称呼的重要性

狐狸和狼想跟母鸡要只鸡蛋，它们决定分头行动，看谁能够成功。狼一马当先地冲到母鸡家里："母鸡！你的鸡蛋给我一个，你那么勤劳，那么能干，那么善良，一定会帮我这个忙的，对不对？"母鸡冷冷地看着狼："别做梦了！我怎么可能会给你鸡蛋，快滚吧！"狐狸来了，它亲热地说："鸡妈妈，您能帮我一个忙吗？我需要一只鸡蛋！"母鸡想了想，就给了狐狸一只鸡蛋。狼跳出来说："不公平！我说得甜言蜜语比它还多！"母鸡冷笑着说："至少狐狸还懂得叫我一声鸡妈妈！"

称呼，是待人接物时说出的第一个词，也是进入社交大门的通行证。称呼得体，可

以有效地拉近双方的距离，称呼不得体，则会引起对方的不快，使双方陷入一种尴尬的境地。

有这样一个故事：有个年轻人骑马赶路，眼看已近黄昏，可是前不着村，后不着店。正在焦虑之时，忽见一位老汉从旁边路过，他便在马背上高声喊道：“喂！老头儿，离客店还有多远?”老人回答：“五里!”年轻人策马飞奔，急忙赶路去了，结果一口气跑了十多里，仍不见人烟，他暗想，这老头儿真可恶，说谎骗人，非得回去教训他一下不可。他一边想着，一边自言自语道：“五里、五里，什么五里!”猛然，他醒悟过来了，这个“五里”，不是“无礼”的谐音吗？于是拨转马头往回赶。追上那位老人后，他急忙翻身下马，亲热地叫声：“老大爷!”话没说完，老人便说：“客店已走过头了，如不嫌弃，可到我家一住。”

这个故事所以流传很广，是因为它说明了一个朴素的道理：与人交往中，称呼是个大问题，称呼好了，对方自然会高兴；但如果称呼不当，那就麻烦了。例如故事中的年轻人，他就因为对老人的称呼太无礼，结果被老人教训了一顿，但当他礼貌地称呼老人时，老人也改变了态度，亲切地邀请他做客。

那么，怎样称呼才算得体呢？这要根据对方年龄、身份、职业等具体情况和交往的场合，以及双方关系来决定。

(1) 亲戚之间的称谓

亲属之间，对长辈应以亲属称谓相称，如爷爷、奶奶、爸爸、妈妈、姑姑、舅舅等。称呼长辈的姓名、职务、身份、职业等都是不礼貌的。对平辈，可相互用亲属称谓或加排行序列称谓相称，如哥哥、妹妹、二哥、三妹等；夫妻之间可以姓名相称，两人在一起时，可用昵称，但不宜在父母、孩子面前和公开场合使用。

(2) 熟人之间的称谓

对关系较密切的熟人，可大致仿照自己亲属的性别、年龄、身份等来确定相应的称呼，还可以“姓加亲属称谓”、“名加亲属称谓”、“姓名加亲属称谓”称呼，如“李奶奶”、“杜叔叔”等。

在一些正式、公开的场合，可以称呼熟人职务、职业，也可以“姓加职务、职业称谓”、“名加职务、职业称谓”、“姓名加职务、职业称谓”相称。如“汪厂长”、“李处长”等等。

年纪较大、职务较高、辈分较高的人常对年纪较轻、职务较低、辈分较小的人称呼姓名，这种称呼明快直爽。反之，年纪较轻、职务较低、辈分较小的人对年纪较大、职务较高、辈分较高的人直呼姓名，则是没有礼貌的表现。

朋友、同学、同事之间，因为相处长了，称呼可以随便一些，可在姓氏前加“老”、“小”、“大”等，如“老丁”、“小陈”等。

（3）对陌生人的称谓

对陌生人的称谓，一般来说可以用以下几种方法：

一是用通称。可根据人的具体年龄、性别、职业等情况称“同志”、“朋友”、“师傅”、“先生”、“小姐”等。对男人一般可以称“先生”，未婚女子称“小姐”，已婚女子称“夫人”或“太太”，若已婚女子年龄不是太大，叫“小姐”，对方也决不会反感。而称未婚女子为“夫人”就是极不尊重了。所以，宁肯把“太太”、“夫人”称作“小姐”，也决不要冒失地称对方为“夫人”、“太太”。一般说成年的女子都可称“女士”。

二是可以亲属称谓相呼，可根据对方的性别、年龄等情况，以父辈、祖辈、平辈的亲属称谓相称，如“大伯”、“阿姨”、“老爷爷”、“大娘”、“大嫂”、“大姐”等。称呼对方“大嫂”还是“大姐”时，必须谨慎从事，因为对方婚否不好确定，在没有把握的情况下，称“大姐”比较稳妥。

另外，不同的地域、不同的生活习惯，造成了各种方言，所以还要特别注意方言间称呼的异同。

几个年轻人结伴到承德避暑山庄去旅游。这天他们从避暑山庄出来，想去八王庙，为抄近路，两个小伙子上前去问路，正遇上一个卖雪糕的姑娘。一个小伙子上前有礼貌地叫了声：“小师傅！”开始这姑娘没有答应，小伙子以为她没听见，又高声叫了一声。姑娘非常恼怒，气呼呼地说道：“回家叫你娘小师傅去！”两个小伙子还算有涵养，压了压火气，没有发作。本来是有礼貌地问路，反倒挨了一顿骂，这是为什么？后来他们才知道，当地农民把和尚、尼姑称为师傅，难怪那位姑娘发脾气。

像这种用错称呼的情况并不罕见，所以去到外地时，应对当地的民俗情况略做了解，最好是根据不同的职业称呼对方，不管遇到什么人都口称“师傅”，就很容易闹出笑话。

总之，称呼要因人而异、因地而异，而得体、有礼的称呼会让你在与他人的交往中更受欢迎。

12. 男士仪态礼仪禁区

一位成功的男士不仅注重自己的外表，而且更讲究仪态。在别人面前表现得仪态不佳，轻则会遭到别人的鄙弃，重则会影响你的社交进程。

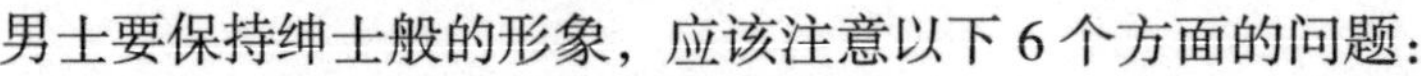

男士要保持绅士般的形象，应该注意以下6个方面的问题：

（1）身上有异味的男士要经常清理

男人的汗腺一般都很发达，出汗后身上会有一股酸臭味，这样一来会使交往者敬而远

之。所以，大汗淋漓的男士应该重新换上干净的衣服跻身于人群，或者要注意与交往者保持一段距离，还可给易出汗的部位抹上一些止汗香剂。

喜好抽烟的男士在与人交谈时最好不要吸烟，与人谈话的距离不能过近，吸完烟后最好嚼上一块口香糖，去除口中的烟味。保持鞋子的清洁，有许多男人是汗脚，皮鞋最好备用两双，替换着穿。有口臭的人，一日最少刷三次牙，借此方法来消除口臭。

(2) 胡须、头发要经常清理

男士的头发和胡子对自身的美观有很大影响，脏乱不堪的头发影响一个人的精神面貌。男士应该学会修理自己的头发和胡子，这样会使人看上去年轻一些。

(3) 脸上不能过于油腻

油腻过多的男士，脸上容易长粉刺，因此注重面部清洁非常重要。男性洗面奶和吸油面纸要慎用，早晚各清洁一次即可，这样能够起到清洁、护肤的作用。

(4) 不要变得女气十足

男士的仪态形象与女性的仪态形象的要求标准不同，如果像女士一样涂脂抹粉，就会显得不伦不类。过浓的香水男士不宜使用，花里胡哨的衣服也要慎穿，矫揉造作的语言和动作也应该刻意避免。

(5) 穿着不能太随便、不讲究情趣

男士的服装样式较少，这就需要你学会细节的搭配，尤其是颜色和款式的搭配，更要显示出自己的个性。

(6) 保持积极向上的精神面貌

男士的精神面貌直接影响着自己的个人形象。如果一个男士的外表俱佳，但是眼神黯然无光，神态不振，他的形象也就不过关。男士的精神面貌也要体现出对生活积极向上的追求，要少一些忧愁烦恼，多一些欢声笑语。

13. 女士仪态礼仪禁区

当今社会，大多数女性都在追求新潮，努力将自己打扮成“花瓶”一般。其实花瓶中的花也未必美丽，拥有优雅、得体的礼仪才是真正的富有魅力。女性朋友在社交过程中，也要讲究礼仪，不能误闯礼仪的禁区。

(1) 女士着装四忌

① 忌“杂”：颜色要低于 3 种以下，款式不能过于繁琐杂乱，要简洁明快。

② 忌“透”：夏天着装要有内衣、衬裙；外裤颜色较浅，色彩鲜艳的内裤要忌穿。

③ 忌“内衣外穿”：文胸肩带和衬裙边以及长筒袜边不能暴露在外边。

④ 忌“短”：上穿西装裙时，袜子不能太短，皮肉外露，很不雅观，最好穿连裤袜。

(2) 女士扮靓八忌

① 香水味不能太浓，以至于使人感到俗气透顶。

② 留古怪、野性的发型，会影响自己的气质与形象。

③ 衣冠不整，会被别人认为形象气质欠佳。

④ 切忌穿性感服装在公共场合与男性聚会， 这样有失端庄。

⑤ 穿开丝和破洞的袜子出门，不管你穿装多协调，都会失去和谐的美感。

⑥ 佩戴的首饰过多，不时发出杂音。会使人觉得你俗气和浮华。

⑦ 非自然色眼镜慎用，比如鲜蓝和湖水蓝等闪光眼镜。那样有失于你的温柔。

⑧ 贴身衣物不能外露，这样会引起别人的反感，露出胸带、穿透明衫裙等是不自重、不自爱的表现。

第二辑

家庭礼仪

有人说家庭生活除了油盐酱醋茶之外，其他的都是多余，实际上这是一种错误的认识。现代家庭想获得幸福、美满、和谐的生活，是要用心去呵护的。

1. 家庭生活礼仪

（1）孝敬父母

孝道，应该从感谢父母赐给生命开始。

《封神演义》是一部美丽的神话故事，其中有一段说的是小哪吒英勇无畏，因屡次触犯天条，而受到天帝的惩罚。临行前，他因无法报答父母的养育之恩，遂拿出刀“割肉还母，割骨还父”。这是一个悲壮的神话故事，其中有着许多夸张，许多荒诞，但它却说明了一个亘古不变的道理：人的血肉之躯，来源于父母，父母给了子女最珍贵的馈赠，那便是生命。

不妨设想一下，如果爸爸娶的不是妈妈，妈妈嫁的也不是爸爸，那么爸爸妈妈也依然会各自成家，依然会有他们各自的孩子，可这个孩子就不会是你了。在芸芸众生、茫茫人海之中，你的父亲和母亲终于有一天走到一起，由相遇到相知，再到相爱，直到结婚生子。这段历程虽然没有作家或诗人把它记录下来，描绘成催人泪下的爱情故事，但这段历程珍藏在父母的心中，成为刻骨铭心的记忆。当父母的爱情升华到灵与肉的结合的那时起，你便成为一个生命雏形在母腹中孕育，随后经过漫长而沉重的十月怀胎，待到“瓜熟蒂落”的时刻，你在母亲的剧痛中诞生了，一个可爱的小生命来到了世界上。自那以后，在父母的关心呵护下，你一天天地长大，一天天地懂事，于是你踏上了充满着甜酸苦辣的人生旅途。

生命，多么美好；生命，又来得多么不易。如果没有爸爸妈妈当年“众里寻她（他）千百度”后而结成的一段情缘，就不会有他们精心营造的这个温馨的家，若没有这个家，又怎会有如此可爱的你?

因此，让你和我一起呐喊出心底的呼声：“爸爸，妈妈，我爱你们!”

世界上也许没有什么东西能够比“父母的慈爱”更宝贵的了。这种情感无私而博大，具体而永久。尽管人类已经经历了漫长的历史，但为人父母对自己子女的那片爱心又何曾有过变化！光是日常生活，为人父母者对自己的子女就普施了多少恩泽：一日三餐饱含多少艰辛、灾灾病病耗尽多少心血、读书升学付出多少心力……为人子女的青少年们，孝敬父母（包括长辈）应该是每个人必须学习和实践的一项绝对不可少的基本功。

（2）体会父母的良苦用心

父母总是把自己的希望寄托在子女身上。有人希望子继父业，实现自己没能实现的梦想；有人希望子女出人头地，自己也分享他给家族带来的荣光；军人希望子女成为战将；商人希望子女成为经营能手……但父母安排的人生道路未必就是子女喜欢走的道路，也不

一定子女就具备取得成就的条件。于是矛盾发生了，子女选择了父母完全没想到的生活道路，父母感到悲观失望，子女也惶恐不安。

有些人可不是这样，他们关心父母的希望和要求，冷静认真地独立选择人生之路。所谓关心父母的希望和要求是了解家长有这些希望和要求的原由和依据，分析自己走这条路的有利条件和不利因素，敢于把父母的要求、希望和自己的志愿、理想分析比较，从而更理智地、科学地选择生活道路。有一位中学生，父母都是教师，也希望他像家长做一名教师。他认真思考以后，向家长谈了对自己的分析，他注意自己很倾心于科学技术的研究，他高中三年的数学、物理成绩全部优秀，参加竞赛也显示了很高的动手能力。但是他不爱说话，不善交往。他尊敬老师，也尊敬自己的父母，但对教师工作却视为畏途。结果他报考了科技大学高能物理专业。子女无心做教师，父母当然感到失望，但看到儿子关心父母对他的希望，又认真分析了自己的条件，觉得他是在认真地选择人生道路，而且确实言之有理，也就从心里支持他的决定了。虽然具体道路不同，但总的目标却是一个，父母对子女的希望是“成才”，只要让家长看到并相信你走的是“成才”之路，他们便会理解你、支持你。

不仅毕业前报考大学时是这样，平时对父母的要求和希望也莫不如此。一个学生如果能真正地关心和理解父母的要求和希望，便常能得到许多有益的忠告和帮助。有一位初二的小同学，住家离学校不算太远，但也有一段距离，他想买月票，父母不同意，家里有自行车，母亲也不让骑。他体会这是父母希望自己走路上下学，虽然还有些不情愿，但他还是按照父母的希望迈开腿走路。就这样他走了 4 年，身体强壮了，意志也更加坚定，这才使他体会到父母要求的深意。所以他得出一条结论，要多体会父母对自己的要求和希望。谁能这样做，谁就能得到更多的帮助。

(3) 同辈相处要和睦礼让

从前多子女的家庭多，兄弟姊妹之间矛盾就多，要相处好还得下些功夫。但多子女家庭的孩子生活能力一般比较强，多数都善于与别人相处，这是因为家庭关系复杂，孩子的社会化程度就高些。现在独生子女多了，生活中的矛盾少了，关系简单了，由于没有兄弟姊妹间的矛盾，孩子的社会程度也会低些。不过，小家庭的独生子女，并不一定就是大家庭的独生子女。有一个中学生，他祖父有 4 个子女，这些子女都有自己的孩子。他在自己的小家庭中是独生子女，但在祖父母这个大家庭里光堂亲就有 6 个。这些兄弟姊妹虽然不住在一起，但往来很密切，这样也就有了同辈相处的问题。如果再加上外祖父母那一支表亲，一共就有了 11 人。和同学不同，他们之间是亲戚关系，甚至可以算是一家人，彼此的影响较多。另外，在这些兄弟姊妹中，年龄差异比同学间的差异大，像刚才提到的那位同学，最年长的大哥 30 多岁了，已经有一定的事业成就；年龄小的才 4 岁半，还是幼儿园中班的小朋友。再一个特点是牵扯面广，不只同辈之间有交往，而且影响到老辈之间的

交往，兄弟姊妹之间相处得怎样，不仅牵扯到叔叔、舅舅、大姑、小姨之间的关系；而且会影响祖父母或外祖父母的心情。所以，在家庭中同辈之间的互相关心就有它特殊的重要性了。兄弟姊妹之间的关心，首先表现在相处和睦礼让，交往热情体谅上。

我国传统的习惯讲究兄友弟恭，不能简单地认为它代表一种封建伦理。我们冷静地想一想，做哥哥姐姐的要不要对弟弟妹妹友爱呢？答案应该是肯定的。哥哥姐姐年纪大些、能力强些，有条件也有责任对年纪小、能力弱的弟弟妹妹多加关心。反过来说，做弟弟妹妹的，尊敬哥哥姐姐不就更有利于自己的茁壮成长吗？这样做的结果是家庭关系和睦融洽，家庭成员各受其益。古人的某些思想观点可能是陈旧的，应该摒弃。但长期积累的生活经验和行为准则却往往是处理好人际关系的法宝。兄弟姊妹间和睦礼让，友好相处，不但是从前处理好家庭生活的需要，而且是搞好现代家庭生活的重要原则。

兄弟姊妹之间的交往要热情体谅。由于年龄不同，性格各异，交往起来不可能完全和谐一致，但又是家人、亲戚，彼此往来又是经常的，这就需多体谅对方。在兄弟姊妹中能够互相体谅，便能和睦融洽，如果不能体谅别人，就会矛盾重重；既然是家人或兄弟，就应该多多互相关心，体谅人家的苦衷或失误。

在家庭中关心他人，就要注意兄弟姊妹之间交往时要诚恳热情。有人很注意在兄弟姊妹受到奖励、考上学校或者过生日等喜庆的时候送上一张小的贺卡。在他们生病的时候，失意的时候，写一封短信，送一支鲜花表示慰问。这些看来是小事，但它的感情影响是巨大的，能使人在失意的时候振作起来，在高兴的时候更加欢乐。有一个年轻人做生意，由于判断失误，受到很大损失，他失魂落魄地从外地回来。第二天，他听到敲门声，打开门一看，弟弟、妹妹、表弟、表妹，七八个人排成一大排，每个人都捧着自己的礼物，热情地说：“祝大哥精神愉快!”他看到这些带着稚气、充满热情的娃娃脸，一股暖流涌上心头。有人说“打虎亲兄弟”，这些八九岁、十多岁的孩子们虽然还不能陪他去上山打虎，但他们已经以自己的方式给大哥哥以支持。这位在商海里呛了一口水的人，仿佛增添了无穷的力量，他把这些小弟弟妹妹们请进屋，一边欣赏他们的礼物，一边回答他们七嘴八舌提出的问题。等他把这些小弟弟妹妹们送走以后，一个重整旗鼓的方案似乎已经构思成熟了。第二天他又满怀信心地扬帆远航了。

（4）要照顾同辈的自尊

在家庭中同辈的关心，一个很重要的方面是照顾他人的自尊。有人以为，又不是外人，还谈什么自尊不自尊？他们不明白，正因为是自家人，正因为有亲戚关系，就更需要对同辈人的自尊多加关心和照顾。因为这不仅影响同辈人，而且牵扯到长辈之间的关系。俗语说“恶语伤人”，这是在长期社会实践中总结出来的教训，说话和气不是虚伪，也不是表面客气，而是对人的尊重和爱护。伤害他人的自尊心，会妨碍彼此的交往；顾及他人的自尊，不仅能使彼此的关系融洽，而且能加强别人勇气和信心，为这个而注意自己的言

行不是完全正确而且必要的吗?

同辈人常有些困难需要依靠兄弟姊妹帮助解决。例如考试，有些家长也着急，但却帮不上，常常是年龄相近的兄弟姊妹最能提供有效的帮助。有一位小姑娘高考落榜了，她一时很消沉，但哥哥送来复习资料，姐姐送来习题解答，弟弟妹妹们对她的关心，使她在精神、物质方面的需求都及时得到满足。落榜的阴影被冲淡了，学习的热情很快提高，她自学效果很好，第二年考上理想的学校。家里兄弟姊妹向她祝贺时，她深情地说："是你们关心我，给我鼓励，胜利的欢乐应该属于咱们家所有的兄弟姊妹们。"

青年人的需要是多种多样的，有人学习困难需要补课，有人心理障碍严重需要开导，有的是同学关系、师生关系紧张需要劝解……在家庭中要关心自己的兄弟姊妹就要留意他们的种种需要，根据自己的能力主动对他们提供帮助。

(5) 为家庭承担一份责任

一个人小的时候，无知无识、无德无能，只能被动地承受双亲的爱抚与养育。但随着年龄的增长，随着受教育程度的提高，不断增长着知识、品德和才子，于是我们不再只是被动地承受。一方面是新一代的发展与成长，一方面是父母逐渐衰老，这种施爱与被爱的关系就逐渐地发生了巨大变化。当我们已长得比父母还高出半个头，当我们的思维已日臻成熟的时候；我们自己也意识到真的长大了。

这时，父母反倒成了我们关心帮助的对象。子女变成了强者，父母则成了弱者。当父亲想去换煤气时，儿子抢过煤气罐往肩上一扛，说："爸，让我来。"当处在更年期的妈妈，在为一件小事而排解不开时，细心的女儿劝慰说："妈妈，凭您的宽容与豁达，这点小事又算得了什么?"到这时，子女的成熟，子女的责任感，已成为父母最大的骄傲和欣慰。其实，哪一位父母都会有自己难言的苦衷，让我们用一双智慧的眼，去观察，去发现。原来，我们可以做许多有益于父母，有益于家的事情。让父母因为有我们的存在，而得到真诚的回报，让家因我们的努力而得以加固。朋友，让我们一起来试一试。用自己的爱心，用自己的行动，为幸福的家添砖加瓦。

讲述了以上的道理，归纳起来孝敬父母长辈主要要做到：

① 问候招呼不可少

每天早上起床后，第一次见到父母时应当请安问候："爸爸，妈妈，昨晚睡得好吗?"晚上就寝前，应向父母说声："爸爸，晚安!""妈妈，时间不早了，早点休息吧!"同时应当遵循"出必告，返必面"的民族传统，外出时，应和父母打个招呼；回来后，也应告之父母。

② 饮食起居挂心上

在日常生活中，子女要尽量多做些家务；用餐时，先请父母入座，替父母盛好饭食；对老人要经常问寒问暖，父母长辈身体不适时，应尽心尽力地照顾他们，必要时给他们做

些可口的饭菜；如果是年老体衰的祖父母或外祖父母，还应经常到他们的房间请安问候、捶肩按背、扶坐扶走、点烟递茶等。

③ 言谈举止有分寸

子女在言行举止上一定要尊重父母长辈，即使有的父母长辈说话啰嗦唠叨，也不应当面顶撞。现在，有的独生子女自视是家庭的“小皇帝”、“小祖宗”，常把父母长辈的教诲当成“耳边风”；有的则套用媒体的一些语句，如“妈，您就甭捣乱了！”回敬父母长辈；有的则当场顶撞辩驳或在行为上不予理睬；等等。这都是极不礼貌、极让父母长辈伤心的。

④ 好学上进是根本

音乐家贝多芬说过：“使你的父亲感到荣耀的莫过于你以最大的热诚继续你的学业，并努力奋发以期成为一个诚实而杰出的男子汉！”父母长辈对孩子都有一种“成龙”、“成凤”的期待，因此，子女在学习上应刻苦钻研，好学上进，争取较好的学习成绩，以使家长放心或少操心，这也是孝敬的一种很好形式。

⑤ 体恤家长应节俭

现在有的青少年，花钱大手大脚，消费水平远超过家长的经济能力；有的青少年善于巧立名目向家长要钱，如考多少分要钱，倒垃圾要钱、生日要钱、当班干部要钱、评上“三好”要钱，等等，结果给许多家长带来很大的负担。青少年在学校生活中，应把精力集中在培养能力、发展个性、锤炼意志、陶冶情操等方面，而不应将精力和兴趣放在比吃穿比花钱上。即便是家庭经济许可，也不宜随便挥霍父母辛苦赚来的钱。适度节俭是对父母长辈的体恤，是对父母长辈辛勤劳动的尊重。

⑥ 重要日子表孝心

对父母长辈的生日、结婚纪念日等，子女千万不要忘记，届时要根据父母长辈平时的喜好，送点小礼品，并以恰当的方式帮助父母长辈举行庆贺活动。

2. 街坊邻居之间的礼仪

（1）待人接物要有礼貌

如果有客人来访，应及时做好接待工作，如收拾环境、备好茶具点心等，如需留客用膳，也应做相应的准备工作。

客人一到，应立即出迎。来客若是访问家长的，孩子可随在家长身后，以合适的称呼问候客人。问候之后，应主动上前接过客人携带的衣服物品，客人手中提的要是礼物则不能主动上前接过。

客人入座后，由家长陪坐陪谈，作为晚辈的任务是承担相应的招待职责，如端茶送水等。端茶送水时要双手呈上，呈上后要先恭敬后退一步，再转身离开，切忌毛手毛脚。续茶续水时，要将客人的杯子端离桌面，以免倒在桌上或弄湿弄脏客人的衣服。每次续茶加水只限八分满，以便客人饮用。如蒙客人夸奖，要当场表示感谢。

呈上茶水之后，是否陪坐可视谈话内容而定。孩子如果陪坐应坐在家长的旁边，一般不抢着说话，只有当客人问及自己时，才礼貌性地有问必答，但答话不宜过多，以免喧宾夺主。

客人告辞时，孩子要随同家长一起送客道别。如若客人留膳留宿，孩子要尽心尽力协助家长做好膳宿方面的各项准备工作。客人还在视野之内不要急于关门或用力关门。

总之，在家里接待客人，孩子既要热情主动、礼貌待客，又不能取代家长的主要地位。但如果客人是自己的同学、朋友，自己便应以主人的身份接待，接待礼仪也相应有所不同。

客人进屋后，要先将客人介绍给自己的家长，临别也要告诉家长，让客人有机会向自己的家长道别。招待自己的客人时，不宜让自己的家长出面接待，以免令家长尴尬；如果家长以长辈身份送些水果茶点之类以示欢迎，自己要随客人之后道谢；如果自己的客人到来时，家长有事忙碌，应向自己的客人说明，并引客人到不妨碍家长做事的房间去招待。

若是独立外出或是陪同家长去访问家长的友人，对主人要格外注意礼貌。见面时除问候请安外，宜行鞠躬之礼，不宜主动向主人伸手求握；因为晚辈向长辈主动握手是不合礼仪规范的。

随同家长进入主人房间后，要等家长入座后，再依主人吩咐就座。就座前要从容直立，不能东张西望；就座后要坐有坐姿，不能东倒西歪或头枕椅背，更不要翘腿、晃腿，也不能随意走动，或随手乱拿主人物品玩赏。

主人递茶送水或端糖献果给自己时，要立即起身双手承接，并礼貌致谢。吃剩的果皮纸屑千万不要乱丢乱放。

陪同家长做客同待客一样，自己不宜乱插话，主人问及自己时才恭敬地一一作答。

在家长告辞之前，自己不能表示倦意、不耐烦或催家长告辞。

当自己是主客时，除上述一般礼仪外，应注意按时赴约，做客时间不宜过长，注意不给主人添加麻烦。

应邀赴宴，一定要遵守时间，准时到达。仪容仪表也要尽量修饰得整洁大方。

到达赴宴地点要先跟主人打招呼，主人向你介绍赴宴人员时，要微笑点头致意，或握手寒暄、或请安问好，对长辈要恭敬让座，对女客要庄重有礼。

用餐就座时要服从主人安排，要对其他宾客表示礼让，就座后不要东张西望或玩弄餐具。

上菜后，要听从主人招呼，切忌未请先吃，若主人向客人敬酒，应起立回敬，喝过酒

后再开始吃菜。若不会饮酒可婉辞，但不要一味推辞，可以象征性地喝一点或以其他酒水代替，以免扫兴。

进餐时要注意照顾周围宾客，不能只顾自己埋头吃喝，旁若无人。夹菜的动作要轻，不要碰倒桌上杯盘，吃菜动作要慢，口不要张得太大，嚼食声不要太响，不要不停地夹自己爱吃的菜。若食物剩的残渣要得体地放在指定的盘子或面前的桌面。

在饭桌上谈话应注意轻松愉快，回避伤感或争议。主人及其他客人讲话时应有所呼应，不能自己一味吃喝。一般不得中途退席，确有急事，应解释说明并致歉意，等同主宾都打过招呼后再离去。散席时，应向主人致谢，也要同其他宾客互道再见。

（2）尊重邻居、帮助邻居

“远亲不如近邻”，善待左邻右舍是家庭礼仪规范的重要内容。

那么，善待左邻右舍应该掌握哪些礼仪常识呢？

常年与邻居相处，早上不见晚上见，见面时应主动打招呼问安问好，诚心诚意地尊重他们。“闭门自守”是不应该的，碰面不予理睬，是不对的，说长道短、揭人隐私是失礼。礼节性的交往是对邻居的尊重。另外，要主动关心帮助邻居，邻居有困难，要主动关心解决；邻居有人生病，要主动探视问候；邻居有危难，要主动出面救助。

（3）严于律己、宽以待人

长期紧邻而住，生活又如此具体，邻居间难免有些矛盾或磕磕撞撞的现象。这时要严于律己，宽以待人。如不要在人家休息的时间里，喧哗吵闹或移动家具；不要将纸屑果皮、垃圾污水从阳台或窗户往下倒；在阳台上浇花或晾晒衣物，要注意是否影响楼下的邻居等。如果邻居方面有失检点时，要给予谅解，出面干涉时要讲究方式方法，以免小事化大，伤了和气。

（4）尊老爱幼、热爱公益

对邻居的长辈按照亲属称谓称呼是我们民族的优良传统。我们民族一向把邻居关系当做亲属关系的一种延伸，大人从小就教育孩子把邻居中年纪大、辈分高的人称作“爷爷”、“奶奶”；把比父亲年长的男子称作“伯伯”，年轻的称作“叔叔”；等等。这种亲切的类似家人的称呼，有助于左邻右舍的和睦。至于爱护邻居家的孩子，也是理所当然的。另外，遇上公益之事，如护理花木绿地、打扫环境卫生、维护社区安全，也应该抢在前面、乐于服务。

3. 夫妻相处礼仪

夫妻关系是家庭关系的核心，夫妻相处是否融洽，是家庭和睦与否的关键所在。

爱是连接夫妻之间感情的“纽带”。要保持夫妻关系长久和睦，应该在生活中的各个方面互相关心，互相尊重，互相体谅。

一位姑娘在出嫁前的一天晚上问自己的母亲：“亲爱的妈妈，请您告诉我，怎样才能使自己的丈夫永不背叛自己？”她的母亲告诉她，对于这个问题，从来也没有什么特别的办法。女儿显然不满足：“那您是怎样使爸爸忠实于您的呢？您一定有自己的见解吧！”母亲听了女儿的话，什么都没说，双手从地上捧起一把沙子。女儿在一旁仔细观看。母亲细心地把沙子捧在手里，那些沙子一粒也没有掉下来。当她开始把双手攥紧，慢慢地使劲时，沙子开始从指缝里漏出来，而当她双手越握越紧时，掉在地上的沙子也就越来越多。最后，她把双手攥成拳头，然后再松开给女儿看，沙子已经所剩无几了。

这个故事中包含的夫妻相处之道，非常浅显，却最易被人们忽视。

（1）夫妻相处礼仪应遵循的原则

①以礼相待

夫妻之间平等对待，相互信任，这是最基本的相处礼仪。有关家庭方面的决断，事无巨细，夫妻之间都应该态度友好地相互商量沟通，营造和谐民主的家庭氛围。独断专行、我行我素对发展夫妻感情是十分有害的。家庭生活中，即使是日常琐事也要以礼相待，外出时友好道别，回来时亲切问候，虽然事情不大，但长此以往却能唤起夫妻间崇高的爱情。

②记住对方的生日

尤其是女性，对自己的生日或结婚纪念日记得特别清楚，此时一束鲜花、一件小礼品都会令她们激动不已，忙碌的生活也会因对方的一句温存、一件薄礼而变得多彩多姿。

③外出回归莫空手

女人的需求欲很强，但女人又是最容易满足的。只要丈夫心里有妻子，外出购来一套衣服、一盒化妆品、一件工艺品就会换来妻子更多的感动与体贴。

④爱子女但不冷落对方

不少妻子一旦做了妈妈，就将自己所有的爱都倾注到孩子身上，对于自己的言行举止、装饰容貌都不再顾及，其实，夫妻感情的融洽、家庭气氛的和谐是孩子顺利成长的首要条件。作为处于家庭核心的夫妻双方，首先要学会协调平衡各种关系。

⑤ 多一点赞赏

人人都有自尊，夸奖和鼓励能满足对方的虚荣心，夫妻间也一样，彼此都有优点，当妻子有所成绩，丈夫就应该真诚地赞美几句，虽不费太大的事，效果却不可估量。

⑥ 相互谦让

比如看电视，妻子喜欢看戏剧，丈夫喜欢看体育，如果能把两个“我”融合在一起，相互谦让、相互照顾对方的兴趣，就会使对方体会到一种爱、一种理解和支持，夫妻关系就会变得密切、和谐。

(2) 夫妻间应注意处理的问题

① 对待配偶的旧恋人问题

虽然婚姻需要坦诚，但对于旧情，夫妻间应腾出一些距离和位置来容纳个人的独立和自由，并允许对方保留一份只属于自己的秘密。

② 经济问题透明化

家中钱物归谁保管并不重要，关键是双方都应享有理财权，切不可一方独揽大权。家庭重大消费决策需双方共同协商、共同决定，家庭生活开支提高透明度，使双方都有责任花好钱、理好财。

家庭好比是夫妻双方组成的一个圆，缺了半边就不圆满，当你失去对方的时候，往往正是你失去自己的开始。家庭生活中，夫妻间意见不一致、步调不协调的事是常有的。只要双方注意礼节，学会宽容，相互尊重，求同存异，夫妻共同培育的这棵幸福花就能够永葆芬芳。

4. 互尊互爱让夫妻关系更亲密

尽管夫妻是世界上最亲近的两个人，但对于两个具有不同思想、经历和背景，而且相互独立的人来讲，彼此间不可避免地存在许多差异。因此在家庭生活中仍然需要夫妻间互尊互爱，这样才能避免误会和不愉快发生。

通常来讲，夫妻间的互尊互爱要遵循以下两个原则：

(1) 为人妻者，一忌“泼”，二忌“醋”

“泼”者往往缺乏耐心，肝火旺盛，夫妻间细小琐碎的问题都有可能成为其暴跳如雷的导火索，缺乏女性应有的温柔之美；而“醋”者则嫉妒成性，疑神疑鬼，总是毫无根据地怀疑丈夫对自己不忠，没有女人天生的善良之德。相信哪位不幸的男人娶了这样一位既“泼”又“醋”、“河东狮吼”型的女人为妻，所有有同情心的男人都会为他投去同情的一

氇。作为一个妻子，既缺乏温柔之美，又缺乏善良之德，是很难把夫妻关系处理好的。

(2) 为人夫者，一忌霸道，二忌粗心

有些丈夫喜欢在妻子面前耍大男子主义，脾气暴躁，态度蛮横，不知道敬之以礼，亲之以情，有的人甚至会完全无视妻子的自尊与人格。有些男人粗心大意，对妻子的健康不闻不问，不知体贴、关心妻子，习惯了衣来伸手、饭来张口的生活，毫不体谅妻子操持家务的辛苦。如果嫁给这样一位既霸道又粗心的男人，这个女人就是最不幸的。

在现代快节奏的生活中，女性除了料理家务，还要努力工作，因此非常需要丈夫的理解与关爱。很多女人由于得不到丈夫的关心，心理忧郁，最终与丈夫分道扬镳，造成夫妻间“劳燕纷飞”的残局。作为丈夫，应该懂得尊重妻子、关心妻子、积极主动地减轻妻子的负担。

因此，夫妻双方一定要相互尊重，千万不可在别人面前指责对方，让对方难堪。有些人当着他人的面随意发脾气，完全不顾自己爱人的脸面，这最容易伤害对方的自尊。互尊互爱，才是共同创造和谐家庭生活的“灵丹妙药”。

5. 夫妻交谈有禁忌

爱情是“上苍”赋予一对伴侣的神圣使命，真正的爱情不仅需要甜言蜜语来粉饰陪衬，还需要彼此双方的语言尊重。“言有所弊，口有所忌”，一句伤害夫妻感情的话，可能会为你的幸福生活涂抹上一层可怕的阴影。

夫妻之间，对方是自己的另一半，双方亲密无间，说起话来，顾忌自然少了许多。但问题往往是两方面的，从另一方面来看，有些话是不能说的。否则，就会伤害夫妻间的感情，那么哪些话是夫妻间不宜说的呢？

(1) 分手话

轻易地和对方说分手，其实心中并没有分手的意思，无非是想吓唬、降服对方。这是最令人心灰意冷的话题。对方在这样的话语面前常会以同样的“分手”话语来回应。一旦你一言我一语，“分手”成了口头禅，最后只能假戏真做，双方分道扬镳了。很显然，这种一时逞强的方式是不明智的。由此造成的人生挫折也是很大的。

(2) 挑拨离间的话

有些人喜欢在爱人面前说一些挑拨对方朋友、亲戚、家人之间关系，激起相互间的怨愤情绪的话语，从而达到离间对方与这些人关系的目的。“你那些朋友只是酒肉朋友，在

一起吃吃喝喝还行，在紧要的时候只怕就没谁在你的身边了。”“别人的亲戚是靠山，你家的亲戚把我们当靠山。只怕哪一天我们这山被挖空了，就连影子都找不着了。”

爱情、亲情、友情对每个人都十分重要，不可或缺。不管出于何种目的，肆意贬斥亲情、友情，挑拨这些关系，只能让对方大失所望，痛心疾首。久而久之，离间的却是你们之间的关系。

(3) 伤感情的话

夫妻间讲话也要讲求“度”。超越了这个“度”的话，就会变为伤情话，从而伤及对方感情深处。比如双方争争吵吵本无大碍，但对方动不动就说：“今生今世我最大的失败，就是找上了你!”“你这种人天下稀有，我怎么就稀里糊涂撞在你的枪口上?”语气之中明显流露出对婚姻的反悔之意和对配偶的厌恶之情，使人听后，不禁备感心寒。夫妻双方由争执而争吵，由争吵而争骂……最终会使夫妻感情一落千丈。

婚姻的基础是爱情，爱情是在万般呵护下才发展起来的。如果不想让神圣的婚姻毁于一旦，就千万别说伤害夫妻感情的话。

(4) 挑剔话

无中生有或夸大其辞，斥责对方，这也不对那也不合心意，你本想表现自己，而且表现尚可，你正为此暗暗得意，可对方却肆意向你泼冷水。总之，你永远没有对的时候。

家里来了客人，你露一手，忙了一桌子菜，可对方却当着客人面说不是咸了，就是淡了，让你十分扫兴。你做对方的后勤部长，把家里收拾得干干净净，把一日三餐料理得周周到到，本以为对方会为你而欣慰、得意、自豪，可对方却表现得十分冷淡，甚至对你采取蔑视态度，说你是市井中人，胸无大志。

挑剔不是对对方的高要求、高标准，而是一种嫌恶和蔑视。要丢掉挑剔话，关键要学会欣赏对方，善于接纳对方的不足和劣势，多看对方的长处和优势。

(5) 揭短语

夫妻双方闹别扭是很正常的事情。但有的人口不择言，喜欢揭对方伤疤，甚至当众让对方出洋相，让人家感到无地自容，从中获得快感，以降服对方。比如：丈夫对妻子说：“女人嘛，做得好不如嫁得好。你不但不‘会做’，就是会做，若不是嫁给我，你今天能活得这么滋润、这么尊贵吗?”或者对对方说：“别以为你拿了大本文凭就有什么了不起的，蒙得了别人，蒙不了我，不就是拿钱买来的吗?”这样的话太伤人自尊心，听后会让人感到无地自容。但偏偏有人十分喜欢说，这倒不见得是一种敌对，意在取得更优越的地位。

只有尊重别人，才能得到别人尊重。你必须尊重对方，多看对方的长处，多肯定对方，夸赞对方的“闪光点”，这才会赢得对方的尊重和爱戴。大千世界，茫茫人海，两个人走到了一起实属缘分，你要珍惜这份感情，不要让它随波逐流。

6. 与父母相处的礼仪

父母恩深，儿女情长。正确处理与父母的关系，是人生的一件大事。处理欠妥当，就有可能留下终生的遗憾。

与父母相处，有一些基本礼仪是必须遵循的：

（1）孝敬父母

孔子的一位学生曾经问他："老师，你经常讲孝敬父母是不是指在衣食住行方面供养父母，并且经常让他们高兴？"孔子摇头答道："不是。如果说供养和宽慰父母就是孝敬，那我问你：忠实的仆人为主人劳作，讨主人欢心，是不是也是孝敬？"孝敬父母不是因为要报答父母，而是一种淳朴而又真挚的情感。

提倡孝敬父母，并不是要人愚孝。知道父母的错误，最好是委婉含蓄地加以暗示，引导他们自己去发现问题。如果这种方式不能奏效，就应该非常礼貌、和颜悦色地直接指出，或者请他们信得过的长辈来劝说。总之，父母有错误，千万不能采取强硬措施，更不能伤害父母的情感和身体。

（2）关心父母

父母养育子女，并不是为了将来子女如何报答自己。但是，和所有的人一样，父母也需要关心，尤其需要子女的关心。

有一个流传很广的故事：有一位老人，辛苦了一辈子，把儿子养大成人，并且还帮助儿子把孙子也养大了。然而，自己却病倒了，躺在床上，下不了地。有一天，儿子进来对他说："爹，你现在只吃饭，不干活，对这个家没有什么用处了，我看还不如把你扔了吧！"儿子不顾老人的苦苦哀求，把老父亲装在筐子里，背到后山的悬崖边，要把老人从悬崖上推下去。这时，老人的孙子在后面提醒道："爹，筐子得留着，将来你老了，我还要用它来装你呀！"老人的儿子吓了一跳，他只好又把老人背回家，好生奉养。谁都有衰老的一天，谁都有需要子女关心的日子。人一辈子有两件大事：养儿育女，养老送终。这是社会的规律，谁都不应该回避。

关心体贴父母，尤其要留心老人的健康状况，这是对父母最大的关心。疾病是老年人最大的麻烦，越是身体不好的人，越需要子女的关心。对有病的父母，一定要悉心照料他们的衣食起居，随时嘘寒问暖，给予老人更多的关心。成年的子女，除了完成自己的工作外，还要主动挑起家庭的重担，为父母分忧，尽量减轻父母的负担，让辛苦了大半辈子的父母享受一下清闲。

(3) 体谅父母

父母为了事业和家庭，为了子女而辛勤地工作。随着年龄的增长，身体会逐渐衰老，可能就没有过多精力关注自身的穿着修饰，或许还会产生某些不良的生活习惯。作为晚辈，要设身处地地替他们考虑，充分理解和体谅父母，时时注意关心父母的健康和生活。

有些人不知道年老多病的痛苦，嫌弃父母的节俭小气，对父母耍态度，这样的子女，必会遭到他人的鄙视。

作为子女，孝敬父母，关心父母，体谅父母，帮助父母，是最基本的礼仪要求。让父母生活幸福，自己也会感到无比快乐。能够做一个使父母幸福的子女，你的人生也就成功了一半。

7. 问候父母的礼仪

在家庭生活里，子女对父母及时、关切的问候，是尊重和体贴父母的实际表现，也传达了晚辈对长辈的牵挂之情。

父母在忙碌纷繁的日常生活之余，如果能得到儿女一个充满爱心、温馨甜蜜的问候，父母的疲惫、烦恼，甚至病痛，都会在像春风一般的亲情关怀中消失殆尽。

“爸，早安!”“妈，早上好!”晚上睡觉前，也别忘了向父母说：“妈，睡个好觉!”“爸，时间不早了，早点休息吧!”

当父母生病的时候，在悉心照顾、端药送水的同时，更应该注意问候“爸，好点了吗？好好休息，很快就会好的。”“妈，你想吃点什么？家里有我呢，您就放心吧!”用儿女的亲情和关爱缓解父母的病痛，减轻他们的心理压力。

逢年过节时，在向同学、亲友祝福的同时，可别忘了自己的父母每个人都应向父母说上一声：“爸、妈，新年好!”融洽的家庭关系更增加了节日的喜庆气氛，让父母享受到生活的美好，品味到人生的天伦之乐。

每逢父母亲的生日或母亲节、父亲节时，应送上一件有意义的小礼物，献上深切的祝福“爸，祝您工作顺利、事业成功!”“祝妈生日快乐，永远年轻、漂亮!”等等，这些问候语会让父母感到快乐和安慰。

8. 婆媳相处的礼仪

婆媳之间往往是家庭矛盾的焦点，要想使家庭和睦，必须做到双方互相谦让，以礼相待，婆媳之间的礼仪虽不多，但十分重要。

在家庭生活中，婆媳之间和睦相处，应该遵循以下礼仪要点：

(1) 真心交流

媳妇上班前，要跟婆婆道别，有的媳妇只顾和自己的丈夫、孩子道别，却忽视了这个问题，婆婆也不会说什么，只是觉得你心里没有她。下班后，先向婆婆问候，诸如“这一天您辛苦了”等等，婆婆听了这话会感觉到舒服。当媳妇的朋友来了，首先要把婆婆介绍给客人，婆婆也觉得受到了尊重。还要提醒当儿媳的，就是一定要喊“妈”，不要没有称呼，动不动只说“您”如何如何，你这样做本身就没有把婆婆当成自己的母亲，因此，即使你再有诚意也让人表示怀疑。媳妇的一声“妈”可暖婆婆的全身。喊声“妈”比你做什么努力都更能讨婆婆的欢心。

婆婆要尊重媳妇的人格和职业，不能在什么场合都议论媳妇的不是。同样，媳妇也不要在邻居和妯娌、同事之间议论自己的婆婆，说婆婆的坏话。因为互相议论长短，只能使矛盾更加尖锐，更加难于化解，相互之间的误会也就会加深。

(2) 相互同情

婆媳间贵在相互了解、相互尊重。媳妇到婆家之后也要入乡随俗，要克制自己，逐渐适应婆家的生活，凡事不能由着性子来。婆婆也是如此，媳妇年轻，许多家务事婚前没有做过，需要边学边做，也许出点差错，闹点笑话，当婆婆的要理解，并给予帮助。

人人都有自尊，女人的虚荣心特强，你挑剔她的毛病，她即认为这是有意和她过不去，要她“难堪”，因而必然“以口还口，以牙还牙”，这样势必两败俱伤，所以，婆媳间切忌挑剔。

凡是婆媳关系相处好的，当丈夫的都起了很好的作用。有些丈夫很聪明，争脸的事儿让妻子去做，不讨好的事自己去做。妻子和自己的母亲都希望你站在她那边，这时，你只好两边说点谎话，装装糊涂，虽个人受点委屈，却换来了整个家庭的宁静与幸福。

9. 与岳父母相处的礼仪

一般说来，岳父母与女婿之间，关系是比较好相处的。岳父母对待女婿的态度同婆母对待媳妇不同，但也不是所有的女婿都受岳父母的喜欢。

女婿们若想取得岳父母的好感和喜欢，最有效的办法就是要掌握其中的礼仪秘诀。

(1) 岳父母面前夸妻

世间的女婿们，你想获得岳父母的好感吗？请不要忘记，在岳父母面前夸妻子，这是岳父母与女婿和睦相处的第一个秘诀。

夸奖妻子，说明你爱其女儿，夫妻关系融洽，岳父母对女儿的未来放心满意，夸的是妻子，高兴的却是岳父母。在岳父母看来，女儿是自己一手抚养大的，女儿身上的优点都是自己培养教育的结果。因而看起来你在夸妻子，实质是在夸岳父母。另外，还要想到，做女婿的在岳父母面前夸奖妻子，不是你的需要，而是岳父母的需要，是你与岳父母和睦相处的需要，也是你妻子的需要。

女婿对岳父母夸些什么呢？不妨夸妻子手巧、夸妻子善良、夸妻子聪明，会为人处世、夸妻子孝道、夸妻子会过日子等。

在岳母面前夸妻子“言过其实”些也不要紧，岳父母会认为这是在开玩笑，心里却愿意听，这总比当面指责她的女儿要好得多。

(2) 把握当女婿的“贵”与“忌”

岳父母评论女婿的依据，就是看女婿的嘴甜不甜。女婿嘴甜，意味着亲近，岳父母在外人面前也“有脸”；女婿嘴懒，意味着“生分”，不仅别人骂你缺少家教，岳父母脸上也无光。所以，嘴甜是一个好女婿的必备品质。

嘴甜，不等于“多嘴”。多嘴是女婿干涉岳父母的“家政”，这也是女婿的一大“忌”。

贵奉献，忌索取。女婿要博得岳父母的爱，与妻子家的兄弟姐妹搞好关系，必须明确岳父母的开支是他们自己的事，妻子没有权力干涉。作为女婿更无权让妻子回娘家要钱、物等。

(3) 执半子之礼

岳父母花了半辈子心血把女儿抚养成人，刚刚长大，就给你做媳妇，这也是一种大恩大德，做女婿的应该铭记在心，加以报答。

女婿对岳父母尊敬、孝道，妻子也会对公婆孝道，和公婆和睦相处。一个不关心岳父母的人，妻子同公婆的关系一定好不了。

赡养父母，是法律赋予子女的义务。因而，妻子的义务，也就是女婿的义务。平时多到岳父母家去探望，遇到节日、生日，买点礼品前去祝贺，这都是女婿应尽的义务。人都有老的时候，不失时机地把岳父母请到家住几天，尽尽孝道，不但岳父母心里高兴，就连妻子也高兴，更能巩固和发展夫妻间的爱情。

10. 与老人相处的礼仪禁忌

“老吾老以及人之老，幼吾幼以及人之幼。”长幼之间的礼仪其实就是指长辈与晚辈之间的礼仪。

处理好长辈和晚辈的关系，主要责任在于晚辈如何对待长辈。与老人相处中，主要有以下“三忌”：

（1）忌不尊重老人

上了年纪的人，自尊的需求明显地突出起来。许多老人随着自己生理上的衰老而产生心理上的自卑感，担心晚辈会觉得他们年老不中用，会看不起他们。所以，他们会强烈地“计较”自己在家中、在晚辈心中的地位。对于老人这种自尊需求，晚辈不能漠视和反感，而应当尽力满足。首先要在人格上尊重老人，不能有亲疏厚薄之分，更不能歧视老人。家里重要事项的决定，应该征求老人的意见；涉及老人的事情，就更要与他们商量，采纳他们提出的合理意见。发现老人有不对之处，不能当众训斥。发生意见分歧，不要粗暴地顶撞老人。对老人在家负担的家务劳动，应该经常表达出感激之情，使老人处处受到尊重。否则，不受尊重，常受责备、训斥，老人的心情是不会舒畅的，老少之间的关系也就不会融洽。

（2）忌不关怀老人

老年人随着年龄的增大和健康状况的退步，劳动能力和自理能力都会下降，因此十分希望得到晚辈的关心和照顾。对于老人的这种需要，理应予以满足。比如，要经常了解老人的健康情况，问寒问暖，照顾饮食起居，陪伴治病、检查身体等。而且，还应尽可能地安排好他们的精神生活，切忌对老人的生活不闻不问，让老人产生寂寞感和孤独感。

（3）忌不体谅老人

有些家庭，因为老人说话啰嗦唠叨，遇事倔强固执，喜欢追忆往事，因而与晚辈谈不

拢，合不来，而造成关系紧张，双方都感到苦恼。要处理好这一层关系，晚辈一定要从老人的心理特征来客观地分析他们的言行，用满腔热情和尊重体谅的态度感动老人。实际上，只要年轻一代能够体谅老人的心境，问题就容易解决了，否则，越闹越僵，关系会越来越紧张。

11. 与子女相处的礼仪

父母对子女的爱，是天下最神圣的感情。没有什么感情比这种感情更真挚、更无私、更伟大。

生育子女，抚养子女，教育子女，关心爱护子女；子女不在身边，为子女担心，子女在眼前，为子女操心。这份情怀，只有做过父母的人，才能感受得到。但是，怎么爱，怎么与子女相处，其中还有一些礼仪讲究。

（1）既要做父母，又要做朋友

为人父母们要想处理好与子女的关系，不能简单地放任自流，任其自由发展，而应该巧妙地加以引导，既不能违背子女的兴趣，又要有利于他们的健康成长。因此，作为父母，不能仅仅以高高在上的长辈自居，还应该更进一步，学着做孩子们的朋友，与子女平等交流。

2000 年，湖南省的一位中学生设计了一种多功能课桌，并且获得了专利权。他的这项专利很快被一家教学设备厂购买，已经有大批量的产品上市。这位少年因此获得了一笔可观的收入，并且获得了一项嘉奖。这个普通的孩子之所以能够取得成功，在很大程度上，得益于他的父母。他的父母从他很小的时候起，就给他充分的自由，不是做他的家长，而是做他的朋友，凡是跟他相关的事情，都要与他商量。有的时候，父母犯了错误，就会在孩子的书桌上放上一张字条，通过书面的形式向孩子认错。父母和孩子之间经常交流，他们把孩子当做一个有独立思考能力的人来看待，而不仅仅是一个每天只会捣蛋的淘气鬼。孩子在这样的家庭环境里，形成了很强的独立意识，有决断，善于思考。当那位小发明家对着电视摄像机说“我的爸爸妈妈是我最好的朋友”时，相信许多孩子一定会羡慕不已。

严格管教和平等交流，都是为了帮助孩子健康成长。但是，采用平等交流的方式，要比训斥或者拳头更加有效，而且更容易受到孩子们的欢迎。放弃呵斥和“棍棒”，不但不会减少孩子们对父母的尊重，相反还会提高父母在孩子们心中的地位。

(2) 多鼓励，少批评

批评会激起逆反，而表扬和鼓励则会激发兴趣和主动。父母要想让子女认真干好某一件事，就应该想方设法激发他们的兴趣。而表扬和鼓励，则是激发兴趣的最好方式。表扬和鼓励能够让子女感到自己的努力得到肯定，内心感到快乐。为了让孩子们做一些值得做的事情，父母可以采用“选择性鼓励”的方法对之加以引导。

这样，孩子的兴趣就会不知不觉地被你的表扬引导到少数事情上。这是一件非常重要的工作，它可能会决定孩子长大后的职业——因为许多人会根据自己从小就有的兴趣和爱好选择自己的职业。

12. 教育子女的“千金方”

父母是孩子的第一任老师，父母的言行无时无刻不在潜移默化地影响着孩子。因此，父母与孩子的关系虽然亲密，但是父母与孩子相处也并不能随随便便。

孩子与父母在年龄、阅历、心理等方面存在着很大差异，如果父母教育孩子时不注意这一点，教育孩子时伤了他们的自尊，势必不利于孩子的健康成长。父母在与孩子交往时应掌握必要的技巧。

父母与孩子交往要讲究方法。概括起来，父母与孩子交往忌讳以下几点：

(1) 忌损伤孩子自尊心

有些性格急躁的父母，对孩子恨铁不成钢，动不动便奚落孩子。这样无疑会损伤孩子的自尊心。

父母应这样教育子女：“我知道你担心你的成绩不如姐姐好。我要你记住：你俩各有所长。我们也很看重聪明的孩子，你们各有惹人疼爱的优点。”

(2) 忌吓唬孩子

“如果你不立刻跟我走，我就把你一个人抛在这里！”你真会这么做吗？孩子当然希望你不会当真。因为小孩子最怕单独呆在一个陌生的地方。但可能他听多了类似的威胁，已对此充耳不闻了。这种争执往往发生在公共场所，一旦失去控制，孩子就赢了。比较有效的方法是：当他太出格时，你把他抱起来。这样他就会明白你不允许他在公共场所胡闹。

(3) 忌命令孩子

有些父母在孩子面前要家威，没有一点民主空气。有的家长对孩子一味地限制，什么

也不准做。说话就如同给孩子下禁令。这样，孩子就会变得没有创造力，这些扼杀孩子成长的禁令，应该去掉。

（4）忌拿孩子出气

有些文化素质较低的父母，心情不好就无端地责骂孩子，拿孩子撒气。在家没好脸，说话没好气。孩子不敢接近，又躲避不了。这是父母们应该忌讳的。

（5）忌侮辱孩子人格

有的父母不理解孩子心理，当发现孩子有什么“不端”，则认为大逆不道，不是冷静地把情况弄清楚，而是凭主观臆断，弄得孩子反驳不好反驳，解释不好解释，只好在内心默默地忍受着。

有伤孩子心理的侮辱性话题，也是做父母的与孩子交往时应忌讳的。

（6）忌埋怨孩子

当孩子犯错误之后，他会感到很无助。“我怎么会这样？我真傻。”他后悔当初没听从父母的话。

父母应该力导他：“孩子，你试过自己的方法了，可没成功，对吗？真为你难过。妈妈也是这么过来的。”

（7）忌欺骗孩子

有些言行不一的父母，说了不做，许愿不还。久而久之，孩子便会对父母失去信任。

13. 以理服人是教育子女的关键

古人云：“养不教，父之过，教不严，师之惰。”不在子女教育方面倾注心血与汗水的为人父母们是不称职的。

有些家长面对自己调皮的孩子，常常举足无措，要么严加训斥，要么棍棒相加……在新的时代，那种“棍棒底下出孝子”的方法肯定是行不通的，教育孩子也要讲求以理服人。

三娘教子的故事在我国民间广泛流传。明代学士薛礼外出征战，几年杳无音信，家人以为他已经死去。他的两位夫人张夫人、李夫人相继改嫁。只把一个刚满 5 岁的小孩（二夫人所生）薛英哥甩给了三夫人王春娥。春娥坚贞如雪，誓死不嫁，含辛茹苦抚养英哥长大成人。每日里她教给英哥四书五经，习文舞墨。

时光飞逝，不知不觉薛英哥已长到 8 岁，王春娥便送他到私塾读书。私塾的一切都是那么新鲜，开始他学习劲头很高，但是日复一日地背书讲书，他渐渐感到枯燥无味了。有一天，尚未放学，他就偷偷溜回了家。正在织布的王春娥发现了，便问道："你这么早回家，该不是逃学吧?"薛英哥满不在乎地说："没有逃学，今天先生有事提前放学了。"王春娥一听，感觉不对头，转而问道："你将今天所学的书背上一段。"薛英哥一听背书，这下可急了，他连忙说道："三娘您让我背个开头儿，还是背个结尾呢? 若从开头背起半天也背不完一篇文章，如果背个尾，一会儿就完了。"王春娥闻听此话，一股无名火涌上心头，大声骂道："你这个不成器的奴才!"说话间，一边用教鞭打断机头，一边语重心长地对他说："你看，这布是用一根根丝织起来的，这织机是咱们谋生的工具，人的学问也是一点点积累起来的。你不好好读书，半途而废，就像我打断了这织布机的机头一样，成了废品。你年纪这么小就不好好读书，长大后没有才华怎么养家糊口呢?"

薛英哥听着觉得言之有理，羞愧地低下了头。王春娥看到薛英哥有悔错之意，接着对他说道："先前古人哪个不是立志成名的，有志不在年高迈，无志枉活百年春。秦甘罗 12 岁封卿拜印，周公瑾 13 岁统率三军，王摩诘 12 岁高中进士，寇平仲 12 岁身为翰林，牧牛童中状元名叫李密，头悬梁锥刺股孙敬、苏秦，砍柴人读书成名是车买臣，这些人并非是天资上乘，都是由于刻苦用功才成名的!"

王春娥的一番情真意切的话，深深打动了薛英哥的心。从此后，他牢记三娘的教诲，奋发图强，励志求学，最终状元及第。

从这个故事我们可以领悟以理教育子女的必要性。王春娥只不过是中国封建社会的一个传统妇女的典型代表，在当时的社会能有这种观念是难能可贵的，它正好成为我们现代为人父母的教子榜样。要想让你的子女出人头地，必须让他们在你仁爱的胸怀与言之有理的语言氛围中茁壮成长。

当今社会，教子问题成为一个人们备受关注的问题，要想将自己的孩子培养成新世纪有用的人才，需要在教育方面下大工夫。

14. 兄弟姐妹相处的礼仪

一个家庭，能否愉快和幸福，兄弟姐妹的相处占据了举足轻重的地位。如果兄弟姐妹之间能互相体贴关心，互相帮助，产生矛盾时不争不吵，互谅互让，这样的家庭，必然十分幸福。

在生活中，兄弟姐妹都是年龄相仿的人，朝夕相处，要做到处处符合礼仪，也并不是

一件易事。

如果你希望与兄弟姐妹之间能够和睦相处，那么就要努力做到以下三点礼仪：

（1）兄弟姐妹之间要和睦礼让

在家里，假如你是哥哥姐姐，那就应时时以身作则，努力成为父母的得力助手；遇事要宽宏大量，不与弟妹斤斤计较，更不要以为他们比自己小就随意指挥他们干活；弟妹有错时，不要在父母或他人面前斥责他们，以免伤害他们的自尊心，更不能经常在父母面前“告状”，而引起他们的反感；万一与弟妹发生争吵，应当着弟妹的面，在父母面前做自我批评。

假如你是弟弟妹妹，重要的一点，就是尊重哥哥姐姐。不能抱有优越感，更不能骄蛮无理，干什么事都不把哥哥姐姐放在眼里，为所欲为，不为他人着想。与兄姐发生争执时，不要利用自己的得宠地位到父母面前去“告状”，以免加深兄弟姐妹间的隔阂。

（2）兄弟姐妹之间要热情体谅

兄弟姐妹间相互体谅，友好相处，不但是处理好家庭生活的需要，而且是处世待人的重要原则。这些看来是小事，但对彼此的感情影响是巨大的，能使人在失意的时候振作起来，在高兴的时候快乐倍增。

（3）兄弟姐妹之间应相互关心

兄弟姐妹之间相处要诚恳热情，相互关心。当弟妹求教或请求帮忙时，应耐心帮助和解答，切忌不耐烦或不屑帮忙，在家庭生活中学会随时关心他人。

总之，兄弟姐妹之间要相互谦让，彼此爱护；长爱幼，幼尊长，情同手足，共同创造温馨和睦的家。

15. 妯娌融洽相处的礼仪

妯娌关系是家庭中很难处理好的关系，一个家庭常常因妯娌之间的矛盾，闹得全家不得安宁，闹得兄弟之间伤感情。

为搞好妯娌关系，有几种方法可供借鉴：

（1）不传话

家庭是个小社会，同样存在各种矛盾。作为妯娌，看见家庭的矛盾和问题应积极地去化解，把问题摆在桌面上谈开，问题也就会迎刃而解。倘若当面不说，背后瞎嘀咕。有时

本来没有多大的事，妯娌间一嘀咕，反而把问题闹大了，结果成了“家庭战争”的导火线。

(2) 不拆台

妯娌之间通常嫉妒心很重，生怕别人比自己强。妯娌是家庭的新成员，她一进家门就想得到多方面关照，自己做事也总想让家里人知道，让家里人赞扬，说自己是个能干的好媳妇。妯娌们都是带着这样的心理组成一个家庭的，这就为和睦带来了障碍，因为都想自己好，自己压过别人。这样一来，做事时就喜欢拆对方的台，使别人的好事办不成。

(3) 不计较小事

一个家庭琐事过多，也很难都满足每个人的要求，特别是妯娌之间小事更多，如果整天为小事去斤斤计较，那么家庭的矛盾也就没完没了。爱计较小事的人，就连吃饭时你多吃一点，她少吃了一些，也会打仗，在一些大问题上更常以小人之心度君子之腹，因私心过重瞎猜忌而闹矛盾。

(4) 不给丈夫出难题

妯娌之间不和睦的因素较多，有时为一些事情弄得兄弟之间不团结。作为妯娌不要在丈夫面前搬弄是非，为妯娌之间的一点鸡毛蒜皮的小事使丈夫难堪。

(5) 不要总想占便宜

妯娌之间要谦让，要多为别人着想，不要遇事总想自己，一有什么好事自己就往头里抢，总想多占点便宜，占上风，不吃亏。这样是搞不好妯娌关系的，只有你敬我一尺，我敬你一丈，相互感化才能处理好妯娌间的关系。

(6) 遇事多商量

妯娌之间应当是遇事多商量，这种商量不是客气的商量，而是真心诚意地相互协商，这样做一可以表示相互尊重，二可以交流感情，三可以增进友谊，四可以统一认识、便于合作。因为一个家庭的琐事乱如麻，一旦有什么情况，只有妯娌们同心协力，兄弟之间才能产生一种合力。

(7) 要有共患难的思想

俗话说：“天有不测风云，人有旦夕祸福。”一个家庭不可能总是一帆风顺，总会遇到这样或那样的问题，作为妯娌应在困难中鼎力相助，要知道患难中的友情最深，千万不要眼见一方有困难，另一方不伸手、不出力相助，这是最伤妯娌感情的事。

(8) 要多讲别人好的地方

妯娌之间都想让家里人说自己好，说自己是个能干的好媳妇，谁也不愿听别人说自己

的坏话。因此，妯娌之间应多讲对方的长处、优点，这样时间一长双方自然会相互尊重，有什么不愉快的小事也会不了了之。

（9）要学会宽容

妯娌之间要有宽厚之心，同是家庭成员，都有为自己的小天地做贡献的心理，都有自己的丈夫和孩子，难免相互间没有碰撞的地方。不能一有相碰的地方就揪住不放、耿耿于怀，要度量大一些。家庭琐事无真理可求，“让三分海阔天空，忍一时风平浪静”。

第三辑

日常生活礼仪

在日常生活中，往往更能展现一个人素养的高低，掌握在不同生活场合的礼仪，充分展现一个积极向上、自信健康的自我，将会让你在现代交际中左右逢源。

1. 日常常用礼节

日常常用礼节是目前世界大多数国家通行的礼节，是所有现代礼节形式中使用最多的一种。这里为大家重点介绍一下：

（1）注目礼

注目礼是比较庄重的礼节。学校上课，教师走进教室，学生应全体起立并向老师行注目礼——目视老师并成立正姿势，目送老师走上讲台，直至老师还礼。其他如升国旗、受检阅、受接见等场合，均应行注目礼。在只有两个人的场合，或虽有多人在场但只有两人存在某种关系的情况下，注目礼的作用不很明显，或者说不宜使用，因为这种情况下的注目无异于盯视，已经失去了它本来的作用，这时应采用其他礼节形式。

（2）打招呼

打招呼是与熟人相遇的一种简单礼节。在路上、车上或其他公共场合遇到熟人，应当主动向对方打个招呼，也叫致意。打招呼的礼节有多种形式：

双方近距离相遇，又无需深谈的，可以驻足稍寒暄即可，问一声："你好！"或"上班去？"就可以了。回答也相当简单，甚至可以含糊其辞，这也是很礼貌的。与熟人路上相遇，一方"明知故问"："上街了？"一方答非所问"今天我休息。"并不令人感觉在敷衍。两人相遇，一方问另一方："你干什么去？"这也是出于礼貌的。因为这都是一种问候，一种礼节的表示！我国常常用"吃了吗？"来打招呼，这种问候语，外国人听了很不理解，以为你要请他吃一顿呢，今天这种问候使用得越来越少了。

双方距离稍远，则无需停步寒暄，行一个点头礼——目视对方，微微地点一点头即可，在同一场合双方多次相遇，也可以用点头礼打个招呼即可，在舞会上或其他社交场合与不相识的人近距离相遇，都可以用点头礼打招呼，表示礼貌。

双方距离较远，或不便寒暄、点头时，可以行招手礼——举起一手同时注目微笑。迎接客人，见到熟人在握手前，为了表示热烈可先招呼一下，也可以先招一招手。告别、送行也常用招手礼，不过这时招手应当多招几下，甚至直到客人远去，并且还可以挥动帽子、手帕等表示留恋。

（3）握手礼

握手礼通常是用来表示欢迎、欢送、见面、相会、告辞，表示祝贺、感谢、慰问，表示和好、合作时经常使用的礼节。

握手礼看似简单，实则有很多讲究，必须好好领会、掌握，以免失礼。

握手的方式：握手一定要伸右手，伸左手是不礼貌的。伸出的手掌应当垂直，这是通常的习惯。如果掌心向下，会有显示傲视之嫌，而掌心向上，又有谦卑之态。握手的时间以3~5秒为宜，关系亲近的当然可以长时间相握。用力大小也应适度，用力太猛太重，会把对方握疼，是非礼行为；太轻甚至用指端稍碰一点，会让对方觉得你在敷衍、冷淡他。握手的力度，对男子可以稍重些，对女子则应轻柔。老朋友多年不见，当然不仅可以长时间相握、而且可以加大力度，再晃上几晃，这种方式表示热烈也是适度的。一般人为表示进一步亲近，可以把左手伸出，握住双方已经相握的双手上，轻轻地晃上几晃，这都是允许的。但对女士则不能如此。握手时，如果手上戴有手套，应当先将手套去掉。在寒冷的冬天，户外相遇或者时间仓促来不及脱手套，在握手开始时，应说一声："对不起！"军人戴军帽与对方相见，应先行举手礼，再行握手礼。

谁先伸手也是必须注意的。长幼之间，应当待长者伸手后，幼者再及时地伸手相握。上下级之间，应等上级主动伸手后，下级再伸手。男女之间，应由女子先伸手，男子再伸手，如果女方没有握手的意思，男方可改用点头礼表示礼貌。宾主之间，作为主人，对到来的客人，不论男女、长幼，均应先伸出手去，表示热烈欢迎，女主人也应如此。

握手礼有时也可以灵活变通。如一个人面对人数众多的人，相见时则不可能一一握手，可以用点头礼、注目礼、招手礼代替。行握手礼在伸手之前，如果不能肯定对方是否愿意握手时，或看到对方没有握手意思时，则用点头礼、招手礼或注目礼也是很礼貌的。不然，你伸出手去，对方没有反应，那是很尴尬的。多人握手时，不可交叉握手，互相影响，应当待别人握过之后，再去握手，也可以用点头礼、招手礼代替。

（4）鞠躬礼

在现代生活中，鞠躬礼可以说是最重的礼节之一，主要用于喜庆、哀悼的仪式中，在正式社交场合也有使用。

在追悼会上，向遗体告别仪式上要行三鞠躬，也称最敬礼。鞠躬前应先脱帽，身体成立正姿势，目光正视，上体向前下方弯曲，约成10度。在结婚典礼上，新人要向家长、主婚人、来客等三鞠躬。

一般的鞠躬，为一鞠躬，可以微微一弯，也可以成45度。弯曲度数越大，礼节越重。一鞠躬常用于晚辈见长辈、学生见教师、演讲者对听众、表演者对观众等情况。

日本人的礼节较重，鞠躬礼常用，遇到对方行鞠躬礼时，应当还以鞠躬礼。

在行鞠躬礼时，应当表情适当，身体稳重，目光专注。

（5）鼓掌礼

鼓掌礼是在公众场合常用的一种较热烈的礼节。欢迎客人时，上级来临时，对演出表示欢迎、祝贺时，对演讲、发言者表示赞同、致意时都常用鼓掌礼。鼓掌时，要求目视受礼者，动作要文雅、自然，不应过分猛烈，并要随众而止，看体育比赛尽可以热烈些，但

也应注意自己的身份，不可忘形失态，影响公共秩序。

(6) 拥抱礼

拥抱礼是西方国家通用的一种礼节，我国还不多用，只是在国际交往中对比较熟的朋友才施此礼，而且仅用于同性之间。

拥抱礼的方式是双方相对，双臂张开，表示要行拥抱礼，接着右臂高，左臂稍低，两人靠近，上体接触后，双方用右臂拥住对方的左肩背部，左手稍微抱持对方的腰部，有时手可以轻轻地拍一拍对方的背部，头部向左，口称“欢迎”、“你好”等，然后二人交换一下姿势，向对方右侧再行拥抱礼。

由于这种礼节我国不用，所以在接待外宾时，行拥抱礼，一般不采取主动，应待外宾主动要行拥抱礼时，才响应对方。

(7) 接吻礼

接吻礼同拥抱礼一样，也是西方国家通行的礼节，而且比拥抱礼的使用还要频繁、讲究。不过，行接吻礼应当注意身份和接吻的形式。

在社交场合，双方在行拥抱礼的同时，脸颊一贴，然后换一下方向再贴一贴，这便是最亲热的礼节了。长辈对晚辈，吻一下晚辈的前额即可，西方国家男女之间也通行此礼。

在西方国家，曾流行吻手礼。与女子相见时，行吻手礼，即女子把手伸出，手掌向下，对方向前轻轻接住女方手指前端，在手背上吻一下。当然，行此礼，必须要等女方主动伸出手来，不可贸然地拉女方的手亲吻。

还有一些国家和地区，在亲吻首领、长辈时，只能吻他的衣襟、脚趾或脚下的土地，表示出极其尊敬的态度。

接吻礼并非所有的国家都通行，因此应注意入乡随俗。

2. 公共场所礼仪

公共场所是为社会大众提服务的地方，如公园、影剧院、文化馆、图书馆、商店、街道、公路、交通场等。礼仪的功能，在公共场所的时候会表现得尤为明显。作为一个有文明、有素养的人，应切实重视公共场所礼仪。

(1) 举止优雅，言行得当

公共场所是属于大家的，置身其间，个人的言行举止都可能会对他人产生影响。只有举止优雅、言行得体，才能赢得别人的尊重。如在影剧院、图书馆、公园等雅静场所，大声喧哗或窃窃私语都是应该杜绝的。若因故晚到，应该放轻脚步、悄悄入场，尽量避免打

扰他人。如果发现自己的座位已被他人占坐，应该礼貌地加以说明，要求换座时，应当尽量照顾他人，不要以理压人，强行驱赶对方，让对方处于被动难堪境地。情侣之间在公共场所，应约束各自的言行，不可目无他人，有碍观瞻。女性更应自尊自重，仪态端庄，忌无节制地狂笑或卖弄风情。

(2) 衣着得体，合乎适宜

公共场所一般都比较宽松休闲，人们的活动也比较自由，而且在不同的公共场所，也各具特点，要求可能完全迥异。但是衣着得体，合乎时宜却是共同的要求。一般说，衣装应根据场合、季节、对象的情况而定。即使天气炎热，袒胸露背、赤身露体也是不可取的。

公共场所有免费开放和收费服务的区别，如公园、图书馆与体育馆、电影院就有区别。注意入乡随俗。买票入内时，应文明购票，礼貌入场。男士入场后，应主动安顿同行的年长者和女士入座。

(3) 公共场所，最好戒烟

限制在公共场所吸烟，在世界范围内都已成风尚。一些发达国家或地区及我国一些大城市，都先后明文禁止在公共场所吸烟。这不仅是对别人的尊重，也是对自我健康的负责。

身处公共场所，最好克制自己，主动不吸烟或尽量少吸烟。如有年长者、女士们同时在座，应先征得他们的同意，方可取烟抽，征得同意后，也不能抽个不停。吸烟时，更忌面对别人吞云吐雾，烟灰、烟头和火柴棍随意乱扔。

(4) 爱护环境，注重卫生

公共场所由于人们往来穿梭，频繁流动，所以，公共环境的卫生要依靠大家来保持。在公共场所切忌随处乱扔废弃物、随地吐痰、甩鼻涕；在影剧院，忌吃有瓜皮、果壳类的食物；对有包装的小食品，也应注意包装物的处理，一般是集中包好，走出座位，扔进果皮箱。对环境的爱护和保持，应该成为每个人自觉的行为。干净清洁的公共环境，为我们的休闲娱乐提供了方便，我们不仅有权享受这份方便，更有责任维护环境的整洁与卫生。

(5) 礼貌待人，注意礼让

公共场所人来人往，难免发生拥挤，应该注意礼貌待人，注意礼让。请别人让路，不妨提前招呼一声，切忌一声不响地猛冲猛挤。在公共场所遇到老人、孕妇、带小孩的妇女、残疾人等年迈体衰、行动不便的人，更应主动让路、让座，切忌利用他们的弱点，抢座、占道。

一般情况下，应尽量避免挤贴到别人身体上，如确实太拥挤，无法躲让，也应诚心道

歉，别人也会因你有礼貌而谅解。如不慎和别人相碰撞，应表示歉意，说句“对不起”、“请原谅”等文明用语，用善意和宽容构建一个和谐的社会氛围。

(6) 遵守公德，注意法纪

遵守公德是每个人维护公共秩序的自觉行为，同时也是体现个人素养的重要方面。在大街上行走，人多拥挤时应自觉鱼贯而行，三人以上同行，最好别连臂横排，阻挡他人通过，这样既影响交通秩序，也危及自身安全。在公共场所排队购物时，不要拥挤起哄，更忌咳嗽、吸烟。排队应遵照先后顺序，自己“加塞”是失礼的。若确有紧急情况或特殊理由，应事先征得别人的同意，方可调换队序。办完后，还应再次向排在前面的人致谢，忌事情办妥后即扭头得意而去。

在公共场合，因违反有关规定，受到批评或处罚时，切忌强词夺理、恶语伤人；应虚心认错，诚恳接受。

3. 公共场合的礼仪

(1) 行　路

对于现代人而言，公路是最基本的公众场合，一个人单独行路的机会比较多，所以能不能自觉地讲究行路的规则，尤其能反映一个人素质的高低。

① 遵守交通规则

无论以何种方式通过公路，都必须遵守交通规则。步行要走人行道，横过公路要走横道线，骑车要走慢车道，拐弯要伸手示意，不超速，不带人，不并行，严禁闯红灯，听从交通警察的指挥。这样不仅可以保证交通的畅通，使大家能顺利地通过，同时也保证了人身安全。

② 讲究公共卫生

保持环境卫生是人类健康生活的需要，讲究公共卫生是每一个人应当具备的起码公德。不要在道路上随地吐痰，乱抛杂物，更不应乱扔瓜皮果核。自觉地尊重环卫工人的辛勤劳动。出门一定带上面中纸或小手绢，有痰要吐在面巾纸或手绢上，否则随地吐痰会影响市容，搞不好还会同别人发生口角、摩擦，还容易传染疾病。我们应当自觉养成注意公共卫生的文明美德。

③ 以礼待人

在路上，与年老人相遇，要主动让路；遇到妇女儿童不要拥挤；遇到路人摔倒，要上前扶一扶；别人掉了东西，看到了要招呼他一下；到人多拥挤的地方，要自觉依次而过，三人以上同行，不要并行，不要嘻笑打闹；不在道路上停下来长谈，影响交通；碰了别人

或踩了别人要及时说声“对不起”，别人碰了自己，踩了自己，不必过分计较，必须说一下的，可以礼貌而委婉地说一声“请你注意一下”；遇到蛮不讲理的人，不要与之纠缠，尽早摆脱，必须讲清的，也不可以大声争吵，那样有失身份。常言说：“有理不在言高。”始终保持理智而冷静的态度，就不致酿成更大的不愉快。

(2) 乘　车

探亲访友、上下班、假日游玩，免不了要乘车。乘车不论人多人少，都应当遵守公共秩序，讲文明礼貌。

候车要先看清站牌和行车方向，然后排队候车，不要“夹塞”，也不要往车道上挤，上车要按次序，有老人、小孩、病人上下车，要扶助一下，上车后不争先恐后地找座位，要往车厢中间走动。对病人、孕妇和抱小孩的妇女要主动让座。站立车厢时要扶好站稳，以免刹车时碰着、踩着别人，碰了别人要道歉。

下雨天乘车，在上车前应把雨伞折拢，雨衣脱下叠好，不要把别人的衣服弄湿。乘车时不要穿油污衣服，不带很脏的东西，以免弄脏别人的衣服，必须带上车的，要招呼别人注意，并放到适当的地方。

乘车时，不吸烟，不吃带皮带核的东西，不把头手伸到车外，不在车上大声交谈，更不嬉笑打闹，夏天不穿背心、三角裤乘车，人多时车上遇到熟人只点头示意，打个招呼即可，不要挤过去交谈，更不要远距离大声交谈，显得很不文明，有事可以下车再谈。

到站前，提前向车门移动，下车时要按次序下，注意扶老携幼。

（3）购　物

到商店购物，要尊重营业员的劳动，要体谅营业员的辛苦，尽量减少对营业员的麻烦，使用文明礼貌语言。

买东西，先看准样式、颜色、质量、价格等，合适了再请营业员拿来，看不清拿不准的可以先问一下。如果不合适，或者只是想看看，则不必麻烦营业员拿来了。

呼唤营业员时，语气要平和，不要用命令式口气高声呼叫。少年儿童对青年以上的营业员可以称阿姨、叔叔。对年龄大的营业员可称师傅。当营业员正忙于接待别的顾客时，要耐心等待一下，不要急不可待地高声叫喊，指手画脚或手敲柜台。

挑选商品时，不要过分挑剔，时间过久会影响营业员为别人服务。对易污、易损商品要轻拿轻放，万一污损了，就应当买下来，或者赔偿。挑选后不满意时，可以请营业员把商品取回，要说一声“劳驾了”，挑选多次时，可以说一声“对不起！给你添麻烦了”。

对态度不好的营业员，最好早一点离开，必要时，应当耐心，冷静地讲道理、说情况，实在不行的，可以向其领导反映，请求帮助解决。不可在这种场合高声争执、吵闹。

调换商品，应当斟酌情况，能换则换，不应当换的则不可强求。

营业员交货、找钱等发生差错时，要善意提醒，说明情况，实在不行可找其领导解决。

买完商品离开时，不要忘记向为你提供服务的营业员道一声“谢谢”。

（4）看影剧

到影剧院看电影、戏剧，是一种高尚的娱乐和美的享受，观众应当在高度文明的环境中观赏演出，每位观众都应当遵守影剧院里的公共秩序，讲究文明礼貌。

到影剧院以前，应穿上整洁、庄重的服装，女士可画淡妆，喷香水，男士也应当稍作修饰。

买票时，要排队，不要插队，也不宜请人代买。

进影剧院要提前几分钟到场，对号入座。看电影迟到了，可请服务员引导入座，行走时脚步要轻，姿势要低，不要在人行道上停留，以免影响他人。看戏迟到最好在幕间再入座，入座时身体要下俯，要向所经过的观众道歉，说一声：“对不起。”如果别人坐错了你的位子，要轻声和蔼地再请他验看一下座号，不要引起争执。必要时可以请服务员帮助解决。遇到熟人，不要大声招呼，也不要挤过去交谈，点一下头，打一个手势就可以了。

观看时，不要吸烟，不吃带皮带核的东西，不随地吐痰，不乱扔杂物，不高声说话。要注意脱下帽子，身体不要左右摇晃，两腿不要抖动，更不要脱鞋子，引起别人讨厌。观看已经看过的影剧，不要在下边讲解、介绍、评论；热恋中的青年，应当自重，注意端庄，在公共场合过分亲昵，是不文明的行为，会遭人们的白眼。

观众的掌声是对演员的最好赞扬，会使演员受到激励，发挥出更佳水平，使观众得到更好的艺术享受。演出中出现差错失误，不应嘘嘘起哄，在适当的时机给以更热烈的掌声，这掌声，体现了对演员的体谅，是对演员的爱护和培养。演员在经常听不到掌声的剧院演出，就可能失去信心，失去进取精神。所以，在我们观剧时，对精彩的表演，要经常报以热烈的掌声，表达对演员的尊重和激励。演出结束时，要起立站在原位，热烈鼓掌，感谢全体演职人员的艺术创造和辛勤劳动。

中途没有特殊情况，不要离场，必须离开时，要等幕间，看电影不要在情节紧张、热烈时离场。离座时，要轻声地说“对不起”、“劳驾”、“借光”等，压低姿势，轻步退场。

演出将结束时，不要提前起立退场，这会导致全场混乱，对演员十分不礼貌。散场时要慢慢依次退出，不要前挤后拥。

（5）看球赛

球赛是一种竞争激烈的体育活动，比赛过程中高潮迭起的场面，揪着每一个观众的心，球员们高超的技艺，教练员临场斗志，给观众带来满足和享受，运动员勇敢顽强的斗志和良好的体育作风，使观众从中受到鼓舞和教育。

①入　场

观看球赛虽不像到剧场那样刻意修饰仪表，但也应当服装整洁。穿背心、三角裤是不

适宜的。入场应先排队购票，有秩序地进场，如果迟到，应当尽量不影响其他观众。从别人身前经过要礼貌地请他“借光”。不小心碰着别人时，应说声“对不起”。

②观　看

入座后，要遵守赛场秩序，不抽烟，不吃带皮带核的食物，不乱扔纸屑杂物，观看比赛要对双方的精彩表演加油叫好，适时恰当地叫好声可以使运动员受到鼓舞，发挥更好的水平。叫好加油声要适度，疯狂的叫，使人感到刺耳，显得粗俗。运动员失手或裁判员误判了，不要起哄、吹口哨，更不应该喊叫带侮辱性的语言。

对领先一方的精彩表演，要以热烈的掌声给以激励，使他们发挥得更好。落后的一方，一时情绪调动不起来，动作迟缓，反应呆板，原有水平发挥不出来，这时更需要观众给他们加油鼓励。热情洋溢的啦啦声，会使他们清醒头脑，振奋精神，很快进入良好的竞技状态，赛出自己的风格，使比赛更激烈更精彩，观众获得更大的满足。相反，如果对落后一方嘲笑奚落，“嘘”声不止，更会使他们一蹶不振，看这样的比赛便不会得到什么享受。

比赛结束，对双方的表演应报以热烈的掌声，表示谢意。自己一方胜了，不要得意忘形，手舞足蹈。自己一方败了，也不要埋怨球员、教练，不要冷嘲热讽，甚至出言不逊。

看球赛是最容易调动人的情绪的。这时不大容易控制自己。但是这也是最能反映一个人的文明礼貌程度的时刻。具有高度道德修养的人，善于在这个时候冷静地控制自己，特别是在大型国际比赛场上，观众的表现反映着一个国家的文明状况。我们应当表现出“礼仪之邦”的风度，不要在球场上表现出有失国格、人格的行为，以免惹人嘲笑。

③退　场

比赛结束离开座位时，不要争先恐后，特别是在人流涌向出口时，更不要向前拥挤，应随着人流缓缓而出。出场后不要围观运动员，运动员的车辆从身旁通过时，要让开通路，为表示友好可以招手致意。

(6) 探望病人

探望、慰问病人是一种礼节行为，由于情况特殊，所以更需要注意方式方法，交谈得当会使病人心神快慰，消除忧虑，有利于早日恢复健康；稍有不当，哪怕一句话、一个眼神，也会给病人带来不良影响。

①探视前

到医院探视病人以前，要做一些准备，可向其家属友人了解一下病人的病情和心情、饮食和休息情况，以及家里的情况等，以便到病房后，有针对性地做些安慰。去时可以带些病人需要的东西，如书籍、食品、鲜花等。了解医院允许探视的时间，去医院时，换上清洁的服装，女士这时不应该浓妆艳抹，服装也不应鲜艳刺目。

②探　望

进医院，要遵守医院规定，按时间要求入内和离开。

进病房要先轻轻敲一下门，或轻轻开门进去。到病床前，先把礼物放下，见到病人，要同平常一样自然、平静、面带微笑，主动上前握手，不宜握手时，可探身表示慰问。见到病人治疗用的针头、皮管、纱布、绷带要表现出平静的样子，切不可表现出惊讶的神态，不然病人会增加精神压力。然后坐在病人身旁或拿一个椅子坐下。

坐下后，要亲切目视病人，先问一声“今天好些吧?”或“今天精神好多了”，然后再关切地询问病人病情和治疗情况。

交谈中，要让病人介绍情况，自己不要滔滔不绝地唠叨。多讲些慰问、开导和鼓励的话，用乐观向上的语言给病人以精神上的鼓励，不要提及刺激病人的话题，多讲些愉快的事，使病人得到宽慰和快乐。要帮助病人增强战胜疾病的信心，积极配合医生医疗，不要再为工作、家事操心，安心治疗。

③ 告　辞

探望病人的时间不宜过长，10 分钟左右即可起身告辞，问一下病人有什么需要帮助的，有什么事要帮办理的。离开前再嘱咐病人安心治疗，表示过两天再来看望。

显然，如果是危重病人，则不应作交谈，只是探视，简单而深情地安慰、鼓励，再向病人的亲属致意以后就可告辞，不便当着病人的面交谈的，可在其亲属送到门外时再谈，以免引起病人疑虑，加重病情。

(7) 乘飞机

现在，因公出差，旅游外出，飞机已经成为一种很普遍的交通工具。所以有必要知道一些乘坐航空班机的礼仪。

当你在办理一道道登机手续时，都会有工作人员热情地向你问候，这时你应当及时礼貌地回应一声，或点头致意，不要不言不语，毫无反应，并且要及时主动地给予配合，不要显出不耐烦的神态。万一发生了误会、问题，应当冷静的陈述道理，说明情况；不要使矛盾激化。必要时，可以找其领导出面解决。登机后，要对号入座。不要在通道上停留，尽快入座。把自己随身携带的小件物品，整齐地放到行李架内，即使架内空位较多，也不要让自己的行李占过多的位置，应当想到给其他乘客留出尽可能多的空位。如果行李架内已经放满了，可以请空中小姐帮助解决。在空中小姐介绍安全知识时，要注意倾听，并且按照要求做好。

飞行中，没事不要在飞机内走动。服务人员送来报刊杂志、食物饮料时，要及时接住并表示感谢。机内的食物饮品要根据自己的情况点要，不要造成浪费。不要把废纸杂物乱扔、乱放，更不要在机内抽烟。机内与人交谈要压低声音，不要打闹嘻笑。要去卫生间，先看指示灯，尽可能少地在通道上停留。出入座位时，要向受影响的人说一声“劳驾”、“借光”、“对不起”、“谢谢”。飞机开始降落时，不要忙着站起来。飞机停稳后再取行李，随队而行。不要往前挤，也不要慢慢腾腾，影响别人。下飞机前，别忘记礼貌地向机

务人员道声“再见”、“谢谢”。

(8) 去图书馆

图书馆是公共学习场所，所以到这种场合尤其应当注意文明礼貌。

去图书馆，要衣着整齐干净，大方得体。进入图书馆要注意维持公共卫生和公共秩序。人多时，要按次序进入。不高声说话，不吃零食；不吸烟，不随地吐痰，走路步履要轻盈。不多占座位。检索卡片时，用力要轻缓，不要弄坏、弄丢。去书架上找书，要轻取轻放，看完后，要放回原处。入座时移动椅子要轻挪轻放，不要发出声音。

阅览时翻书页要轻轻地翻，尽量不发出声音，翻页时不要沾唾沫。要爱护图书，不折叠、污损，不乱涂、乱画，更不能撕书页、“开天窗”。

(9) 去饭店

饭店是公众场合，人来人往非常频繁，所以，要特别注意自己的公众形象。

到饭店去，或宴请朋友，或家庭小聚，或临时用餐，要衣着整齐，穿束得体。不论何时都不要只穿背心、裤头或敞胸露怀进入饭店。遇到熟人打招呼，不要大呼小叫，拍拍打打。应当走到他的身边，进行交谈。

如果没有预订位置，要请服务人员帮助安排。暂时没有位置时，应当耐心等待。确实不能久等的，可以和服务人员讲明情况，仍不可以时，宁可换个饭店，也不要发生口角。进入饭店，如有座位，应当尽快入座，以免影响他人。不要哄抢位置，不要多占位置。小件物品可以随身携带或放在桌边，如有空位，可以暂时放在凳子上，有人没有位置时，要主动把自己的物品拿起，给别人腾让位置。

要尊重服务人员的人格和劳动。对服务人员要给以配合，不要颐指气使，不随意把人呼来唤去，不提过分要求。如果出现问题，应当平静地说明情况，讲清道理。不要激动，不要暴躁。实在讲不通时，应请他们的领导来协调解决。

入座时要礼让，不要旁若无人，自己一屁股先坐下。要主动和人打招呼、问好，要尽快地选择与自己身份相当的位置坐下。在就餐时，交谈的声音不要过高，更不要大声喧闹。如果有酒助兴，也需要顾及他人和注意个人形象。不要吆五喝六，不要动作张扬，不要嘻笑打闹。更不能酗酒闹事，否则，搞得丢人现眼，让同行的人也尴尬难堪。鸡骨鱼刺吐到小盘里，不要把餐巾纸乱扔。保持餐厅的卫生。

用完餐后，要及时结账，及时离开，给后来的人让出位置。不要再无休止地说个没完没了。离开时不要忘记给服务人员说声“谢谢”、“辛苦了”、“再见”。通过其他席位时，要轻捷、肃静。不要交头接耳，慢慢腾腾，甚至吆吆喝喝、前呼后拥。始终保持一种稳重、平和、文雅、自信的风度。

(10) 拍　照

外出旅游、出差，节假日到公园游玩，总喜欢拍几张照片留作美好纪念。这时的心境

一定是充满愉悦和欢乐，但是不要忘记遵守这里的规定和社会公德。

拍照时，要先注意这里有没有关于拍照的规定事项，是否允许拍照。一般在边境口岸、机场、博物馆等地，都会有关于拍照的注意事项。这时要按照这里的规定，让拍则拍，不让拍则不拍。不要偷拍、强拍，结果造成不愉快。为古文物、古字画拍照，不要使用闪光灯，避免造成损害。在公共场地拍照，不要破坏公物。如：不要踏入草坪，不要攀折树枝，不要摘花薅草，不要攀登雕塑作品等。拍照时，还要顾及其他游人，不要争抢，不要防碍别人，不要影响交通。注意安全，防止事故。不要把胶卷盒和其他废弃物随意乱扔。喜欢带小孩的，不要让小孩随地大小便，不要让小孩到处乱跑。

4. 邀请和约会的礼仪

社交活动中，邀请与约会是人际交往的常见形式，也是我国传统的礼仪形式之一。掌握邀请和约会的有关知识，对于完善礼仪，提高会见效果，增进了解和友谊，有着重要意义。

（1）邀请和约会

①邀　请

邀请——是约请亲友、同志或有关单位、个人前来参加本人或本单位某个礼仪活动或进行会面的商定性通知。

邀请的目的是多种多样的，可以是请人协助，可以是参与某项礼仪活动，可以是商议合作，可以是研讨问题，可以是洽谈生意也可以是礼貌性的会见、拜访、回访等。

邀请比约会更具礼节性质。一个人或一个单位，要举行某项礼仪活动，应当考虑得更周到、全面。只要是有些关系的，应当尽量邀请到，即使明知对方不能前来，也可以邀请，因为邀请具有礼节意义，用邀请书通知一下对方，也会知道你在举行什么活动，使对方感到你对他的礼貌和尊重，有利于关系的进一步发展。

②约　会

约会——是约请亲友、同志或有关单位、个人等候本人或本单位代表前往见面的商定性通知。

约会是见面前的商定。约定一下，是对对方的礼貌的请求。通过约会，可以避免吃"闭门羹"，也免得打乱别人的正常安排。约会还可以使双方都有所准备。时间应明确、具体，免得主人不好安排自己的活动。约会地点就稍复杂些了。约见长者，应到他家去，登门拜访。同事朋友可以根据情况在某方的家里，也可以在外边茶馆、咖啡厅、饭店或其他

场合。如果约见商业谈判的对手，则一般不在家里，要在单位、客人下榻的宾馆或餐厅、咖啡厅等。

邀请与约会，是出于礼貌，表示对对方的尊重和信任。因此，邀请与约会就更应注重礼节。对关系亲密的好友，固然不必拘礼，但对一般的人，特别是尊长，该邀的没有邀，该约的不约或方式不当，都会使对方产生不快、疑虑、误会，致使双方关系冷漠甚至中断。

在西方国家，没有预约的唐突来访是不受欢迎的。进入现代生活的我国，生活节奏加快，人们的家庭生活一般都没有很多的闲暇时间，约会也就显得越来越重要了。

③ 邀请与约会的种类和方式

邀请的使用范围很广。个人的家宴、婚礼、丧礼、喜庆等都要使用邀请，机关团体、企事业单位举行各种典礼仪式或业务活动，如开幕开工典礼、展览会、招待会、研讨会、业务洽谈会、交流会、宴会、文艺晚会、舞会等，都要用邀请。

约会使用范围也很广。只要是希望、请求与对方见面的个人、单位，都可以约会。如协商合作、洽谈贸易、商讨问题，交换意见、礼貌性的拜访，甚至闲聊等都可以约会。

邀请和约会的方式，有口头方式和书面方式两种。应根据内容和具体情况确定用什么方式。

比较庄重、盛大的活动一般都用正式的书面邀请书，也叫请柬。邀请内容复杂、需要用较多文字说明的，可以用邀请信。邀请书可以邮送，可以派人递送，对尊长应当由东道主亲自送到被邀请人的手中。

口头邀请，一般用于普通性事宜。口头邀请，可以当面邀请，电话口头邀请或托人带口信邀请。口头邀请形式简单、方便，但语言要庄重、严肃、真挚、诚恳，否则对方会以为你并不认真，没有诚意或仅是客套而已，那样会怠慢对方、生疏关系。

约会一般都不涉及隆重、盛大的仪式。因此，使用口头方式较多。如果约会期限较长，或口头约会不便，可以写个说明约会事宜的简单的字条。

(2) 请 柬

① 请柬的性质和格式

请柬，俗称请帖，是专为邀请客人而发的书面通知，是一种简易明了的书信，是为了表示对客人的礼貌、尊敬而使用的一种帖式。

现在的请柬，用硬质的卡片纸制作，分封面、内文两部分。

a. 封面格式

正中间用大字醒目地写上请柬或请帖二字。字体可用毛笔手写，也可用美术字书写。有的在上端用小字写上活动内容，如×××纪念会，联欢晚会，生日晚会等。

b. 内文格式

第一行顶格写被邀请人的姓名和称谓（也可不写）。

中间空两格写活动内容、时间、地点等。

结尾写祝颂语或祈求语。

最后署邀请单位名称或个人的姓名和发出请柬的时间。

c. 请柬的要求

请柬既然是一种对客人表示礼貌的帖式，所以在制作时，应尽量精致，以表现出郑重的态度，一般要求是：

封面注重款式设计，要美观、大方，使客人收到后，感到亲切、快乐。

内文的文字，既要准确、简明，又要措辞文雅，感情浓重，语言谦逊、真挚。如果使用文言，一定要弄懂原意。

送请柬不要过早或过晚，免得对方忘记或措手不及。

如果是请人观看演出，应将入场券附上。

② 邀请书举例

邀请书，实际是一种通知书。如需要说明的事项较多，则应使用邀请书。

:

邀　请　书

为繁荣市场，搞好供应，经上级有关部门批准，定于××年××月×日在××市举行×××商品交流会。热烈欢迎您单位光临大会。具体事项如下：

一、时间：×月×日——×月×日，共×天。

二、地点：××市×展览馆。

三、如需使用展厅柜台，请于×月×日前向大会秘书处议定。

四、代表人数不限。

五、大会负责安排食宿和交通，费用自理。

六、报到地点：××市××路××宾馆××号房间，大会秘书处。

×××商品交流会（盖章）

××××年×月×日

：

邀　请　书

×××同志，

定于××年×月×日在×市举行农村物价工作研讨会，特邀请您光临指导。

会议主要议程有：

省物价局领导介绍当前农村物价工作形势及今后任务；

三门峡、漯河等市物价局介绍经验；

分组交流、研究今后农村物价重点等。

特请您就农村物价工作的有关理论问题，作专题报告。

会议地点：××市××酒店

报到时间：×月×日

请告知您到达车次、日期，届时有车到站迎接。

敬请光临！

××省物价局

××××年×月×日

(3) 介绍的礼仪

介绍可以在许多场合使用，如在宴会、舞会、亲友聚会、婚礼、会议、商店、路上等等。介绍应讲究次序，讲究礼貌，一般应将年轻的介绍给年长的，将地位低的介绍给地位高的，将男子介绍给女士，将未婚的介绍给已婚的。向一个人介绍多个人时，则应当先高后低，先长后幼，先女后男等。

介绍时，一般应简略地介绍一下被介绍者的姓名、身份，如：

“这位是市百货公司经理张××先生。”

“这位是××大学的李××教授。”

“这位是我的妹妹××。”

如果事先就是要安排双方结识并合作办某件事的，则可以多说上几句：“这位是刚从广州来的大华公司刘副经理，正有事要会您。”

如果被介绍的人职务很多，不必一一都介绍出来，可以只介绍最高职务或者只介绍与之有关的职务。

介绍要实事求是，既不要忘记被介绍者的重要身份，使之不能受到足够重视；也不要胡吹乱捧，使之处于难堪境地。

介绍时忘记了对方的姓名，当然是令人窘迫的，那样可以只介绍他的身份：“这位是

宏大商场的经理”，这时很可能他会接过话来：“您好，我叫赵××。”如果身份也记不得，就大方地先问一下，“对不起，您贵姓?”、“对不起，忘记你的姓名了。”或“对不起，您的大号是……”待到回答后，再上前介绍。如果觉得忘记姓名很不礼貌时，可以同时对两个说：“请你们互相认识一下吧!”

当别人介绍自己时，要从座位上起立，表示出很愿意认识对方的样子，主动把手伸过去与对方握手，说一声：“你好!”如果对方是位女士，则应等对方伸出手来再去握手，她如不伸手，可以点头致意。

给双方介绍之后，不可马上走开，要等他们谈上几句话后，再告别，不然双方可能交谈不起来。但也不要该走不走。双方谈得很融洽，希望长谈的，应当适时地找个借口离开。

别人向自己介绍时，应当主动热情地伸出手去，并说一声“欢迎、欢迎！幸会、幸会!”

当自己希望认识某一个人时，最好找一个认识双方的人给介绍一下，或寻找一个机会，创造一个条件和对方自然地接触。如果没有合意的人，而又很想认识对方时，可以找一个突破口去接触对方，如：“您好，听口音您好像是湖北人”等等，也可以大方地走上前去，进行自我介绍：“您好，恕我冒昧，我是汇丰商场的李大伟。”自我介绍要充满自信、态度热诚，最好事先了解一些有关对方的情况，以便迅速打开僵局，并进一步深谈下去。

介绍的情况是复杂多样的，应当灵活处理，关键是要注重礼节，这样便可产生好的效果。

(4) 名片使用的礼仪

名片在社交活动中具有重要作用，名片在我国古已有之。古人习称“名刺”、“名纸”，现在则通称名片。

① 名片的用途

名片的使用范围很广，归纳起来有以下6种用法：

a. 通用名片：用来向陌生的新朋友作自我介绍，作自己身份的证明，便于对方了解，为建立比较长期稳定的关系提供帮助。拜访别人时，递上名片以通报姓名，这等于是作了自我介绍。

b. 介绍名片：向朋友介绍引荐自己的熟人，沟通他们的联系。

c. 收付名片：收到或付给物品时，用名片作为凭证。托别人代收、代付也可用名片作凭证。

d. 约访名片：约会朋友见面，访友不遇或托人探视病人，可以在名片上写一两句话作为一种简单的书简。

e. 辞行名片：出门远行，向朋友告辞，若不能当面辞行时，可用名片表示。

f. 庆悼名片：向朋友表示祝贺、哀悼，不能亲临的，可以用名片致意。

以上几种名片，除通用名片外，其他 4 种用法都需要在名片背后，或正面临时写上要说的话，说明用意，收到别人的名片后，还可以在其背面记上对方的有关情况和资料及收到的时间、地点等，便于随时查阅，及时联系。

名片作为一种方便、实用的交际工具，近年来使用的人越来越多，使用范围越来越广。

② 名片的样式

自古以来，对名片的制作都是相当讲究的。现在都是长方形的硬质长片纸制成，印刷精美雅致，规格一般为 6 厘米至 9 厘米。分为横式或竖式两种。

横式：姓名用大些的字印在名片中央位置，单位印在左上角、顶格印。职务、职称用小字印在姓名后边。职务也可以印在单位后边。联系地址，电话号码和邮政编码用小字印在右下角。印刷的字体，姓名用楷书，隶书或行楷字体，其他部分可用仿宋体或楷书印刷。单位有标志的，可以印在左上角。

竖式同横式的差别是文字横印与竖印。左上角的标志，单位名称改印在右上角，地址等印在左下角。

有的名片印刷得很精致，显得雅致美观；有的背面用外文印上与正面一样的内容。

国外商人和国外同胞的名片要大些，长度为 10 厘米，宽度为 7 厘米。

③ 使用名片的礼节

名片的使用也有讲究。不同国家在递名片时习俗稍有不同。日本人交换名片时显得毕恭毕敬，用双手捧着送去，对方用双手接过。目光注视对方，还要鞠上一个躬，口称：“请多关照。”西方虽也郑重，但不像日本人那样礼重，常用一只手递出。

我们在递名片时，态度要恭敬，表示对方能接受自己的名片很感荣幸。对方如果身份较高，应当用双手捧着递去。对一般人，可以用右手递送，但态度要庄重大方，动作要轻缓，还可以说一声：“请关照”，“欢迎联系”等等。

接受名片，也要注意礼节。在对方掏名片时就要有很感兴趣的表示。接名片可用单手，若对方是尊长的，要用双手。接过后要认真地看一遍，然后郑重地装入上衣上部口袋里，若有名片盒的，可以放入名片盒内。千万不要看也不看就装入口袋，也不要顺手往桌上一扔，更不要往名片上压东西。这样对方会感到受了轻视。名片收到后，要说一句“很高兴认识你”或“一定拜访”等。需要交换名片时，可以掏出自己的名片与对方交换。

如果你想得到对方的名片，而对方没有给你时，不要用生硬的语气说：“请给一张名片。”而要用委婉谦虚的语气说：“可以给我一张您的名片吗？”或说：“如果方便的话，能给我一张名片吗？”

如果对方要求交换名片，而你没有准备名片，可以向对方作自我介绍。必要时，可以

用纸条临时写一下。

名片使用的场合很多，在社交场合，与人初次会面，在自我介绍时可以递上名片。如果对方询问你的姓名、地址时，也可以立即递上名片。

拜访别人时，可以在名片上写上“求见××先生。”也可以不写，直接交给守门人送进去。如果主人不在，可以把名片留下，说明你曾来拜访。

对他人表示祝贺时，也可以使用名片，去祝贺时，主人不在家，可在名片上写上“祝××××之喜”这类的文字。

其他表示答谢、哀悼时，本人不能前去或主人不在，也可以使用名片，在名片上写上“答谢”或“肃悼”之类的话，然后送去、寄去或留下。

（5）待客的礼仪

社交活动中，邀人作客是最常见的人际交往形式。我国自古就有广交朋友、热情好客的好传统。《论语》说：“有朋自远方来，不亦乐乎？”广交朋友是人生一件乐事，热情好客是胸怀坦荡、谦恭文明的美德。待客和作客，十分讲究礼仪，可以说是一门艺术。俗话说：“主雅客来勤。”宾主之间圆满完美的礼仪形式，可以使双方情谊进一步增强，使道德情操不断升华。

待客包括迎接客人、招待客人和送别客人等一系列过程；作客包括作客的准备、会面和告辞等一系列过程。待客和作客有许多情况：有应邀来客，有不邀自来的访者；有老朋友的会面，有新交朋友的初会；有谈公事、洽商务的交谈，也有私人间的交往；有研究问题的切磋，也有无事而来的闲聊等等。这种会见，可以使双方增进联系和情谊，加强团结协作；可以获得知识，开阔眼界；可以排解烦闷，解除疲劳；可以陶冶性情，提高修养。总之，讲究待客的礼仪已经成为人们社交生活中一种必不可少的文化修养，它要求我们讲究待客的艺术。待客的整个过程，要显示出热情、礼貌和文明，让客人有“宾至如归”的切身体验，感受到温暖、亲切和礼遇，高兴而来，满意而去。

①接待的准备

a. 了解客人要作的准备工作：首先应从了解客人的情况入手，以便进一步安排接待工作。主要了解来客的姓名、身份、人数、来访的目的、到来的时间以及乘何种交通工具。

b. 确定规格：接待亲友，当然不存在规格问题，但如果是举行会议、典礼等礼仪形式或单位间交往，则应考虑接待的规格了。所谓规格，就是接待的隆重程度和迎接人员的身份安排。确定接待规格，主要依据来客的身份和来访目的，同时还应考虑双方的关系。主要迎接人，一般应与来宾的身份相当，这叫对等接待。如果是有上下级关系的来客，则应主要根据来者的目的确定。如系前来处理重大问题、参加重大的会议等，接待则应隆重些，主要迎接人应当身份高一些；如系途经本地、参加一般会议、处理日常事务等，接待时派个代表或由办公室人员迎接即可。

c. 其他准备：为了表示对客人的尊重，客人到来之前应把室内室外环境卫生清理一下。客人必往的道路、楼梯、楼梯扶手等都应清洁干净。室内布置要淡雅清新，使客人赏心悦目，心情舒畅。在家中接待客人，还要注意家庭气氛，全家人要协调合作，使气氛热烈融洽，使客人在欢快的气氛中与主人进行愉快的感情交流。即使家中出现了不愉快的事，也要事先协调一致、顾全大局，把家庭矛盾暂时缓和；不要在客人面前互相指责、互不搭理，搞得气氛十分难堪；还应准备些烟茶糖果之类的物品。接待客人使用的桌椅、茶具应洗刷干净。在家里接待客人，应衣装整洁，表现出对客人的敬重、热情和款待等。

如在单位接待贵客，还可以写一些欢迎标语之类的东西。

② 迎接客人

对外地来的客人，应派车到车站、机场、码头去迎接。接站应弄清客人所乘车次、班次及到达时间。接客一定要提前到达，使客人一出站，便见到迎接的人，这会使他十分愉快。绝不可迟到。客人出站，若找不到迎接人的，会使他陷入失望和焦虑，事后不论你如何解释，也很难改变不愉快的最初印象。对身份较高的贵宾，应进站迎接，并安排到贵宾室稍事休息；对一般来客，要在出口处迎接。由于出口处人多拥挤，接站的人可以举一个牌子，上写“欢迎×××同志。”如果是会议性的，一趟车到站人数较多，可以写“××××会议接待处”。接到客人后要先致以问候，作自我介绍，并帮助客人拿一下行包。要帮助拿较重的行包，客人随手提的公文包则不要代劳了，一方面公文包不重；另一方面公文包一般是放较重要的文件或证件、现金等贵重物品的，客人不喜欢轻易离手。

请客人乘车，也应讲究礼节。注意座次的关系。开车以后，要主动与客人寒暄，可以介绍一下这次活动的主要内容、日程安排，此前到达的已有哪些客人，有哪些人员参与活动等；还可以介绍一下当地的风土人情，问一下客人有什么私事要办，需不需要帮助等，不要使客人受到冷落。到了驻地，接待人员应先下车，给客人打开车门，说一声“慢下车”，招呼客人下车。

③ 引路与安顿

客人到来，道路不熟，主人应当随时给客人引路。主人为客人引路要讲礼仪。二人并行，以右为上，所以应请客人走在自己的右侧。为了指引道路，在拐弯时，应前行一步，并伸手指引。三人并行，中间为上，右侧次之，随行人员，应走在左边。要乘电梯时，如有服务人员，应请客人先进，若无服务人员，则应自己先行一步，走进电梯，待客人进入后，再启动电梯。走出电梯应请客人先行，主人随后。到了门口，要告诉客人说：“到了，请进。”主人把门打开，这时应该注意；如果门是向外开的，主人应把门向自己的方向拉开，请客人先走；如果门是向里开的，应把门推开，自己先进，并扶住拉手，不让门动，再请客人进去。

客人入室以后，应先请客人坐下。客人入座后，在敬烟、献茶之后，主人再坐下。若有服务人员，可以等客人入座后，主人即坐下，由服务人员倒茶，主人献烟。若客人较

多，应全面招呼，不要顾此失彼，不要过久逗留。这时，只可稍事寒暄，首先介绍一下活动安排，了解一下对方有何要求、打算，介绍一下作息时间、服务设施等，即可告辞，使客人尽早休息，消除旅途疲劳。离开之前，要向客人交待下一步安排，并告知客人有事如何跟自己联系。

与此同时，要主动给客人办好报到、住宿手续。对身份较高的贵客，应事先预定房间，带有秘书的，食宿手续，可由秘书办理。

如果是在自己家里接待来客，就比较简单了，但礼仪仍应周到。到了约定时间，主人应去门口恭候客人，室外室内要打扫干净，主人衣着要整齐，只穿汗衫背心，是很不礼貌的。客人入房后，主人应递烟、倒茶、递糖果、削果皮等，热情接待客人。在炎热的夏天，要打开电扇，客人有汗，要递上一个湿毛巾，请客人擦一擦。如有女客，女主人应出面与女客攀谈，如其带有小孩，女主人要给孩子拿些玩具、画报之类物品让其玩耍。

④ 送别客人

客人来时，要以礼相迎，客人告辞，还应当以礼相送，使整个接待善始善终。送客失礼，会大大影响接待工作的效果。因为客人离开后，很自然地回味、品评你整个的待客情况。冷漠地送客，会产生长时间的不愉快，即使此前一直是彬彬有礼的，这时也会感到扫兴。因此，送客时，除了讲些告别的话外，还要讲究些送客艺术。

客人提出告辞，主人要作挽留，如果客人要走，则不必再三勉强。有时客人的告辞是试探性的，是对主人是否高兴继续谈下去的观察。所以，当客人提出告辞时，切不可急于起身送客。客人起身告辞时，主人再起身与客人握手告别，这时还要招呼家里的人，一起热情相送。送客要送到门外，叮嘱客人小心慢走，下楼注意台阶，晚上，还要把路灯打开。如是初次来的客人，要告诉返回的路线，如遇下雨，要给客人拿出雨具；对远道的客人或带有重物的客人，要把客人送到车站，或安排交通工具，待客人乘车离去时，再挥手告别。

大型社交活动的送客工作要复杂些，应有专人组织。在活动结束之前几天，就要了解客人的返程日期和要求、车次、班次和票种，并及时预购好车、机、船票。活动结束后，主人应到客人住处表示欢送，询问客人离开前还有什么需要交待、办理的事。在离开时，主人要提前给客人结算好各项费用，并帮助搬运客人携带的物品。用车将客人送到车站、码头，最好能送到车厢，安排好位子；对于贵客，应先联系好贵宾室，请客人在贵宾室候车。客人所乘车（船）启动时，送行者应频频挥手告别。

(6) 作客的礼仪

到亲友同事家作客，是一件愉快的事，特别是受人之邀，前往作客，更使人感到其乐融融。为了商议事情、洽谈商务等，要到对方单位或家中拜访，则是一种负有使命的活动。不论何种情况都应讲究作客的礼仪，以体现出应有的修养。

①作客的准备

a. 约会：作客要事先和对方约会一下，不要唐突而至，搞得人家措手不及。作客的时间要选择在主人方便的时候，不要在太早或过晚的时间作客，还要避免吃饭和午睡时间。晚上作客，时间不应太长，以免影响主人休息；约会时间定下后，就不要失约。要按时到达，不要迟到，让主人着急；也不可过早，使主人来不及准备。确实因特殊原因不能如约前往时，要及时向主人说明，另行约定时间。

b. 仪表：作客动身之前，要注意修饰一下自己的仪表。一般的活动可不必过分修饰。如果是比较重要的约会，应梳理头发、刮净胡须、服装整洁、鞋子干净，显示出对会见的郑重和对对方的尊敬。仪容不整、满身赃污地去作客，是不礼貌的。

c. 其他准备：作客时，根据需要，可以带上一些礼品，以表示对主人的情意。第一次会面，还要带上名片，以便主人更好地了解自己，有助于建立较稳定的联系。

②进门前后

到达主人家门口，要再稍稍整理一下头发和服装，看看鞋子上是否带有泥土，如果有，应当擦一擦，然后再按两下门铃，没有门铃的，就用中指关节叩两三下门。按铃和叩门两三下即可，次数不要过多，时间不要太长，节奏不要太快，用力也不要过重，不然会显得粗鲁。更不要用拳头砸门或用脚踢门，免得主人反感。如果没有回答，可以重复一次，并询问一声：“有人吗？”如果门开着，说明家里有人，但也不要直接进去，要轻轻叩门两下，等主人开门迎接时再走进去。进门后，反身把门轻轻关上，再把雨具、大衣放在指定的位置或交主人放置。如果带有小孩，要让小孩向主人家的人称呼问好，并教育孩子不要乱跑。带有礼品的，同时把礼品献给主人。

进入会客室，不要忙于入座，要对主人表示问候，等主人示意座位后，再坐下来。如有其他客人，则应向其致以问候，并坐在一旁，不要立即与主人长谈，以免打断他们的谈话。接受主人献茶、敬烟，要欠一欠身体，说声“谢谢”。主人端上果品，要谦让一下先到的客人，然后自己再取。主人为自己削果皮，要说：“谢谢，我自己来。”如果拜访的是初次相识者，这时可递上名片，然后再进入交谈。作客时，烟要少抽，茶要慢慢品尝，果品要小口细嚼，烟灰要弹在烟灰缸里，果皮核不要乱扔。坐姿要自然大方，既不要过于拘谨，也不要大大咧咧，不要随便起立，随意走动，不要东张西望，更不要乱翻主人的东西。

作客时，如果主人家没烟灰缸，说明主人不抽烟，应当尽量克制自己，不要抽烟，以免搞得满屋烟雾，使主人难受。实在要抽，可以先问一声：“我抽支烟可以吗？”如果有女士在，更应当先问她一声：“我抽支烟，你不介意吧？”主人给点烟时，要说声“谢谢”。主人递烟，即使自己带有烟，也不要拒绝主人的烟而抽自己的。如果你不会抽烟，可以说：“谢谢，我不会抽烟。”

交谈中想去厕所，这是很难堪的，但也必须解决。男客不妨问一下男主人：“厕所在

哪儿?”女客问女主人也较方便。如果主人为异性就更讨厌了。我们不妨借鉴国外的做法，问一下：“洗手间在哪儿?”或“浴室在哪儿?”我国不少地方女性把厕所用“一号”代称，这也是解决“难以启齿”问题的好办法。

③告　辞

交谈时间要适可而止，主人确实兴致很高，不妨谈得时间长一些，主人显出无话可说了，就应立即把自己要谈的话尽快谈出来，如果主人频频看表，就应当知趣地赶快起身告辞了。告辞时要表示一下谢意，离开前不要忘记取回雨具、大衣等物，免得主人发现了再去追你。走出门口，要回身道一声“再见”，如果主人还要送一送，可以说：“请留步!”如果主人在门口目送，则说一声“请回”，然后挥手离去。

5. 打电话礼仪

电话是现代生活中极其普遍的通讯交往方式。掌握打电话的礼仪，能够简单、快捷地沟通彼此间的心灵。

打电话要遵循以下礼仪原则：

(1) 选择恰当的时间

没有特殊情况，最好不要在他人的休息时间打电话。每日上午7点之前、晚上10点之后以及午休的时间，或者在别人用餐之时打电话，都有可能会骚扰对方。

(2) 拨通号码后耐心等待

拨通号码后，如听见铃响，暂时无人接听，应耐心等待片刻，待铃响六七次后再挂断。否则，若对方不在电话机旁，匆匆赶来接时，电话已经挂断，这无疑也是一种失礼行为。

(3) 拨错号码时不要追问对方

若不慎拨错电话号码时，不要一味地追问对方，礼貌的做法是：当对方告知你打错电话后，应该主动报出自己所要联系的号码，请对方核对，以便证实自己记忆是否有误，然后道谢，挂断电话。

(4) 通话时以礼待人

通话的过程中，自始至终都应该做到待人以礼，尊重自己的通话对象。

在通话之初，首先要向受话方恭敬地问一声：“您好!”然后再进入正题。不要一开

始就“喂”对方，或开口便讲自己的事情。

问候对方后，就要自我介绍。通常，在电话里自报家门，有4种模式可以借鉴：一是报本人的全名；二是报本人所在单位的名称；三是报本人所在的单位和全名；四是报本人所在的单位、全名和自己的职务。其中，第一种用于私人交往；后3种用于公务交往；最后一种最为正规。

电话需要通过总机接转时，要对总机话务员问一声“好”，还要说一声“谢谢”。另外，“请”、“麻烦”、“劳驾”之类的谦虚词，该用时也一定要用。

碰上要找的人不在，需要接听电话的人代找，或代为转告，留言时，态度同样应该谦恭有礼。

(5) 礼貌的结束语

通话结束前，应该说礼貌语，譬如：“好，就这样吧，再见！”或者“还有什么事吗？”确定对方已全部讲完，就说：“好，再见吧！”或使用“麻烦了”、“谢谢”、“再见”之类的礼貌用语。打电话的一方挂电话时，要留神轻放，不能发出动静颇大的响声，这样做极不礼貌。

6. 接听电话礼仪

接电话是一项十分重要的日常工作。一个热情、文明的电话接听者会给别人留下美好的印象，使人们心情舒畅，愿意与你交往。

(1) 三响之内接听

所有来电，最好在三响之内接听，以充分体现个人或企业的工作效率。如果故意延误，则是失礼的表现。

(2) 先问好，再自报姓名

这样可以避免搞不清身份和拨错电话的麻烦，例如：“您好！玉发物流！”然后讲问候语：“请问我能帮你什么忙吗？”切忌自己什么都不说，只是一味地询问对方：“你叫什么名字？”“你是哪个单位的？”“你找他是公事还是私事？”这种做法极不礼貌，像公安局调查户口似的。问好、报单位、问候语这三者要按顺序进行，这样显得彬彬有礼，给人一种亲切感。

(3) 正确使用“免提”

接听电话时使用“免提”功能应与对方沟通，并征得对方的同意。如：“我们公司的

经理李明先生现在就在我的办公室，我想您的意见对他一定很有帮助。如果您觉得行的话，我就按下‘免提’键。”这样显示了对对方的尊重，一般都可获得对方的理解与支持。

（4）注意聆听

接听电话时，要聚精会神地聆听，流露出谦恭友好的语态。对重要的话要进行重复，应不时地用“嗯”、“对”、“是”来给对方积极地反馈。

如果对方发出邀请或会议通知，应致谢；如果对方反映问题，接听者要耐心，回复对方的话要十分注意语气和措词，要显得热情、诚恳、友善、亲切，并使对方能体会到你对他的关心。

（5）态度友好，语言亲切

通话过程中，如果对方说话生硬，言辞失礼，一定会顿时让人感觉到不舒服，情绪受到影响，因为对方的不礼貌伤了你的自尊心。因此，接电话应该遵循“已所不欲，勿施于人”的原则。避免出现以下情况：“哎，找谁?”“不在!”“咔嚓”一声把电话挂断。再问，“不知道，真啰嗦!”“不是告诉你他不在吗？怎么又打来呢？真讨厌!”这样会使人心情不舒畅，心灰意冷。

（6）做好记录

若是重要的事，应做好记录。记录他人电话，包括通话者单位、姓名、通话时间、通话要点、是否要求回电话、回电话的时间等几项内容。记录时要重复对方的话，以检验是否有误，然后等对方自己来结束通话。

（7）通话完毕，举动要有“礼”

通话结束时，应以对方挂断电话为通话完毕，任何时候都不能用力掷听筒。

7. 结婚祝贺礼仪

结婚是人生的一件喜事、大事，出席婚礼是一种荣幸，人们通常乐意拿出时间和金钱参加这样的活动。一个应邀出席婚礼的人，如果举止文雅、礼数周到，可以为婚礼增添光彩。

（1）做宾客的仪表礼仪

结婚典礼是个喜气十足的场合，参加者应适当修饰仪容，换上比较正式的礼服，表示对婚礼的重视。西服和近年流行的唐装是首选，显得隆重大方，但也不要修饰过度，尤其是女宾，打扮得娇艳异常或光彩夺目，会产生“喧宾夺主”的不良效果，可能引起主人的

不快。

(2) 礼金要巧送

应邀出席婚礼者一般应在出席婚宴前送上礼品。

送钱给新人是最明智的选择，毕竟送实物时，其种类、式样、颜色等都很难遂新人之愿。红包一般应包双数，取吉庆大顺之意，是个让人高兴的数目。

因为回礼一般要比送礼大，所以包礼金时也要留点后路给对方，别让对方太难为情。况且包太多自己会心疼，对方也会觉得很可怕。

假如你打算携带家眷去喝喜酒，记得多添一点礼金，以免给别人留下小气、吝啬的印象。礼金是一种祝福，到底该包多少没有具体标准，只要不太少，不犯禁忌就行。其实礼轻情意重，只要抱着一颗诚挚的心，相信新人也能感受到你的真诚。依据和对方的交情实实在在包出应该包的礼金，不必“打肿脸充胖子”，自己心有不甘，对方回礼时也为难。

(3) 婚礼场所礼仪

来宾到达婚礼场所，通常会在入口处受到新郎、新娘等人的热烈欢迎。来宾应走到新郎、新娘面前，真诚地道喜：“祝贺你们!”但不要缠着他们喋喋不休，以免妨碍新人接待其他宾客。

隆重的婚礼场面，来宾应按接待人员的安排入座；如果是自助式的婚礼宴会，则可以随便些。

在婚礼上，如果有人宣读祝词，出席者应留神倾听，并随时鼓掌，注意保持婚礼的热烈气氛。与相熟的人一起谈笑，如有其他宾客走来，应主动请他参加交谈。出席婚礼时，言行举止要有分寸，不能因为气氛热烈而忘形失态。

总之，婚礼中的新郎和新娘是主角，其他人则是围绕他们的配角，来宾的目的是让主角感觉到亲切、喜庆、温暖、幸福和充满诚意，应当特别注意礼节。

8. 寿诞礼仪

寿诞记录着每个人在人生道路上所走的历程。人的生命是最宝贵的，因而人们对寿诞的庆祝礼仪也极为重视。

庆祝寿诞，是热爱生活、珍惜生命的表现，也表现出人们对生命进程的关注和期待。

(1) 诞生礼

当一个新生命呱呱坠地时，诞生仪式便宣告开始。

诞生礼是人生的开端礼，表达了人们对新生命的礼赞和祝福。诞生礼一般在婴儿出生后三日举行，俗称“三朝”，要为婴儿举行洗礼（即“洗三”仪式）。婴儿的诞生，对一个家庭来说是件喜事，所以，父母在向亲友报喜时以煮熟并涂以红色的“喜蛋”相赠，俗称“送喜果”。亲戚邻里则应拿糖、蛋、面条等礼品来看望婴儿，并说些吉祥的话表示祝福。

（2）满月礼

婴儿满月时还要做“满月”，外婆家要给小外孙做衣服，还要请理发师理“落胎发”，并置办酒席招待亲友。婴儿剃下的头发要妥善保管，宋代时将其搓成团，用红绿线穿起，挂在堂屋高处，认为可使孩子长大后有胆有识。

（3）周岁礼

婴儿满周岁时，也要郑重庆贺。民间“抓周礼”的习俗广为流行。这是用来预测婴儿将来前途和职业的一种礼仪。孩子满周岁那天，给他沐浴修饰，穿上新衣服，然后放一只盘在他面前，盘内盛有弓箭、纸笔、食品、珠宝、玩具等；女孩子“抓周”还要放上剪尺、针线，任孩子抓取，根据所抓之物，来“测试”小孩的志趣。当然，这只是平添一些生活情趣，并不能预测小孩的发展。这一天，更多的家长和亲友会给小孩买一些玩具、童装、幼儿书画，以示庆祝。

周岁是人生命周期中的一个高潮，小孩出生后，头三年的生日一般要隆重地过，邀请亲朋好友为孩子祝福。从 4 岁开始，以后的生日就不甚讲究了。

（4）生日聚会礼

生日聚会是近年来兴起的一种新潮形式。年轻人借生日会朋友，是一种有益的形式。同学、同事、朋友之间都可采用，地点随意而定，宴会可大可小，内容灵活多样。

在生日乐曲声中，吹灭蜡烛，许愿，吃生日蛋糕，这不仅是对主人的热情祝福，也可增进朋友间的友谊。如今生日活动越来越丰富多彩。生日可以是一副彩照、一篇日记，也可以是一桌家宴、一次郊游。生日，作为人生道路上的里程碑，既有催人不断进取的激励；又在多姿多彩的喜庆气氛中体现了人与人之间的真情。

（5）寿辰礼

在现代，人一般过了 40 岁以后，职业比较稳定，收入开始丰厚，孩子渐渐长大，于是就以生日的形式，开展家庭社交活动。从 60 岁开始，生日要隆重些，60 岁是花甲寿，要大庆。如果 80 高龄，那场面就更大了，俗称“庆八十”。岁数逢十，是大寿，要举行较为隆重的寿诞仪式，实际上做寿都在逢九那年举行，因为“九”为“久”的谐音，寓意延年益寿。

庆祝寿辰，一般应由子女或亲戚朋友出面举行。接到邀请参加庆寿活动的亲友，要准备一些寿礼。寿礼一般有寿糕、寿桃、寿面、寿联、寿幛等。

民间做寿，一般在家中设寿堂，寿堂正中，用纸或绸剪一个大红“寿”字，两旁张挂寿联。按照旧俗，庆寿活动从寿辰的前一天就开始了，亲友寿礼都先行送到，晚上先由儿女女婿设宴庆寿，叫做“暖寿”。第二天才是寿辰正日，宾客云集，向“寿星”道贺，并由宾客推举代表致祝酒辞。“寿星”是庆寿活动的主角，愉快地接受亲友和晚辈的祝贺。行完拜礼后，大开寿宴，饮寿酒，吃寿面。寿宴席终，当宾客要告辞时，主人也要适当回赠纪念品。

寿诞礼仪对于维系家庭成员的情感，增进家庭成员及亲朋间的和睦有积极的意义。现在，人们举行寿诞活动，亲朋好友前来聚会欢庆，送上一些礼物，主人家招待一桌宴席，气氛热烈，主客都感到幸福愉快，寿诞活动也就收到了预期的效果。

9. 吊慰礼仪

在生活中，除了喜事之外，还会有丧事。亲友过世了，应前往吊丧，这既是对死者的祭奠，又是对死者家属的抚慰。

如果要表示“人情”的话，吊慰更为需要，道喜是“锦上添花”，吊慰则是“雪中送炭”。一般说来，对待丧事比婚礼还要郑重。因为亲友在此时最需要抚慰。所以对亲友的不幸，理应认真对待、注意礼节。

吊慰时态度要严肃，感情要真诚。交谊深厚的，一般要亲自前往，表示应有的关心和慰问，如果有事无法前往，则可写信或委托他人给予慰问。即使交谊不深，得知亲友过世，也要有所表示，不闻不问、不理不睬是失礼的。

一般来讲，参加吊慰要遵守以下 3 个方面礼仪：

(1) 服装仪容

素净的衣服与庄重的心情是吊慰的要诀。

参加丧礼时，应注意穿着。在多数情形下，守灵都会在死者亡故的当天举行。只要不是星期天，吊慰者都会从工作地点直接前往灵堂，因此无法刻意换成丧服。如果吊慰者不得不穿着便服出席守灵仪式，穿着便服前去也未尝不可。要是守灵在第二天举行，则应选择颜色为藏青色或灰色、款式朴素的套装或连衣裙等。此外，项链及时髦的耳饰等小饰物，也应在出席守灵仪式之前拿下来，并且先将所化的浓妆改为淡妆。

(2) 赠送奠仪的注意事项

赠送奠仪不像贺仪那样可以任选礼品，一般采用的是挽幛、挽联、花圈等。

挽幛和挽联的内容或字词需精心斟酌，尤其是挽联，不少人是自己写联来表达真切的

感情。

以金钱为奠仪，又称香仪，是当代普遍采用的便当方式，也是大多数情况下，最实惠合用的。办丧事免不了花费，有时甚至影响到这家人以后的生活。如果亲友们的奠仪集合起来，可以解决丧葬费，或者可以减轻这家人的一部分负担，这是帮助死者和生者的最好办法。香仪钱一般为单数，用白纸包好，封面书“香仪”和送礼者的姓名及单位。

(3) 致　祭

吊慰仪式举行当天，应准时到达，在签名簿上签名并领取应佩戴的物品，安静地进入丧礼会场。无论参加公祭或自行致丧，都包含上香、鞠躬两个动作。向逝者致敬的这些行为称为“吊”。

仪式完毕应向家属表示哀伤之意，希望对方能节哀顺变，称为“唁”。

安慰丧亲的不幸者，不要急于劝阻对方的恸哭。强烈的悲痛如巨石积压在心头，不吐不快，让其宣泄、释放出来，有利于较快恢复心理平衡。

如果是多数人一起行礼的话，可推派一人当主祭者，其他人陪同上香、献花、鞠躬，之后由家属答礼。要事办完即尽快离开，不宜逗留太久，否则可能会为家属添麻烦。

仪式后的支持与陪伴亦不能忽略。失去亲友的伤痛，需要的是时间的治疗与身旁好友的关心照顾，比较好的方式是多陪他们说话，约他们一起出外散心，提供新鲜事物以分散注意力等，用关心来减缓他们内心的悲伤。

如果亲友家缺乏人手，应帮助他们奔走办事。当然，这要根据你与亲友平时关系的密切程度，以及你工作忙闲的情况决定。

10. 游览礼仪

随着人们闲暇时间的增多和物质生活水平的提高，观光旅游已经成为日常生活中得要的一部分。

那么，旅游者在旅游中应注意哪些礼仪呢？

(1) 爱护公共财物

游览区往往凭借独特美丽的自然风光，或者深厚的历史、文化内涵吸引着如织的人流。作为观光客，除了为之自豪、为之赞叹外，也有保护游览区的义务。具体说，大到公共建筑、公共设施、文物古迹，小到花草树木，都应珍爱。面对日复一日遭受风雨侵蚀的美景或遗迹，然后再看看“×××到此一游”的肆意所为，游人心中泛起的只有指责。因此，爱护公共财物，热爱祖国的大好河山，是游览礼仪最基本的要求。

(2) 保持良好的卫生和气氛

旅游点的游客较多，多数人随身携带食品或旅游用品。因此，旅游景点的环境卫生是十分重要的，如不乱扔饮料瓶、罐、盖、食品盒（袋），不乱堆放行装。在旅游景点野餐野炊，结束时，要将剩下的物品连同瓜皮果壳以及包装物收拾干净；所挖的灶坑处理复原，才可离去。切忌在旅游点的隐蔽角落大小便。保持旅游点的安静祥和气氛，不大声喧哗，不肆意嬉笑打闹。遇有导游或讲解人员，应随行细听介绍，不纠缠追问、恣意刁难。

(3) 游客间彼此互助

游览观光中，较少出现自己一人在外游览，总是游客不断、来来往往，应善意互致友好。当行至曲折幽径或小桥、山头时，除注意自身安全外，还应主动为老幼妇孺让路、指路，不可争先抢行，看见他们有困难，要及时伸出援助之手。公共座椅、躺椅，不可横躺竖卧，打呼鼾睡。有标志性的景点，往往是拍照留影的热点，都较拥挤，如已站在拍照颇佳位置，不应拖延时间过久，影响别人留影；遇有人争占，要客气礼让，不可针锋相对，逞强好胜；有人已在拍照，不宜频频催促。如有人求助帮忙拍照，可欣然应允，并力求拍照成功。旅游点如设有儿童游玩设施，不能让自己的孩子独占太长时间，成年人更不宜占据儿童游乐设施。

(4) 保持国格、人格

旅游景点，南来北往的游客不断，大家都为同一目的而来，却又各具不同之处：行为、语言、风俗、服饰都各有迥异，还有来自世界各国的外国友人。因此，旅游观光时，不要过分强调自己的要求和情趣而影响他人，不要过分坚持自己的审美见解而议论他人，以友好相伴，求同存异，和睦相处。对兄弟民族同胞要一视同仁，尊重他们的民族习惯和宗教信仰；对旅途偶遇的外国朋友，应热情大方、不卑不亢，提供必要的帮助，展示良好的个人素养。情侣恋人在旅游观光时，也要注意自己的行为，不可旁若无人，打情骂俏。

11. 欢迎和欢送的礼仪

迎送客人是社会交往中常用的礼仪活动。热情友好的欢迎，能使客人心理需求得到满足，产生美好的第一印象；周到礼貌的欢送能给客人留下长远的美好记忆，使整个接待工作有始有终，圆满周密，取得良好的效果。

(1) 迎送的准备

① 确定规格

迎送的规格是根据应邀客人的身份、到来的目的、性质和时间长短等综合考虑决定。

外事迎送遵循对等的原则。主要迎送人应与来宾的身份对等。确实不能由对等人员出面，可以安排个人代表，但职务也要相当。

上级机关的来宾到来，应由主要领导出面迎送。迎送的隆重程度也因规格而定。

② 落实人员

隆重的接待迎送，应当建立工作小组，包括：宣传布置、礼仪队伍、食宿安排、交通工具、安全保卫等。

(2) 迎接的程序

① 迎接：所有迎宾人员和欢迎队伍应提前到车站、码头、机场、迎候客人。

② 欢迎：客人走下车、船、飞机时，主要迎接人员走上前去欢迎、握手问候，这时有乐队的应当奏欢迎曲。对高级贵宾要安排献花。

③ 介绍：由礼宾工作人员将主人介绍给来宾，再由主人向来宾一一介绍前来欢迎的人员。主人介绍后，由客人向主人一一介绍随同前来的其他客人。介绍后稍事寒暄。

④ 奏国歌：对高级国宾或贵宾。

⑤ 讲话：主人先致欢迎词，客人致答谢词。也可以不作讲话，散发书面讲话稿。

⑥ 群众欢迎：群众手持国旗、彩带欢呼欢迎口号，更隆重的可安排载歌载舞的队伍欢迎。

⑦ 陪车：客人坐后排右侧，主人坐后排左侧。译员坐前排司机旁边。

⑧ 下榻：到达目的地后，迅速安排客人到房间下榻，稍事寒暄即可告辞。

(3) 注意事项

① 欢送贵宾，应在车站、机场贵宾室安排贵宾休息。

② 安排专人办理有关手续。

③ 教育所有人员，要热情、周到、无微不至。

④ 欢送的程序大体与欢迎一样。有些环节就不再重复了。

12. 文书、致词的礼仪

在人们的社会生活中，书面往来尤其讲究礼仪。以书面为形式的交往，应当继承先辈的优秀传统，学习和掌握在文书方面应当讲究的礼仪，弘扬中华民族源远流长、璀璨夺目的礼仪文化。从而提高人们的交际水平和质量。

(1) 书　信

书信是用来沟通音讯、商定事宜、交涉事物、研究问题、联络友谊、交流思想感情的

重要交际工具，是在生活中用文字形式按照一定格式与对方进行交流的一种应用文体。它是人们日常生活中，使用最为普遍的一种书面交往形式。由于它历史悠久，使用广泛，所以它在礼仪方面讲究特别多，礼仪形式格外完备。不过，今天人与人之间进行交流的手段越来越多样化，使用书信形式的在逐步减少。但是书信的独特形式和作用，依然是其他任何交流形式所不能代替的。

（2）书信的写作格式

①信　封

信封就是书信外面的纸袋。古人用木盒，所以书信也被称作“函”。为了准确、迅速、方便地投递书信，各国邮政机构都会对信封的样式、写法作出具体的规定。我国对信封的规定是：左上方印有6个方框，用来填写收信人所在地的邮政编码。右上角印有一个大些的方框，用来贴邮票。右下方印有6个方框，用来填写发信人所在地的邮政编码。

左上方收信人邮编方框下，第一行写收信人的地址：“××省××市（县）××街道（乡镇村）门牌和单位名称”。如果请人送去、捎去，则可不写地址，只写“烦交”、“面交”、“拜交”、“面呈”。

第二行，即中间，用较大的字写收信人的姓名，姓名之后空一点地方，写“先生”、“同志”。特别需要说明的是，这里的称呼“先生”、“同志”，是写给投递人员看的。因此，不可以写成发信人对收信人的称呼，如“爸爸”、“大人”、“大哥”、“二姨”等。称呼后面写“收”、“启”等。

第三行靠右一些，写发信人的地址、姓名或姓或名，后面写“缄”字，即封闭的意思。如果由人带去，地址则可不写，只写“××拜托”等，也可不写地址姓名，只写“内详”等。

信封是保证准确、及时投递信件的文字依据，因此，书写一定要准确、具体、详细、工整、清晰，以免延误。书写要用黑色、蓝色笔，不要用铅笔书写，更不要用红笔书写，因为红笔表示绝交。

明信片与信不同，没有信封和信瓤的区别，所以在书写收信人之后，不要写“启”，发信人之后，也不必“缄”了。

②信　瓤

信瓤由6个部分组成：称谓、问候、正文、结尾、署名和日期。

a.称谓写在第一行，且要顶格写，表示尊重和礼貌：称谓的写法，要根据写信人与收信人的关系确定。一般由姓名或姓或名加上称呼组成。如“李明同志”，“房先生”。关系熟悉的可只写名字，如“少华友”、“慕翰兄”。写给亲戚的就按日常的称呼写，如“爸爸”、“大哥”、“小妹”等。为了表示郑重，可以写对方的职务，如“林科长”、“李主任”等。称呼前面还可以加修饰语，如“亲爱的”、“尊敬的”等。对方是德高望重的长

者，可写“许老”、“高老”等。

b. 问候：称呼之后，写正式内容以前，为了表示礼貌，常常要对收信人问候一下。问候语应根据不同对象，恰当地使用。如“您好！”、“你好！”、“一别数月，殊深思念”等。问候语应单独成行。

c. 正文：正文是书信的主体。对收信人要说的话，要商量、办理的事，要表示的思想感情等，都要在这里写出来。

写正文要把话说得清楚、明白，以免产生歧义，或使对方捉摸不清。语言要简洁、明快，避免东拉西扯。注意语气要符合双方的关系、身份，措词要有礼貌、带感情，使对方感受到你的真挚、诚恳。要说的事情很多时，应分段采写，一事一段，眉目清晰，让对方读起来很方便。

事情写完了要总结一下，把正文收住。书信常用的收束语很多，如“所托之事，还望慨允”、“上述种种，尊意以为可否”、“多有烦劳，来日面谢”等等。

d. 结尾：正文写完了，要写一句祝颂语，表示问候和礼貌。如“祝您健康”、“恭祝近安”等。

注意，祝颂语的前半句如“祝您”、“恭祝”可以接着正文空两格写，也可以另起一行空两格写；后半句如“健康”、“近安”可以紧接前半句写，不过通常是另起一行，顶格写，以表示更礼貌些。

关于“此致敬礼”。这是个常见、常用但容易出问题的短语。“此致敬礼”一般在公务函件中使用。“此致”的意思是“把以上所写的内容呈给您。”这两个字有两种写法：一种是接着上文空两格写；一种是另起一行空两格写。“敬礼”的正确写法是，不论“此致”如何写，都应当另起一行顶格写。

e. 署名：署名是写信人的名字。署名前可以加“称谓”，如“弟××”、“愚兄×”等。或写与收信人的关系，如“你的朋友××”。

写给父母的，为了表示恭敬，可写为“儿×叩上”，写给长辈、兄姐的可写成“××上”。长辈写给晚辈的，不具名，可写“父字”等等。署名单起一行，靠后面写。

f. 日期：署名下面，写上写信的时间。一般写“×年×月×日”或只写月日，还可以在日期后写“夜晚”、“晨”，或“灯下”、“凌晨”等。少数也有偶尔写书斋或处所的，如××书斋、××堂、于“北戴河”等的。

有时，写完后又想起别的事情，可以在信末再写附言。附言前要写“又及”、“又”、“另”之类的文字，以为提示。

(3) 书信的常用语

①称　呼

称自己要称呼的人：

为了表示礼貌、恭敬，在称呼对方时，可加“贤”字。如“贤兄”、“贤妹”、“贤侄”、“贤婿”等。有世交关系的可加“世”。如“世伯”、“世兄”、“世弟”等。一般关系可加“仁”、“老”。如“仁兄”、“老伯”等。对晚辈可加“吾”。如“吾儿”、“吾侄”等。

自己称自己：

对平辈可加“愚”。如“愚兄”、“愚弟”等。对长辈自称加“小”字。如“小儿”、“小婿”、“小女”“小侄”等。

对别人称自己的亲人，可加“家”。如“家父”、“家母”、“家兄”等。对平辈、晚辈也可加“舍”。如“舍弟”、“舍侄”等。

称呼别人的亲人，可加“令”。如“令尊”、“令堂”、“令兄”、“令郎”、“令爱”等。

② 祝颂语

对长辈：敬祝健康、敬祝安好、恭请金安、敬祝新禧（元旦）、恭祝春禧（春节）、敬祝痊安（病、病愈后）等。

对同事、平辈：祝你工作顺利、祝你安好、祝你成功、祝你愉快、即颂近安、即颂教棋（对教师）、即颂著安（对搞写作的）、即颂暑安（夏）、即颂冬安（冬）、此颂近好、谨祝俪安（夫妇二人）、祝早日康复（病中）等。

对晚辈：望努力学习、祝进步、祝快乐、祝你健康等。

对上级、领导：请指教、请教正、请函复、此致敬礼等。

（4）专用书信

专用书信是指具有专门用途和特殊写法的书信。它内容单一，事项具体，讲究格式，应用广泛。它包括：邀请信、请柬、慰问信、贺信等。

① 邀请书

邀请书是约请宾客参加某个活动的通知性专用书信。

邀请书的写法：一般由标题、称呼、正文、署名、日期组成。标题，一般在第一行用大些的字写上“邀请书”字样。也可以在“邀请书”上面用小一些的字写上邀请单位的名称。

称呼，在标题之下一行，顶格写被邀请人的名字和职务或称谓。如“××先生”、“××经理”、“各位委员”等。

正文，一般先写活动的内容和邀请的原因，然后写何时、何地举行。如果内容较多时，可以分项来写。事项写完后，再加上祝颂语，如“此致敬礼”等。

署名和日期。在祝颂语下，靠右写发出邀请书的单位或个人的名称。在署名下面应写明具体的年月日。

撰写邀请书，内容要概括，事项要具体，语言要恳切、朴实，活动、报到的地点、时间要写详细、明白，必要时还要写明来时乘车路线或有无专车接送等。

：

邀 请 书

××教授：

为纪念鲁迅先生诞辰150周年，我会定于××××年×月××日至×月××日，在××市××宾馆举行鲁迅作品学术研讨会。您对鲁迅作品素有研究，祈望届时光临。

恭候回音。

鲁迅作品学术研究会

××××年××月××日

②请 柬

请柬也称“柬帖”、“请帖”，是邀请个人或组织参加某个活动的书面通知。“请”即邀请、约请之意。“柬”是信、帖子等的统称，也叫“简”。凡遇重大、隆重的事情，应用“请柬”邀请宾客。请柬一般都制作精美、语句短小、讲究礼貌。

请柬一般为对折式。封面用大字，在中间写“请柬”二字。内文由称呼、正文、署名、日期组成。称呼写在第一行，要顶格写，表示礼貌。正文写邀请的原因，活动内容和具体的时间、地点以及要求等。正文之后空两格写“敬请”，另起一行，顶格写“光临”。也可另起一行写“敬请光临”。

有其他的事项，可以写“附言”，如“附电影票×张”、“附入场券×张”、“席次：第×桌”等。

例1：

请 柬

××先生：

谨定于××年×月×日在××路×商场举行开业

五周年庆典恭候光临！

××××敬约

：

请 柬

我们定于××××年××月××日上午×时在××酒店举行结婚典礼。敬请光临！

××××敬启

地址：××路东段

例3：

请　柬

××省××市第×后××××会，定于×月××日上午×时在×博览中心举行开幕式。恭请光临指导！

此致

敬礼

××市第×届××××会筹备组

③ 慰问信

慰问信是以组织、团体或个人名义，向有关单位或个人表示问候、致意、安慰的专用书信。一般常用于重大节日、纪念日对有关人员进行慰问；对受到意外灾害，蒙受严重损失的人员进行慰问；对作出重大贡献的人员进行慰问等。

慰问信的格式，分标题、正文、落款、日期4部分。

标题，一般在首行中间写“慰问信”。或者写“××（单位）××（节日）给××××（人员）的慰问信”。或者写“××（单位）××（节日）慰问信”。

正文，开头写慰问的原因、背景等，接着写表示问候的话。如“谨代表××××向你们表示深切的敬意和亲切的慰问”、“向你们致以节日的问候”等。中间内容应因人、因事而异。一般可以对慰问对象的贡献进行概述和作出评价，概括出他们的作用、地位和意义，然后号召大家学习他们的高贵品质等。

结尾，可以用勉励、要求和共同的愿望、决心作结尾。最后以祝贺、祝愿、希望的句子如“祝您节日愉快”来结束全文。

落款。在正文的右下方，写发出慰问信的单位或个人，以及年、月、日。

写慰问信的感情要深厚、温暖；语气要真挚、热情；文字要简洁、朴实；篇幅不宜过长。

④ 贺信、贺电

贺信、贺电是向对方表示祝贺、赞誉的礼仪文书，常用于集会、节日、庆典、竣工、就任、寿辰等场合或事情。现在，社会交往日益频繁，人际关系的重要性日益被人们所认识。人际之间经常通过某种形式，相互勉励，相互支持，甚至一个小小的问候，都可以产生加深友谊、联络感情、沟通思想、消除误会的作用。贺信、贺电正是这种联系情谊的组带。所以，它已经成为人们不可缺少的常用文体。

贺信、贺电的格式。一般有标题、称呼、正文和落款组成。标题“贺信”或“贺电”写在第一行中间。

称呼，写在称呼下面一行，要顶格，并加冒号。

正文，另起一行，空两格开始写起。正文通常写对方所取得的成绩，及其意义作用

等。如果是会议，可写会议召开的意义、必要性等。如果是寿辰，可写其贡献、品德等。然后表示祝贺、赞扬、学习等。全文以祝愿的话结束，如“祝××××圆满成功”、“祝××××取得更大的胜利”、“祝您健康长寿”等。

落款，在正文下面靠右写发信人、单位名称和日期。

写贺信、贺电，感情要饱满、充沛；评价要实事求是、恰如其分；语气要诚肯，热情；语言要明快、通畅。

(5) 迎、送致词和答谢词

欢迎词、欢送词和答谢词是隆重集会上迎送宾客时，主人对宾客表示欢迎、欢送的讲话。答谢词是对对方的款待表示感谢的讲话。

欢迎词、欢送词和答谢词的写作格式，包括：标题、称呼、正文、结尾4个部分。

标题，可以直接写“欢迎词”，也可以把致辞的时间、场合、迎送的人物写入标题，如“在国庆招待会上的欢迎词”、“在欢迎××××总统宴会上的讲话”、“在告别宴会上的答谢词”等。

称呼，在标题下一行顶格写，称呼要写明名字和职位。名字的写法要注意对方的习俗。在职位后面，一般还要加上“阁下”、“先生”、“同志”等。为了表示尊敬，在称呼之前还可以加上如“尊敬的”等词语。

正文，一般可分为三段。第一段，写时间、背景、场合、情绪和欢迎（送）的祈愿等。如“今天，在山清水秀、景色宜人的××××，嘉宾云集，欢聚一堂。我们××市××××交流会隆重开幕了。在此，我谨代表×××××××并以我个人的名义，向光临大会的各位嘉宾，表示热烈的欢迎和衷心的感谢。”

第二段是主体，主要写：会议的目的、意义、愿望，主人的态度、承诺，或写所迎送客人的贡献、作为，以及对客人的评价、赞赏等。第三段写希望、决心、祝愿等。如果是答谢词，应当表示一下对主人的感谢。

结尾，用热情洋溢的话语，或表示感谢，或表示祝贺，或表示欢迎（送），或表示惜别等，最后用“谢谢”结束讲话。

欢迎词、欢送词和答谢词的写作要注重感情热烈、尊重对方、讲究礼仪、表达真切。由于是用在隆重场合的朗诵文稿，所以，文字要讲究文采，句型较短，表述生动，更要注意连贯流畅，朗朗上口。

(6) 祝酒词、贺词

在规格较高的正式宴会上，主人要致祝酒词。在一般小型私人聚餐时，也要在饮酒之前说几句表示祝福、感谢、希望的话，表达自己的心意。在宴会上，通过祝酒词，可以进一步沟通感情，融洽气氛，使宴会取得更好的效果。

正式的祝酒词一般有 4 部分：标题、称呼、正文、结尾。

标题，可以只写“祝酒词”即可。也可以在前面加上在什么场合等文字，如“在欢迎×××代表团宴会上的讲话”。

称呼。祝酒词的称呼往往要照顾全面，还要更显亲切。称呼按先外后内、先高后低、先女后男、先远后近的顺序排列，尽可能照顾周到。具体的写法可参见本节“欢迎、欢送词”。

正文，可分三部分写。第一部分表示欢迎、欢送、问候、感谢等。第二部分是主体部分，要写实质性内容。如双方的合作、友谊，会谈、会见的历程、成果、发展，意义或对对方态度的称赞、感谢等。还可以对对方的成就和一贯的友好态度等给以肯定和赞誉。第三部分写祝愿、希望。最后提议为×××××干杯。

写祝酒词，要根据对象、场合、双方关系的融洽程度，以及此前相关事务进展等情况考虑措词。一般都应当显示出热情诚恳、感情充沛、随和轻松的态度，如果能恰当地使用幽默的语言，更会使宴会气氛更加轻松、活跃。但要注意对方的习俗、禁忌。祝酒词虽然可以随和自由，不那么严肃、刻板，但轻松谈笑中，仍要避免失礼、失态。

(7) 讣告、悼词讣告

讣告和悼词是办理丧事所使用的一种应用性文体。讣告也称讣闻、讣文、讣音，是用来广泛告知去世者的亲戚、朋友、同事，甚至社会各界等的文体。讣告由去世者的单位、治丧委员会或亲属制发。讣告可以登报、张贴、送达。

讣告的写法。一般性讣告标题写“讣告”即可。公告式的讣告可在讣告之上写上发布讣告的单位。如“×××同志治丧委员会公告”等。

正文先写逝者的身份、姓名、逝世原因、逝世的详细时间、地点和终年岁数。第二部分写逝者的生平。普通人士可以不写。第三部分，写开追悼会或遗体告别仪式的时间、地点。如不举行仪式也需声明。公告式的讣告往往还写句表示祈愿的话如“×××同志永垂不朽”等。

讣告的落款写发布讣告的单位名称。如果是逝者家属，应写上姓名。还应在姓名后写“哀告”、“泣启”等，以示哀伤。

例1：

讣　告

先父×××，于公元××××年××月××日××时××分因病医治无效在×医院逝世。享年××岁。兹定于×月××日上午×时在××××举行遗体告别仪式。谨此奉闻。

哀子××××泣告

例2：

讣　告

原××市××××（单位）××××（职位）×××同志，因病医治无效，于××××年×月××日××时×分在×医院辞世。享年×岁。××××同志追悼会，定于××月××日上午×时在××殡仪馆举行。遵照×××同志遗愿，一切丧事从简。

特此讣告

×××同志治丧委员会

××××年××月××日

悼词的写法。悼词是缅怀、悼念逝者，对逝者表示哀悼、敬意的专用文体，也叫诔辞、哀辞、吊文、祭文。悼词有广义、狭义之分。广义的悼词指一切缅怀、悼念逝者，对逝者表示敬意的文章。狭义的悼词是专指用来在追悼会上进行宣读的文字。

悼词的写法。标题，一般写"悼词"二字即可，也可以写为"在追悼×××同志大会上×××同志致的悼词"、"在×××同志追悼大会的悼词"等。

正文，可以分5层意思来写。

首先写大家怀着悲痛的心情悼念什么人。

第二层意思，介绍逝者的身份、职务等，逝世的详细时间、原因，享年多少岁。

第三层意思，介绍逝者的籍贯、出身。然后依时间顺序追述逝者的生平简历。

第四层意思，介绍逝者一生的主要贡献、功绩、荣誉，称颂逝者的高贵品格，还可以举一两个具体事例，增加文章的深度和感染力量。然后给以恰当评价。

第五层意思，指出他的逝世带来的损失、影响。表达对逝者的沉痛悼念，号召大家学习他的高尚品德，激励大家奋发向上，化悲痛为力量。

最后用"×××同志安息吧"、"×××同志精神永存"、"×××同志永垂不朽"等祈辞结束全文。

落款，写致悼词的个人或单位，以及年月日。

悼词是用来在特定场合朗诵的，所以在写作上要注意，介绍生平事迹要实事求是；称赞评价要恰当得体；语言要诚恳真挚，饱含深情，声韵和谐，讲究文采。

13. 书信礼仪

作为社交的一种重要工具，书信除了具有表情达意准确、流畅外，在形式上极为讲究，具有很强的礼仪性。

无论是内外格式、封折形式、纸张选择、文字书写等方面，书信来往都有一套完备的礼节传统。

(1) 信笺的选择

在颜色方面，可以是白色、乳色、蓝色等，彩色镶边的信纸也日益流行起来。商务活动中的信函最好不用带有彩饰的信笺。

(2) 写信的礼仪

写信时，要尽可能地使书信表述礼貌、完整、清楚、正确、简洁。

在写信时，必须使书信的基本内容完整无缺。比如，在信文中提到收到对方来信，在末尾落款时，应准确写出具体日期，一般要求写明×月×日，必要时还须写明×年×月×日×时。

在书写封文时，双方的邮编不可缺少。另外，在书写收信人及发信人地址时，要力求完整，而不宜采用简称，这样才能确保书信顺利送达。

在正文里，书信中的问候、祝愿等语都有一套较为固定的专门词。恰当运用会为书信增光添彩。简介如下：

问安语：“专以祝好”、“即问近祺”、“冬安”、“春安”、“夏安”、“秋安”、“日祺”等。

祝愿语：“专此布达，即请旅安”、“敬祝健康”、“诸事顺遂”、“贵体康泰”等。

思慕语：“多日未晤，系念殊殷”、“久仰大名，时深景慕”等。

抱歉语：“抱歉之至”、“至感不安”、“十分惭愧”等。

请教语：“乞复候教”、“还望不吝赐教”、“伫候明教”、“盼即复赐”、“尚希裁答”等。

请求语：“倘蒙照拂，铭感无已”、“如承俯允，无尚感激”、“务请费心关照”等。

接信语：“刻接手教，敬悉一切”、“来信收阅，勿念”、“顷接赐札，不胜欣喜”等。

(3) 信纸的折叠

先将信笺三等分纵向折叠，然后再将其横折，并令其两端一高一低，意在表示谦恭之意。

在折叠信笺时，有意将收信人姓名外露，可令收信人产生亲切感。

先将信笺纵向对折，随即在折线处再往里卷折1厘米~2厘米宽，最后再将其横向对折，多用于公函。

将信笺先横向对折两次，再将其纵向折叠到可以装入信封之中的长度，适用于日常通信。

折好信笺，将其正式装入信封时，一定要将其推至信封的顶端，并且令其与信封的封

口之处留有大约 1 厘米左右的距离。这样做便于收信人拆阅。

(4) 信封的使用

书写信封时要确认收信人、邮政编码和地址（详细无误），姓名准确，称呼恰当，信封上收信人的称谓后一般有“启”，也可用“亲启”，信封不要用订书机加封，宜用胶水封口，邮票贴在右角，注意贴紧，若需多枚邮票，可贴在信封背面。

(5) 收信礼仪

接到他人来信后，按礼仪规范，拆信时，不仅要确保信封的完好，还应注意信封拆启后的美观。

收到他人来信之后，应尽快回复对方的来信。及时复信，不仅是尊重对方的一种表示，也是做人应具备的一种品德。

第四辑

为人处世礼仪

在社会中为人处世是一个深邃而又敏感的话题。万事礼为先，但礼不是天生俱来，必须要用心领会、去学习，得体的礼仪，定会让你在人际交往中，如鱼得水……

1. 礼多人不怪

《诗经》上说："谦谦君子，赐我百朋。"文质彬彬，谓之君子。礼多人不怪，人们都将一个人是否彬彬有礼作为其社会地位和受教育程度的检验标准。很多时候，一件事情的成功往往取决于你对对方的尊重。

社会之大，包罗万象，社会中的人际关系更是错综复杂，在社会中为人处世是一个深邃而又敏感的话题。万事礼为先，芸芸众生青睐讲礼仪的人，这样一来，礼仪的作用就显得十分重要。

姜某是某公司的高级领导，职员去见他时，他不但坐着不动，而且也不懂得礼貌让座，职员只好站在一旁说话。有时不高兴，认为职员的回答不满意，他始终不答言，好像充耳不闻；对职员不满时，始终不看职员，好像视而不见，让职员碰一鼻子灰，只好心情黯然地告辞。对待朋友，他也是爱搭不理，实在令人难受。姜某正在得势之时，职员们只好背后批评，当面还是恭维、奉承，心里却反对他。后来形势逆转，他不再有实权，一时间攻击他的人特别多，这完全是由他待人傲慢无礼造成的。

多礼能够体现一个人的素质修养。礼也是人为的，并不是与生俱来的，必须要用心去领会、去学习，逐渐养成一种习惯。多礼能为你顺利打开人际局面。

学者李先生是以多礼出名的人，他见人必先打招呼，招呼必先鞠躬，对朋友如此，对学生也是如此。说话亲切和气，笑容可掬。你到他家或办公室请他写字，他虽笔风遒劲，但是很谦虚，请你坐下来谈，你若不坐，他就始终站着。无论是谁，与李先生相交，如饮醇酒，无不心醉，所以他的人缘非常好。凡是他的学生，一见他来，立即鞠躬，另立一旁，等他先过，这不是怕他，而是敬他。

礼是一个人素质高低的表现，也是尊重人、尊重自己的表现。没有人会对你的多礼表示反感，只会对你的无礼表示讨厌。

但是多礼必须诚恳，不诚恳的多礼者，往往会令人生厌。人际交往中，与人见面握手，得体寒暄几句，本来是无可厚非的事情，但有的人却虚情假义，废话、空话连篇累牍，极力向别人讨好，这样显得无聊至极。只有诚恳者，才能显出毕恭毕敬。只有做到恭敬，才是真正讲礼貌。

中国人是很敬重礼仪的。与别人相处，礼仪是连接友谊的"纽带"。一个人的真诚与善良往往是通过礼仪来显现的。所以说，得体的礼仪，毕恭毕敬的态度是赢得别人信赖的条件之一。

2. 如何赢得别人的信赖

在社交场合游刃有余的人，往往是值得别人信赖的人。因此，赢得别人信赖是增强社交能力的有效途径。

值得信赖是一个人须具备的优良品质，这种品质是你处世中的无价之宝，它的价值是任何东西都不能取代的。那么，在较短的时间内怎样才能赢得别人的信赖呢?

(1) 热情自信

与人相处要热情满怀，要有蓬勃向上的青春气息和强烈的进取心，不能精神萎靡，丧失自信；要富有感染力，使周围的人都能够从你的身上得到启迪，给人们创造一种思想交流、情感倾诉的环境；要使人们对你的存在表示兴奋，把欢乐带给每一个人。

(2) 正直善良

正直善良的人应该具有以下几种品质：

① 谦虚：谦虚的品质往往受人欢迎。不要因为自己实力强而心存高傲，看不起你身边的任何一个人。“谦受益，满招损。”谦虚才能受人欢迎。

② 勤思考：为人处世需要开发智力，积极主动地思考一些问题。遇事必须要有自己的想法，但不能将一些不成熟的想法提出，这样往往会使人觉得你幼稚和经验匮乏。

③ 诚恳：诚恳则能赢得朋友的信任，能够使别人尊敬你。

正直善良是赢得别人信赖的魅力，做到这点，才能让人理解、佩服你。

(3) 善解人意

善于体察人意的人，无时无刻都能从对方言谈举止的微妙变化中，去体察到他内心的思想感情，并能恰如其分地对别人进行安慰、关心与体贴，让对方感受到温暖，这样才能赢得对方的信赖。

善解人意需要做到以下 3 点：

① 善于理解：理解是对人最大的支持和帮助。同人相处，要善于理解别人。理解别人的情感、行为、需要和痛苦。

② 学会宽容：允许别人有不同看法。当别人侵犯到你的利益时，如果无碍大局，你就应该原谅他。要容忍别人与你有不同的生活方式，就需要你掌握不同的处世方法。

③ 懂得默契：默契会使你在与人相处时被别人理解，使别人感觉到你的力量与温暖。友谊与友情才能在人与人的交往中扎根，默契的合作又能使友谊得到升华。

（4）重信守诺

讲究信用，不仅能够体现出对别人的尊敬，而且也是一种美德。在为人处世方面，信用还会受到道德的规范。

（5）乐于助人

热心帮助别人，能和谐你与别人之间的关系。人与人之间的相处，都需要得到他人的帮助。有的人既想交朋友，对于一定的责任和义务又不想承担，这样是不容易引起别人信赖的。

信赖可以拉近心与心之间的距离。人与人之间的交往无信不立。只有两个人的思想在一定程度上达到默契，彼此间相互信赖，才可以建立真正的友谊。

（6）忌矫揉造作

与别人坦诚相见，将真实的自我展现出来，让人感觉到你的诚实可信。要让别人信赖你，就不能刻意粉饰自己，对别人不必阿谀逢迎，或敷衍塞责。

3. 察微知著，悉心洞察他人

察微知著，就是要通过观察表面现象，了解到一些你不易直接观察到的东西。对于社会中的每一个人来说也是如此。通过对每一个人内在性格和潜藏心理的悉心洞察，可以领悟到为人处世的真谛。

察微知著是一种能力，它是人的一种内在思维与灵性的巧妙组合。拥有这种能力的人，就相当于拥有了一双“慧眼”，任何人的性格与心理都逃不出他的眼睛。

所以，要具备察微知著的能力，一些基本技巧就必须要掌握：

（1）要明白对方的个性特征

性格是一个人的“固定资产”，不易改变。总体来说，人的性格可以分为外向型和内向型两大类。

外向型性格的人，往往善于言谈，说起话来直来直去，愿意和别人主动打交道，这种人希望过富有朝气的生活。与这类人相处，不能动辄就向他们倾诉委屈与烦恼。应该和他们谈论一些健康向上的、时代气息浓厚的话题，或者积极参加他们组办的娱乐与体育活动。对他们而言，生活永远是积极快乐的，不应该让烦恼充斥了快乐。

性格内向的人，一般不善交际，同性格外向的人相比，这类人更敏感，他们可能会把

听到的每一句话都放在心上。

与这种性格的人交往，除非你和他之间有十分亲密的关系，否则，不能随便和他们开玩笑。虽然他们不善表达，但对感情却是很专一，非常愿意与自己心目中的人交往。

只要你能够了解他们的性格特征，处理好自己与他们之间的关系便是轻而易举的。

(2) 以貌取人的错误观念要改变

"以貌取人"的观念虽然人人都知道是错误的，但是大多数人还会经常犯这个错误。在对一个人作出评价之时，总喜欢将其外表好坏与否放在重要地位。

以眼睛代替了其他所有的感官则是以貌取人的最大失误。这样得出的观点，往往是不准确的；人的外表漂亮与否与心地是否善良、知识是否渊博，并无任何关系。

因此，在开拓人际关系中切忌以貌取人。长相漂亮、潇洒的人，并不一定心地善良、通情达理；那些相貌平平的人，往往会将内心的压力变为动力，注重内在知识和品德的修养。

(3) 通过对方的神态和眼睛洞察他的内心

一般来说，一个人的眼睛要比他的嘴巴诚实。当你与对方交谈时，如果他的眼睛在东张西望，就表明他的注意力并没有放在谈话内容之上；如果他睁大眼睛死死地盯着你，则有可能是你的谈话大大吸引了他；如果他说话的时候，眼睛或开或合，好像是在做全方位的思考，那就说明你提出的问题对他很重要。虽然每个人的眼睛均有所不同，但是用眼睛来表达思想的模式却大致相同。

总之，察言观行是人与人之间相互了解、相互沟通的基本途径。与人相处，那种一见钟情的浪漫方式要避免，要在相互之间的频繁接触中建立良好的友谊，由互不相识逐渐发展成为相互了解、相互信赖的朋友。这种交往虽然需要很长时间，但最终缔结的友谊却是可靠、牢固的。

4. 刚柔并济，处理得当

在为人处世方面，既要赢得对方的好感与合作，又不失去自己的立场，采用刚柔并济的策略，往往能够收到较好的效果。

内方外圆的策略，应用在为人处世方面，可具体分为以下 3 个方面：

(1) 合情合理

合情是指符合人之常情；合理是指符合事情本身的道理。既要做到符合人之常情，又

不违背事情本身的道理，则是非常不易的事情。

春秋战国时的商鞅，协助秦孝公实施变法，秦国一时间国富兵强，商鞅也成为秦国的功臣。但是商鞅有一个很大的缺点，就是不通情理。商鞅极力推广自己为秦国制定的法律，一贯遵守“王子犯法，与庶民同罪”的原则，对任何人都不留情。再加上他的法律太苛刻，老百姓稍有不留神之处，就会被处以割鼻、刖足等残酷惩罚，老百姓苦不堪言。当时，秦孝公的儿子触犯了法律，商鞅执意要按律执法。他不能直接惩罚太子，就以“教不严师之惰”的罪名，将太子之师面部刺字，杀鸡儆猴。后来，秦孝公死了，太子当上了秦国国君，商鞅害怕大祸殃及自身，想逃往魏国。可是，当商鞅精心打扮逃至城门口之时，天仍然未亮，守门的士兵不同意开门，并告诉他：“依照商鞅制定的法律，天未亮之时，不能随便放人，否则就会招来杀身大祸。”没过多久，商鞅便被新国君派来的人擒获，并处以车裂的酷刑。

商鞅只知道“合法理”，却不考虑当时人们的心理和感情，结果遭到全国上下的普遍怨恨，最终落得个身首异处的下场。这便是“合理不合情”的典型例证。

（2）经权结合

经权结合是圣人孔子的处世方式，“经权结合”就是将常规原则和常规方法与变通的原则、方法相结合。在社会中，除基本的原则理应遵循外，在一些特殊情况下，也应该将思路适当改换，再加以灵活处理与变通。

譬如：在东方国家，遇到老年人上楼梯，为了表示你的关心与尊重，你就要上前去相扶。可是，如果那位老人是位德国人，你则不能这样做。因为对德国人来说，人们的搀扶意味着埋怨他年老体衰、不中用，会伤害到他的自尊心。基于此，如果你还按照东方的方法习惯去做，那就是“有经无权”。

（3）内刚外柔

内刚外柔是一种非常好的社交策略。内刚外柔，就是内部刚强、外表温和。这是一种与色厉内荏完全相反的处世方法。

20 世纪 70 年代，德国大众汽车集团与澳大利亚一家本土汽车公司精诚合作，在汽车轮胎问题上，双方发生了分歧。澳方希望通过合作的方法扶植国内的车用橡胶业，这是他们同意合作的目的之一。而大众集团则以澳方缺乏先进的技术为理由，不同意对方提出的建议。双方这次谈判整整陷入 3 年的僵局，最终还是澳方取得了胜利。多年之后，大众的首席谈判代表回忆起当时谈判的情景，还对澳方的首席谈判官唐·迪特先生的谈判方式赞赏不已：“唐·迪特先生不愧是一流的谈判专家，他总是面带微笑，温文尔雅，就像英国皇室贵族一样，总是一副彬彬有礼的姿态。他从来不使用偏激的言辞，但是，你从他的每一句话中都能感受到他坚定的信念——而最后我们就是被这种不可动摇的信念所折服。”唐·迪特先生外柔内刚的社交策略，不仅维护了本方的利益，而且还赢得了对手的尊敬。

实际上，社交中的很多策略，都可以归纳到内方外圆的范围之内。运用“内方外圆”的策略，可在双方意见发生分歧之时，创造一个有利于接触与交流的良好氛围。只要彼此能够坐在一起，只要有机会与别人交谈，很多的分歧都是可以解决的。

5. 幽默处世，笑对人生

幽默是为人处世过程中不能缺少的因素，是人们在社交场合中所穿的“最漂亮的服饰”，它能使陌生人变为知已，能使尴尬的场面变得烟消云散，能给好的关系锦上添花。

在人际交往中，适当地使用幽默的语言，可以打破僵局，可以回敬对方不礼貌的言词，也可以使严肃紧张的气氛顿时变得轻松活泼起来，甚至还可以缓和或解决矛盾。

有一次，著名评剧表演艺术家新凤霞举办了一次“敬老”宴会，专门邀请了齐白石、老舍、梅兰芳、欧阳予倩等文艺界的著名前辈。已经92岁高龄的齐白石老人由他的看护陪同前来。齐白石老人坐定后，拉着新凤霞的手，深情地看着她。过了一会儿，看护担心这样会使晚辈难为情，就以带有责备的口气对齐白石老人说：“你总看别人做什么?”齐白石听了很不高兴，说：“我这么大年纪了，为什么不能看她？她生得好看。”老人说完，脸气得通红。看护的一句话惹恼了齐白石老人，大家也感到十分紧张。

正在这时，新凤霞巧妙地接过齐白石老人的话说道：“您老看吧，我是演员，我不怕人看。”新凤霞的话，使齐白石老人心情舒服了许多，刚才的一阵紧张气氛，被新凤霞的一句幽默话缓解了。

幽默是生活的调味剂，是轻松中露出的深刻，在与人交往时，适当地使用幽默，可以打破尴尬的局面，促进人与人之间的情感交流。那么，在与人交往中如何使用幽默呢？通常有以下6种方法：

(1) 正话反说

正话反说，就是将话反过来说，使意思形成鲜明的反差。

例如：上世纪50年代，人们通常使用牙粉刷牙，在当时牙粉是用袋装的。当时，有个相声逗哏演员在说相声时形容牙粉价格很高时说：“才2元钱一袋。”捧哏的问他：“这么便宜，是什么袋装的?”这位相声演员说：“牙粉袋!”观众顿时笑得前仰后合。

(2) 妙用笑话

适当地讲些笑话，可以使语言颇具幽默感，从而能够缓解紧张、尴尬的气氛。例如：在一次宴会上，有两个人因为一点琐事争吵了起来。正在这时，主人临场发挥，讲了一个

小笑话：

“古时候，有一个人到朋友家赴宴，朋友招待不够周到，仅给他喝了几滴米酒。告别之时，他恳求主人在左右两边腮帮子上各打一记耳光。主人不了解他的意思。他说：为的是让我老婆看见我两颊通红，以为我吃饱喝足了……”

听了这则笑话，刚才正在争吵的两人也不由地笑了起来，紧张的气氛顿时得到缓解。

（3）适度夸张

运用夸张的方法来表现幽默，效果也会非常鲜明。有这样一则故事：

房客对店主说：“昨晚我睡不着，太冷了，窗上有洞，房间里只要有一点光，我就睡不着。”店主奇怪地说：“那你为什么不把蜡烛吹灭呢?”房客说：“吹不灭的，因为那球形的火焰结冰了。”

（4）词语别解

故意歪曲词语的本意，进行特殊含义的解释，也是表现幽默的一种方法。例如：

美国的比尔斯曾编写过一部《魔鬼词典》。在这部词典中，给政治下的定义是——“政治是为私人谋取利益而从事的公务活动”：给外交下的定义是——“为了自己国家的利益而撒谎的一种艺术”；给和平下的定义是——“两次战争之间互相欺诈的阶段。”

他在这里用的就是词语别解的方法，表面看似荒唐，细细品来却是意味深长，不禁令人哑然失笑。

（5）自我解嘲

有的时候，自我解嘲也能营造一种幽默气氛。比如，在别人请你跳舞时，而你又不善于跳，就可说一句：“我舞姿优美，动作难看，跳起来别人都会哭了。”再者，有人见你在参加娱乐活动，说你生活得有滋有味，业余娱乐不错时，你可以说：“我这是傻小子坐凉炕——全凭火力壮。”这种自我解嘲，也能营造一种幽默的气氛。

（6）巧用谐音

巧妙借用同音字的谐音关系，也能起到幽默的效果。

清朝李鸿章有个远房亲戚李某，胸无点墨而热衷功名，一心想通过科举获个一官半职。有一次，在考场上打开试卷，谁知竟有一多半字不认识，急得他团团转。快到交卷时间时，他头脑一转弯，在试卷上写道：“我乃李鸿章中堂大人的亲妻。”这最后一个字本意想写“戚”，因为不会写，以“妻”字代替。当主考官批阅这份试卷时，读到“我乃李鸿章中堂大人的亲妻”时，不禁哑然失笑，提笔在试卷上批道：“所以本官不敢娶（取）你。”

总之，幽默是一种处世的练达和内心的包容，用幽默去应对痛苦，痛苦会减轻；用幽默去面对失败，失败会变得微不足道；用幽默去掩饰自己的缺陷，你会更勇敢地接受自己。

6. 虚怀若谷，人品自高

真正的强者是不张扬的，他可以不说话，但是内力逼人，别人不但不会漠视他的存在，反而可以感受到他的力量。

同在商海“混”的人难免有起家早点和晚点的时候，或者是谁更强大的时候，当你见到一个比你经济实力相差很多的客户时，你的态度是怎样的呢？是爱理不理还是冷言冷语？

姚明在以 2002 年状元秀的身份进入 NBA 后，许多球员对于这位来自东方的状元秀并不服气，包括巴克利、奥尼尔等老资格球员都对他表示不屑，纷纷用嘲讽与肘子来欢迎姚明。其实要想在 NBA 中“混”出点名堂，好的人际关系非常重要，而要取得好的人际关系，姚明首先要做到的是谦逊；同样，要适应 NBA，懂得 NBA 的“游戏规则”，姚明同样需要忍耐。幸运的是，姚明非常懂得这点。“姚明的眼睛中总充满了智慧之光，而他的成熟超越了他的年龄。”这是 NBA 总裁大卫·斯特恩对姚明的评价。

令人印象深刻的是，姚明在队中非常受欢迎，刚到火箭队时，他就放下了状元秀的架子，将自己定位在菜鸟，不惜为老将莱斯等人提包。而当他逐渐在队中树立威信后，姚明仍旧不失谦逊，每次队友罚球他都会上去与其击掌，队友跌倒他总是赶去扶一把，这些细节正在感动着每一个队友，更赢得了弗朗西斯这位“老大”的真挚友谊。

对于世界瞩目的体坛巨星姚明来说，忍耐是一种策略，更是一种学问。那么作为在生意场上打拼的生意人又是怎样面对不如我们的客户或伙伴的呢？很多从前也很贫困的生意人一旦发达起来，对待身边人的态度就是 180 度大转弯，最后他失去的必将是人心。一个人得不到朋友和顾客的信任还谈做什么生意呢？

有一个农民企业家，学历不高，但是在商场上摸爬滚打，一步步摸索着走了出来。自信满满，平和从容，和他谈话甚至是一种享受，他会给你带来新的感觉——对人生、对事业的新的感悟和看法。他原来是修理电器的，后来师傅的儿子留学去了国外，他也因此有机会接到了国外的一份订单——石材加工。几个工人帮他做出了样品，外方一看很满意，就有了日后的合作。他几乎跑遍了全国的石材场地，爬了无数的山，看了无数的石头。他说现在对石头的质地、产地、价格的了解，他都了然于胸，太熟悉了。再高再陡的山，他都亲自去。几年下来，他的财富积累起来了，他也远近闻名了。可是他依然衣着朴素，老婆孩子也一样。没买房、没买车。别人不理解，说他的钱两辈子也花不完。他给村里铺了路，开拓了更多的业务，让村里的男女老少都有活干，他每年都是全县乃至全市的最大纳税户。他说这没什么好张扬的，一个人朴素点好，这样他才能保持内心的平和，才不会忘

本。很多人毁于没钱，但是也有很多人毁于有钱。不管是村民还是上级领导，提起他，都是赞不绝口。他说不会因为他比别的老板穿得差一点，吃得差一点，住得差一点而有任何内心不平衡。每个人对生活的态度不一样，他不爱张扬。他的谦逊踏实使他获得了外方的信赖与尊重，生意一直很顺利。谦逊的品格是个人的一块金字招牌，是一张好使的名片，给他带来了朋友，赢得了尊重，获得了支持，抓住了商机。

谦逊的品格不但不会降低你的身份，反而会使得你的形象更加高大。英国政治家切斯特菲尔德说：“一个人只要自身有教养，具有良好的风度，不管别人的举止多么不适当，都不能伤他一根毫毛。他自然就会给人一种凛然不可侵犯的尊严，会受到所有人的尊重；而没有风度的人，容易让人生出傲慢的心理。”

谦逊是中华民族的传统美德，谦逊可以促使人不断地上进，同时也具有一种亲和力。自信而又谦逊，应该是生意人的最高境界。

自信而又谦逊的品格，是为人处事的良好态度。自信需要能力、才干做“本钱”，谦逊也绝不意味着浅薄与无知，同样需要知识、学问为“资本”。自信而不自负，谦逊而不自卑；处事自信，为人谦逊，这才是最理想的组合。

7. 揭人之短是最大的忌讳

触人隐痛，是待人处世的大忌。常言讲得好：“人要脸，树要皮，麻雀依靠三道眉。”我们在与人打交道共事时，不去揭人的短，才是待人处世应有的礼仪。

在中国素有“逆鳞”之说。龙的喉部之下直径约一尺的部分上有“逆鳞”，全身只有这个部位的鳞是反向生长的，如果不小心触摸到这一“逆鳞”，必会被激怒的龙所伤。其他的部位任你如何抚摸或敲打都没有关系，只有这一片“逆鳞”无论如何也靠近不得。

据说朱元璋做了皇帝后，有个从前的小伙伴来到皇宫找他，想让朱元璋给他封个官或者赏赐点什么。为了让朱元璋勾起儿时的回忆，这个人跪在朱元璋面前说道：“万岁，还记得吗？小时候，咱们都替别人放牛。有一天，我们在芦花荡里，把偷来的豆子放在瓦罐里煮着，还没等煮熟，大家就抢着吃，结果罐子破了，豆子撒了一地，汤都泼在地上。你只顾从地上抢豆子吃，却不小心连红草叶子也塞进嘴里。叶子梗在喉咙，你吓哭了，还是我出的主意，叫你用青菜叶子放在手上一起吞下去，才把红草叶子吞下肚里的……”当着文武百官的面，朱元璋再也坐不住了，大喝一声：“哪里来的疯子，打出去！”

结果，那个人被赶了出去。另一个当年的小伙伴听说这件事之后，也来面见朱元璋：“万岁，还记得我吗？当年微臣随驾扫荡芦州府，打破罐州城，汤元帅在逃，拿住豆将军，红孩儿当关，多亏菜将军。”

这番话说的句句属实却又不失体面，朱元璋龙颜大悦，想起了当年自己和小伙伴们同甘共苦，当即给此人封了个御林军总管。

从这个故事中我们可以得到这样一个启发：不管人格多高尚、多伟大的人，身上都有“逆鳞”存在。只要我们不触及对方的“逆鳞”就不会招惹灾祸。所谓的“逆鳞”就是我们通常所说的“痛处”，也就是一个人的自卑感、错误及缺点。在发展人际关系方面，我们必须事先研究一番，找到对方的“逆鳞”位置，以免触犯别人。

然而，世间的性格却是千姿百态。有些人故意唱反调，也有些人总是固执己见，从不接受别人的任何意见，他们会很顽固地认定只有自己的做法和想法才是天底下最正确的。当然也有掩藏自己心底的企图而试探对方的心意，不惜唯唯诺诺，阿谀逢迎。

伤疤不能随便揭，无意揭人伤疤，会使人感觉到更加痛苦。触人痛处，就会触犯待人处世的潜规则，将朋友得罪，最终自己也会深受其害。恰当地回避他人忌讳的东西，可以使双方的交往更为融洽。

8. 做事要方，做人要圆

为什么铜钱是内方外圆？这就是中国辩证哲学的集中体现，做事要方，做人要圆。

人活在世上，无非是面对两大世界，身外的大千世界和自己的内心世界。人，一辈子无非是做两件事——做事和做人。怎么做事和怎么做人？从古到今都是人类探讨的课题。多少人一辈子都在哀叹做人难、难做人、人难做，但一枚小小的铜钱却将一切变得那样简洁，那样明白。

先说方，做事要方，是说做事要遵循规矩，遵循法则绝不可乱来，绝不可越雷池一步，这个理在中国好像已流传了上千年。

中国人常说的“没有规矩不成方圆”、“有所不为才可有所为”，就是“方”这个道理。

每一个行当都有自己绝不可逾越的行规。比如说，做官就绝对要奉守清廉的原则，从一开始就要做好承受清贫的思想准备，就像曾国藩家训“八不得”中的一条：为官要清，贪不得一样。如果做官开始的动机就不纯或慢慢变质，企图以权谋私或权钱演变，那这个官就绝对当不好，当不长了。

为商要奉行的金科玉律是一个“诚”字。真正的大商人必是以诚行天下，以诚求发展，绝不会行狡诈、欺骗之伎俩，为一些蝇头小利或眼前得失而失信于天下。像韩国因商业楼倒塌而产生的震惊世界的惨案，便是因为韩国的建筑承包商在建造大楼时偷工减料；

像中国生产鳖精厂家的秘密彻底被揭露，是因为生产鳖精的厂家生产的竟是没有鳖的鳖精，为此他们犯了行商的大忌。

做学问信奉的是一个“实”字。一步一个脚印，一天一点长进方能积少成多，积薄成厚。那些虚假的沽名钓誉之辈终将会成为人类的笑柄。

做人要圆。这个圆绝不是圆滑世故，更不是平庸无能，这种圆是圆通，是一种宽厚、融通，是大智若愚，是与人为善，是居高临下、明察秋毫之后，心智的高度健全和成熟。不因洞察别人的弱点而咄咄逼人，不因自己比别人高明而盛气凌人，任何时候也不会因坚持自己的个性和主张让人感到压迫和惧怕，任何情况都不会随波逐流，要潜移默化别人而又绝不会让人感到是强加于人……这需要极高的素质，很高的悟性和技巧，这是做人的高尚境界。

圆的压力最小，圆的张力最大，圆的可塑性最强。

这圆好做又不好做。好做是因为如果人真正有大智慧、大胸襟，真正能自强自信，心态平和，心地善良，凡事都往好的一面想，凡事都能站在对方的立场为他人着想，人的弱点皆能原谅，即便是遇见恶魔也坚信自己能道高一丈，如真能那样，人还有什么做不好呢？

如若不是这样，凡内心孤独的人必喜虚张声势；内心弱小的人必好狐假虎威；心中有鬼的人必爱玩弄伎俩；没有自信的人必会尖酸刻薄，试问这样的做人又从何谈圆？

当然也不乏有人为了某种利益和目的不惜敛声屏息，不惜八面讨好，不惜左右逢“圆”。但这种圆和那种圆绝对有本质的区别，这种“圆”的后面是虚伪和丑恶。

任何成功的后面都包含着牺牲。如果说有人能做到内方外圆的话，那也肯定包含了许多的牺牲。比如说做事要方，做事要有规矩、有原则，那就意味着许多事不能做、许多事又非要做，那无疑也就意味着会得罪许多人，惹恼许多人，意味着要舍弃许多利益甚至招来杀身之祸。如中国的民族英雄岳飞，为了“忠”舍弃了“孝”。但在“忠”君和“忠”国之间，他做不到只为了忠于昏君而放弃抗击金兵，为了这种原则，他惨死在风波亭。

做人圆，那也会有牺牲。有时要牺牲小我；有时要忍辱负重，忍气吞声；还有更多的时候要承受屈辱、误解，甚至来自至亲至爱的人的伤害。如明明你在履行一种神圣的职责，他却以为你好大喜功；明明你在深谋远虑，他却认为你是哗众取宠。

小牺牲换来小成功，大牺牲换来大成功。能做到“方”“圆”的，同时却并没有感到那是一种牺牲、痛苦的才是大成功、大境界；能为了“方”“圆”去承受牺牲的是小成功、小境界；不愿牺牲也做不到“方”“圆”的是不成功。如果截然相反，做事是圆，只要有利，不择手段，什么都敢干；做人是方，刁钻古怪，锋芒毕露，心狠手辣的话，那这个人一定会糟糕透顶，不能容于天下了。

9. 保持本色，积极处世

为人处世，要保持自己的本色，坚定自己的信念和原则，肯定自己的优点和价值。为了讨得对方的欢心，一味地阿谀逢迎、丧失本色，最终只是一场徒劳。

本色其实就是一个做人原则，在与人共事时，必要的原则还是需要遵循的：

（1）保持本色，就要“体现自己的信念”

有些人与人交往显得太敏感，往往会对别人的一言一行、一举一动都体察入微，甚至会被这种心理弄得不自然，内心十分痛苦，这便是一种缺乏自信的表现。有些人听到别人对自己的消极评价之后，往往会感到沮丧不堪，就会对自己做事情的对错有所怀疑。他们太在意别人的看法，经常会被旁人的看法和意见所左右。这种心态，其实对自己颇为不利。保持自己的本色，就必须我行我素，坚持自己的信念，决不轻易向别人的意见靠拢。

按照自己的既定方式去做，你就有成功的可能性。

（2）保持本色，就要自我肯定

美国《成功》杂志的创办者奥里森·马登博士说：“完全认可自己、忠实于自己，是一个人最宝贵的品质。这种敢于正视自我，如实说出心声的品格比世上什么东西都重要。只有你自己才能决定自己的命运。”

处理人际关系，同样需要这种勇于面对自我和自我肯定的态度。

只要你有崇高的信念，有更高境界的追求，并为自己的理想而奋斗，即使你身无分文，照样可以昂首阔步、自信潇洒地向前迈进。

人与人之间几乎是平等的关系。你与那些知名人士、亿万富翁没有本质的不同，只不过他们比你多一些名气和金钱，你目前还处于创业阶段。

（3）保持本色，必须有自知之明

与人交往的过程，实际上就是一个有目的地、很好地展现自我形象的过程。《孙子兵法》说：“知己知彼，百战不殆。”有自知之明的人，才能展现出自己的美，才能魅力四射，才能提高双方交流与沟通的效率，可以在最短的时间内，用最简单的方法获得崇高的友谊，迎来真诚的合作。每一次获得的成功，都能坚定自己的信念。

因此，只有保持良好的自我本色，学会积极处世，才能在社交场合赢得更多的尊重。

10. 进退得法，成功有道

社会上通常有这样一些人：他们往往喜欢尽量表现出自己的能力比别人强，或者冥思苦想着证明自己是有特殊才干的人。然而，一个真正有能力的人，一个真正懂得处世之道的人是不会自吹自擂的，这就是所谓的“进退得法，成功有道”的道理。

美国著名政治家帕金斯 30 岁之时荣任芝加哥大学校长，有人怀疑他的实际能力，认为他年龄尚轻，未必能够胜任大学校长之职，他知道后只随便说了一句：“一个 30 岁的人所知道的是那么少，需要依赖他的助手兼代理校长的地方是那么多。”就这样短短的一句话，便立即冰释了那些人的前疑。

进退得法，成功有道，是为人处世中一条十分难得的锦囊妙计，要想把握它的真谛，需要注意以下两个方面：

（1）以他人利益为重

以他人利益为重，实际却是在为获取自己的利益铺平道路。从事有风险的事情时，需要你将事情沉着、冷静地思考一番，才能取到良好的效果。

以他人利益为重就是不能让自己的利益和意图表露出来，让对方因为你能投其所好而情愿做你要求他做的事。

尊重、突出别人的利益，这是欲求他人合作的最有力武器，如果我们对自己的需要过分强调，那别人即使对此原本很感兴趣，也难以改变他们的态度。

（2）要感动别人，就得从他们的需要入手

要求一个人心甘情愿地做某一件事情，使他自己情愿便是唯一的方法。如果对方的真正意向与你的计划之间并没有发生任何冲突，你就要暂时作出退让，按他的偏好去感动他。

自己的计划满足别人的需要，你的计划才能够顺利施行。比如要想成功地说服别人，就必须巧妙地诱导对方，使对方在心理或感情上和你达到共鸣，以便使他同意你的观点。如果说服一方一贯坚持自己的观点，不会做适当退让，对方就会对其加强防范，所以，应该将自己的错误和缺点点破，暂时让对方产生一种优越感，对方才不至于乘虚而入。

让步其实只不过是一种暂时的退却，要想进一尺，首先就必须先要作出退一寸的忍让，为了避免吃大亏，小亏就应该适当吃一些。这样你才会得到更多的敬佩和拥护。

11. 风景常宜放眼量

与人相处时，有些人总是牢骚满腹，要么抱怨自己久不得志，要么苦诉命运对自己不公……心存不满，怨天尤人是他们普遍的心态。世态本该有炎凉，命运也不可能对你百依百顺。你只有付诸于行动，不要凭空发牢骚，才能赢得别人的信赖与尊敬。

发牢骚是由不愉快的情绪所引起的。因此，它是属于一种不良的、需要加以控制的情绪。要想消除牢骚，有以下 3 个方面需要考虑、借鉴：

（1）劝阻和诱导

人遇到烦心事，发点牢骚是正常现象。对于青年人来说，他们的自制力通常较弱，感情易冲动，要想避免牢骚是不易的。因此我们要心怀体谅，力求从积极的方面劝阻和诱导发牢骚者。

适当地劝阻和诱导，能缓和发牢骚者的情绪，要将胸怀适当放宽，放开眼界，避免钻进牛角尖，放弃种种偏激观念。

（2）控制和消解

任何不良情绪反应都需要控制，尤其是对发牢骚而言，如果不加以控制，不仅对自己没有任何好处，而且还能祸及别人，影响彼此间的团结、稳定。

控制牢骚的最佳办法，就是要充分认识到发牢骚的危害性，不要因为一时的痛快而不顾一切地随便发脾气。牢骚虽然人人都会发，但靠发牢骚最终解决问题的却为数不多。

（3）转移和升华

与人交往，遇到自己不高兴的事情时，怨气就会涌上心头，这时你就要学会转移和回避，应该多想一些自己高兴的事，避免情绪恶化。

在社会上有一些正直无私的人，他们往往对社会中的一些不良现象深恶痛绝，自己强烈不满的情绪最容易表露出来。这时，就需要对牢骚加以“升华”而不仅仅是“消解”了。

鲁迅先生说得好：“不满是向上的车轮。”不满与安于现状相比较，是有一定积极意义的。仅仅是情绪上的不满和埋怨是不够的，还必须在思想上进行升华，将不满的“牢骚”转化为激励自己“积极向上的车轮”，以自己的实际行动投身到真实的生活当中，将自己的各项本职工作做好，对客观条件中的诸多不利因素要尽量克服。如果每一个发牢骚者都能这样去想，这样去做，许多矛盾自然就会迎刃而解。

喜欢发牢骚的人往往过分强调外在因素，而从来不会从自身的主观因素上寻找失误的原因。成功者应该明白一个道理：环境是由自己来改变的。无休止的牢骚，不如自己付诸行动，理解、关爱他人，使他人感受到你的温暖，这样，你的人际交往就会和谐起来。

12. 不事张扬，韬光养晦

《老子》曰："大勇若怯，大智若愚。"真正的大智大勇者，智勇都是内在的，未必要刻意张扬。在待人处世的时候，切不能出风头、抢镜头，更不可以"我比你强"的态度来对待别人。

一个人刻意炫耀自己的目的，就是希望自己得到众人的认同和重视，可是，如果你站在别人的位置上做一下全盘考虑就会发现，人人都希望得到别人的承认和理解，都希望自己强于他人。"己所不欲，勿施于人。"你不希望别人在你面前出风头，你就不能显得比别人强。你不愿意与出风头的人相处，你自己也就不能强出风头。因此，谦虚内敛，深藏锋芒，是待人处世的良策之一。

《菜根谭》中有句话说得好："君子之才华，玉蕴珠藏，不可使人易知。"意思是说：一个修养高深的大丈夫，应该将自己的才学像珍珠一样珍藏起来，不让别人轻易获知。又说："聪明人宜敛藏，而反炫耀，是聪明而愚懵其病矣！如何不败?"这是说：一个才华出众、韬略超人的人，是应该保持谦虚有礼、不露锋芒的态度，可是很多人往往夸耀自己的本领是何等高强，这种人表面看起来很聪明，其实他的言行却能体现出自己的素质缺乏，所以他们的事业最终不会成功。

三国时期的杨修就是一个因为恃才傲物而招致大祸的人。杨修在曹操身边任行军主簿，他才华超群、知识渊博，但他总喜欢在别人面前出风头。有一次，曹操让工匠修建了一座花园，花园修成后，曹操亲自去检查，他看过后在门上写了一个"活"字，就离开了。手下人不解其意。杨修对他们说："门内加一个'活'字，乃是一个'阔'字，丞相嫌门太宽。"手下人赶快重新动手，将门改小，又请曹操去看。曹操一看，甚是喜悦，他问道："是谁猜透了我的心意?"手下人据实相报，曹操嘴上对杨修夸奖一番，而心里却是满怀嫉妒。

曹操疑心颇大，嫉妒心很强，非常憎恨才华颇深、恃才傲物的人，所以总想伺机除掉杨修。后来，曹操率军与蜀军在汉中交战，被蜀军逼到斜谷据守。曹操想再次进攻，被蜀军死守，想要撤退，却又恐怕诸葛亮耻笑，一时间进退两难，心生烦闷之情。吃晚饭时，曹操看到碗中有块鸡肋，顿时颇有感触。正当他看着鸡肋沉吟的时候，夏侯惇进帐请示夜间口令，曹操随口说道："鸡肋！鸡肋！"夏侯惇告诉众将士，夜晚的口号是"鸡肋"。

杨修知道这件事情后，就命令随行人员做好撤军准备。他言道：“从今夜的口号，就可以推断丞相明天有退兵之意。鸡肋鸡肋，食之无味，弃之可惜。如今进退两难，在这里据守没有益处，倒不如早日班师。所以明日丞相必定颁布撤军令。既然如此，咱们不如早做准备，免得明日惊惶失措。”杨修传下令后，全军士兵匆忙收拾行李，准备第二天撤军。

曹操闻听，勃然大怒，他怒斥杨修：“你竟敢胡言乱语，乱我军心，简直是胆大包天！”下令将杨修推出斩首。机智聪明的杨修之所以丢掉性命，除了曹操性格多疑之外，更因为他自己恃才傲物，不会适度收敛锋芒。

与人相处，处理一些无关紧要的事情，没有必要太认真。真正有才华的人，决不会为一些鸡毛蒜皮的事情而斤斤计较。往往一些智慧超群的人，看起来却是朴实平凡，他们平时不动声色，可是一到关键时刻就会一鸣惊人。

因此，在与别人相处的时候，要甘当“绿叶”。遇事谦恭为上，切忌争强好胜、事事张扬。人们都愿意和一些稳重谨慎的人相处。锋芒毕露的人，往往会给人一种浮躁、偏激、年轻气盛和缺乏修养的印象。收敛锋芒，韬光养晦，则能为自己留下一定的周旋余地。

13. 妙语脱身，说“不”得法

“不”字谁都会说，但怎样说才能既不伤害对方，又不使自己为难，却不是每个人都能做得到的。

王丽是个善良、腼腆的女孩，同事们都喜欢她，有事也愿意找她帮忙。有人给王丽介绍了个男朋友，约好星期天在公园见面。星期六的晚上，正当王丽为明天穿什么衣服赴约而伤脑筋时，同宿舍的小林要王丽明天陪她上街采购新房用品。这可叫王丽为难了。明天的公园会面对王丽来说，无疑是十分重要的；可小林是她很要好的朋友，朋友布置新房理应出点力。如果拒绝了小林的事，她会不会生自己的气呢?

生活中，我们每个人都会遇到王丽这样的难题——对于别人的请求，出于理智的考虑本应拒绝，可“不”字又难出口，有的人拒绝方式生硬，结果使多年的朋友彼此疏远了；有的人明明没法办到也不忍拒绝别人，勉为其难，无形中增加了自己的压力和心理负担，费了半天劲，事情也没办成。真是费力不讨好，还在无形中损害了自己的声誉和形象。可见，拒绝他人实在是交际中不容忽视的一个内容。这里告诉你一些巧妙而委婉的拒绝方式，帮助你摆脱困境。

（1）以非个人的原因作借口

拒绝他人，最困难的就是在不便说出真实的原因时又找不到可信而合理的借口，那么，不妨在别人身上动脑筋，比如借口你的家人方面的原因。一位生活惬意的家庭主妇自

称她的生活之所以能如此安宁，就是因为她能巧妙地拒绝。当一个推销员敲家门时，她的态度礼貌而坚定："我丈夫不让我在家门前买任何东西。"你瞧，我不买你的商品，不是因为我不愿意掏腰包，而是因为我那个有点古怪的丈夫。这样一来，推销员既不会因为没买他的商品而怨恨你，同时也感到再说下去也是白费口舌，只好作罢。

（2）明确表示你很愿意满足对方的要求

当有人请求你的帮助时，在力所能及的范围内，应该尽量给予帮助。但碰上实在无能为力的事，你无法给予对方帮助时，也不要急于把"不"字说出口，不要使对方感到你丝毫没有帮助他解决困难的诚意，否则，你在别人眼中会是一个自私而缺乏同情心的人。自由保险公司的蒂姆·盖门是处理客户赔偿要求事务的，他的工作决定他要经常地拒绝客户的要求。然而，他总是对客户的要求表示同情，并解释说，从道义上讲他同意对方的要求，可自己实在是心有余而力不足。由于拒绝得法，蒂姆的工作干得很出色。同样，当别人有求于你而你又无能为力时，先不忙拒绝他，而要耐心地倾听他的陈述，对他所处的困境表示同情，甚至可以给他提些建议，最后告诉他，你实在无法帮他，对方绝不会因此而生气，反而会被你的诚意所感动。

（3）通过诱使对方否定自己的提议来达到拒绝的目的

当别人向你提出不合理的要求时，不要简单地拒绝他，而应该让他明白他的要求是多么荒唐，从而自愿放弃它。一位业绩卓著的室内装饰专家声称，对于用户的不合实际的设想，他从不直截了当地说"不行"，而是竭力引导他们同意他希望他们做的事情。一位妇女想要用一种不合适的花布料做窗帘，这位装饰专家提议道："我们来看看你希望窗帘布置达到什么效果。"接着，他大谈什么样的布料做窗帘才能与现代装饰达成最好的和谐，很快，那位妇女便把自己的花布料忘了。

（4）在拒绝的同时，说明对方为得到其所求还应做些什么

这一点对担任领导职务的人尤其重要。比如你的属下向你提出的要求得不到你的满意答复，你不妨告诉下属努力方向，使他始终看到希望，与此相比，你的拒绝就显得微不足道了。既不会挫伤他的自尊心，也不会伤害你与下属之间的感情。

（5）用最委婉、和气的方式来表达你的不同意见

一位热情奔放的老妇人决定与年轻的女邻居交朋友，她发出邀请："欣迪，你明天上午到我家来玩，好吗？"欣迪脸上露出温和、宽厚的笑容说："不行啊！"她的拒绝既友好又温情，但态度又是那么坚决，老妇人只好作罢。所以，当别人的请求你无法满足，而又不能或无须找任何借口时，就用最委婉、最友善、最真诚的语言拒绝他，不留任何回旋的余地。你会发现，学会说"不"会使你的交际生活更轻松、更成功。

第五辑

人情往来礼仪

中国是一个注重情感的传统古国，从古至今一直沿袭数千年的人情往来礼仪，更是增进亲朋好友之间感情的最重要方式。因此，巩固人与人之间的友谊，开拓更为广泛的社交范围，重要的一个方法就是经常相互交往。

1. 送礼送进人“心坎”

礼物是缔结人情的“纽带”，美好的礼物是你带给别人无声的祝福。送礼有讲究，有时候虽然不显山、不露水，却能送到别人的“心坎”上，触动他内心最柔软的那根神经。不懂人情礼仪，即便是投入了感情和精力，结果往往是事倍功半，甚至于“竹篮打水一场空”。

有调查表明，韩国人在送礼方面是最为周到的。在日常交往中，他们总是必备一些小礼品，而且能够根据不同人的喜好，设计得别致精巧，可谓人见人爱，很容易让人爱礼及人。

韩国人此举之所以成功，在于他们既聪明又精明，摸透了人们的心理，重视小礼物所起的非同小可的作用，又运用了自己的策略：一是他们领悟对方的喜好后而投其所好，以博得对方的好感；二是他们采取了令人可以接受的礼品，小礼物绝对没有受贿、行贿之嫌；第三，他们又很执著于本国传统的文化和礼节。这样他们只需用“小”礼物就彻底“温暖”了人心。

可见，礼品虽小，但人家功夫到了家，不能不佩服。人们都讲礼尚往来，这是人情往来的基本要求。问题是你是否送礼送到了点子上，这不仅要符合别人的需要，而且要符合别人的喜好、兴趣和审美观点。既要做到合适、合时、合地，又要合乎人情、合乎道理，这就不容易了。如果做到了这一点，其效果往往是你意想不到的。

要把礼物送到人“心坎”上，就要慎重对待礼物的轻重，应当以对方能够愉快接受为尺度。

一般来讲，礼物太轻，意义不大，很容易让人误解为瞧不起他，尤其是对关系不算亲密的人，更是如此。但是，礼物太贵重，又会使接受礼物的人有受贿之嫌，特别是对上级、同事，更应注意。一般人对贵重的礼物很可能会婉言谢绝，或即便收下了也会付钱，要不然日后必定设法还礼，这样岂不是强迫人家消费吗？如果受礼人家中不甚宽裕，无异于给人出难题。如果对方拒收，你钱已花出，留亦无用，便徒生出许多烦恼，这又何苦呢？因此，礼物的轻重选择要以对方能够愉快接受为尺度，争取做到少花钱多办事，多花钱办好事。

礼物是感情的载体，任何礼物都表示送礼人的特有心意，譬如：酬谢、祝贺、孝敬、怜爱、爱情等。所以，你选择的礼物必须与你的心意相符，并使受礼者觉得你的礼物非同寻常，备感珍贵。实际上，最好的礼物是那些根据对方兴趣爱好选择的、富有意义或耐人寻味的小礼物。比如，我们为住院的朋友送去一束鲜花，定能使其心情愉快，增强他战胜

疾病的信心；为远方的同窗寄一册母校的照片，定能唤起他对学生时代的美好回忆；给爱好文学的朋友送上一套名著，必然使其欣喜若狂，爱不释手：为心上人送去一条漂亮的纱巾，她定会含情脉脉地依偎在你的怀中……

就礼物的本身而言，它的价值不是以金钱的多少来衡量的，而是以礼物本身的意义来体现的。因此，选择礼物时要考虑到它的艺术性、趣味性、纪念性等多方面因素，力求别出心裁，轻轻落在人“心坎”上，激起感情的朵朵浪花。

2. 与不同性格的人相处的方法

“物以类聚，人以群分”，一般人都愿意同和自己性格相近的人相处，这是无可非议的。一个人要和所有的人都成为亲密朋友，那是不实际的、不可能的。但是，如果我们学会和各种不同性格的人打交道，我们就能和更多的人相处得好，工作起来就能相互协调。

那么，怎样和不同性格的人相处呢?

应该看到，既然别人与自己性格不同，他在待人接物方面，自然有许多方面与自己不一样。当我们看到了别人与自己不同之处后，不要觉得这也不顺眼，那也看不惯，更不要讨厌和嫌弃别人。

要承认差别。世界上的事物本来就千差万别，可以说，世界上没有完全相同的两片树叶。认识到这一点，看到了不同性格的人，就不会强求别人处处和自己一样，就可能容忍相互间性格上的差别。

要学会求大同，存小异。性格不同的人，处理问题的方式方法往往也不同。要学会在不同之中，发现共同之处。比如，你若是一个性格平和的人，你给张三提意见，可能言辞不那么激烈，语气也比较委婉。如果你身边有一个刚直倔强的人，他给张三提意见，可能单刀直入，语言尖锐，甚至可能转而批评你；说你给别人提意见转弯抹角，是钝刀割肉。这时候，如果你只看到那个直率的人开展批评的态度和方式跟你不一样，觉得他太鲁莽，太不讲情面，你可能就会感到跟他格格不入，合不来。如果你除了看到你们两人提意见时的方式不同以外，还看到他和你也一样，也是出于一片好心，真心帮助朋友。这样，你可能就不会觉得他粗鲁无情，而觉得他有难得的古道热肠，同时也不会计较他对你的批评。我们要是多看别人和自己之间的共同点，就容易和不同性格的人相处。

跟不同性格的人相处，还要注意了解别人。人们在相互交往中，可能都有这样的体验：如果对一个人不了解，你和他在感情上就必然有距离。一个人性格的形成，往往跟他生活的时代、家庭的环境、所受的教育和经历遭遇有关。我们在考察一个人的性格的时候，最好也要了解他的性格形成的原因。这样，你可能就会理解他、体谅他、帮助他，慢慢地你们相互间就会增进了解，甚至还可能成为好朋友。

跟不同性格的人相处，要注意多发现别人的优点，取长补短。两个性格不同的人在一起，由于对比明显，双方可能就会很快发现对方的长处和短处。发现了别人的短处之后，正确的态度是给别人指出来，帮助他。世界上一切事物都不是尽善尽美的，每个人在思想上性格上都存在缺点，我们对人不能求全责备，谁要寻找没有缺点的朋友，那他就会没有朋友。在和自己不同性格的人身上，更要注意多发现别人的长处和优点。比如，急性子的人，要看到慢性子的人考虑问题时可能比较周全，特别在做某种需要耐心的工作时，他就很恰当。慢性子的人，要看到急性子的人做事往往不拖拉，很麻利。这样，大家不仅能够和睦相处，相互还会有所补益。

跟不同性格的人相处，胸怀应该宽一些，气量应该大一些。应该提倡宽容。当然，我们说待人要宽容，不是不讲原则。应该尊重别人的兴趣和爱好，对别人生活中的一些细微末节，要能容得下。这样，不同性格的人在一起才容易相处。

跟不同性格的人相处，还要注意讲究不同的方式方法。俗话说，一把钥匙开一把锁。跟不同性格的人打交道，也要区别对待。这不是那种见人说人话、见鬼说鬼话的世故圆滑，也不是那种逢场作戏的玩世不恭。我们说的待人有别，是要看到性格不同的人有他自身的特点，要针对这些特点采取因人而异的恰当态度。

也许有人会说，江山易改，秉性难移，自己的脾气改不了。的确，人的性格是在生理素质的基础上，在社会实践活动中逐渐形成的，有一定的稳定性。要想改变一个人的性格，不是一件容易的事情。但是，世界上任何事物，都不是一成不变的，人的性格也是不断发展，也会有所变化的。我们常常看到，有的人本来很脆弱，但是，后来经历了一些重大变故或意外打击以后，生活把他磨炼的坚强起来了。如果我们努力提高自己的认识能力、思想水平和道德修养，我们是能够培养和锤炼出良好性格的。

3. 怎样缓和与朋友的关系

理想地说，朋友之间最好不要弄到关系紧张，但这又是很难免的事情。那么，缓和人际关系的注意事项，不仅对自己，对周围的人也是很有必要的。

（1）以友好的表情或态度接待

如果对方在气头上，自己却仍与其一般见识，无疑将会更加深裂痕。

刻意的傻笑脸孔会招致反感，如果以自然而明朗的表情迎接，对方也会回馈好意。

（2）不可缺少打招呼

虽不能像圣人般的彻悟，但与平常一样地互打招呼，即使对方不理睬，还是要耐心地持续，总有打开嫌隙的一天。而且，人家向你打招呼的时候，要心情愉快地回应，唯有如

此，才有机会恢复人际关系。绝不可以忘记此事，至少这样努力可防止关系恶化。

(3) 留意语调

不管使用的措词多优美，语调有魔力抹杀措词的本意。因此，是否构成危险的措词或语调，必须细心留意。

(4) 不要加入对立而非正式的小组

如果这样，只会憎恨本来的小组成员。示威地加入对立小组，借此威吓，是人际关系中的自杀行为。

(5) 赞成时要高声地说

在会议中，如果对立的对方有好的发言，要毫不犹豫地表明赞成。而且，如果清楚地表达其理由，那么谁也不会认为是迎合，连对方也不会讨厌。

(6) 缓冲一下并予夸奖

对立方定会有他自己的好的人际关系，设法抓住机会与他的好友交谈，借此向他的好友提出有关他的话题，尤其要提出有关他的优点。如果直接对本人讲反而惹他讨厌，会被认为是有所企图，倒不如通过第三者进行夸奖，影响将更强烈。

4. 妙用文字，打开沟通之门

当有人把友谊的球投掷过来时，你且好好接住，并回投过去，这是完成生活中做人的基本道德。让我们以这种来往的投球比喻，看看生活中明信片和信函的效用吧。

任职于某公司的业务员 A 先生，总是把他的客户细心分类地编排成客户档案，按照时间、地点与生意上的往来，经常与之保持不间断的联系。

他的联系方法大多是邮寄明信片。他总是利用邮寄明信片来传达不同的信息，以此来使客户时时注意到自己的存在和对他们的关心。

这一招很管用，为他的工作打开了方便之门，因此，他的上司也很赏识他的才能。

文字迥异于声音，它不会瞬间即逝，比电话、当面晤谈等都从容得多，让人有更宽阔的空间来施展。更何况文字有保存的价值，人生之中随着岁月的流逝，许多交谈友谊的细节都可能慢慢地淡忘，唯有文字的东西可以留下来。这就是许多人到垂垂暮年仍珍藏热恋中的情书或对他人生有重大意义的信件。你可不要小看明信片的作用，它在生活中的用场

是很大的。事实上，勤于写信、寄明信片的人往往是生活中最懂得交际的人。

并非因为你喜欢写才写，而是着眼于当时的状况，给予适当回馈的一种方式，更是一种友谊和恋情的延伸。

当然，寄明信片或寄信件也应选好时机，赶在对方最需要的时候寄去，往往能得到事半功倍的效果。若是不合时机，太迟或者太早寄出都是不当的，弄不好会收到反效果。

若你是个不善于与人交谈的人，不妨用写信的方式来制造机会，不需要华丽的词藻，也不需要技巧洗练，只需诚心诚意地表达你与对方沟通的内容。

用这样的方法，既可以争取好友，同时也可以充分向对方表达你的好意，借此看对方有何反应，并获得对方是否愿意与你交往的正确信息。

对不善于交谈的人来说，面对面的直接接触常让人感到紧张，匆促之间往往不能将所要表达的事情完全表达出来，文字的沟通则可用最充裕的空间舒畅地表现。

最常见到的大约是谢函。

就算是第一回碰面，了解不多的人，只要具体表示和对方碰面的喜悦及一些关心，即可构成一封完美的谢函。若是接触机会频繁的人，则更该将谢函视为必要的礼节，善加利用机会，将对方转变为生活上的朋友，是人生的一大收获。

好好利用文字打开对方的心吧！你将得到更多的朋友。

5. 往来频率决定交情深浅

中国是一个注重情感的传统古国，每逢婚丧嫁娶等重大事情，亲朋好友、左邻右舍除了要相互馈赠礼品表示祝贺之外，还要亲自登门看望，而主人则要设宴款待客人，对他们的祝贺表示感谢。从古至今一直沿袭数千年的人情往来礼仪，更是增进亲朋好友之间感情的最重要方式。

感情的产生，主要靠相互之间的接触和了解。接触的次数越多、时间越久，相互之间的感情就越亲密。这是人际关系的铁定规律，任何人都无法改变。你不可能坐在家里，与一个从未有过任何方式接触和沟通的人往来。因此，巩固人与人之间的友谊，开拓更为广泛的社交范围，重要的一个方法就是尽可能增加相互往来的频率。

（1）保持与大家的经常联系

工作之余，给远方的朋友和熟人打个电话、写封信，询问一下对方的生活和工作情况，同时也介绍一下自己的近况。设想一下，如果你需要向别人求助，就肯定不会觉得自己太忙。正因为如此，长时间与朋友或者熟人断绝来往，往往会使他们觉得自己在你心目

中缺乏重要性，这样势必会使彼此之间的感情减弱。不要等到需要朋友帮助的时候，才去找他们。那样做，会让朋友感到你是在利用他们。“平时不烧香，临时抱佛脚”的做法是不可取的。

（2）对方过生日或者办喜事时，应该及时前往祝贺

你最好是抽出时间，亲自前去看望，送点礼物，说几句吉利的话，活跃一下气氛。尤其是对方的父母或者祖父母过生日，更应该送上问候，表示祝贺。尊重别人的家长，就是注重对方的友情。如果没有时间，也应该写封信，或者托人带点礼品，千万不要失礼。

（3）遇上朋友有困难，更要主动与他们联系

很多人自己有困难，不愿意让朋友们知道。所以，应该多了解朋友们的情况，并给予热情的帮助。对于他们来说，你的问候可能就是一种安慰，你的帮助更是雪中送炭。他们会由此对你心生感激。

（4）抓住到外地出差的机会，适时拜访朋友

当你到朋友生活所在地出差，最好是等公事办完以后，抽空儿去看望一下久别的老友，一块儿喝杯茶，叙叙旧，倾诉一下心声。如果距离甚远，也不要怕麻烦，还是应该去见上一面，带去你的问候。

（5）同事之间应该经常联系

同事过生日或办喜事，都是业余会面的好机会。同事生病住院，应该前去探望，表达对他们的关心。你可以利用周末到同事家里去看看，或者请他们到家里来坐坐，聊聊工作之外的事情。这样不仅能够增进彼此间的友谊，还会在工作中得到同事们的帮助。

经常与朋友往来，你一定会在自己的生活和事业上取得意想不到的成果。要明白，高频率地接触会为你赢得更多的友谊和更大的发展空间。

6. 预约拜访，适时告辞

拜访是极其平常的一种人情往来方式，人们借走亲访友，促进了解，增加友情。

无论是事务性拜访、礼节性拜访还是私人拜访，都应遵循一定的礼仪规范。

（1）提前预约，莫做不速之客

选好时机，提前约定，这是拜访新朋老友的首要原则，也是人情往来首要的礼仪要

求。一般而言，当你决定要去拜访某位友人，应事先写信或打电话，约定宾主双方都认为比较合适的会面地点和时间，并把访问的意图告诉对方。预约的语言、口气应该是友好、请求、商量式的，而不能是强求命令式的。未曾约定的拜会，属失礼之举，不会受到别人的欢迎。

（2）诚信守时，莫做失约之客

宾主双方约定了会面的具体时间，作为拜访者，尽量不要随意变动时间，打乱主人的安排，也不能迟到、早到，准时到达才最为得体。如因故迟到，应向主人致歉。如因故失约，事先应诚恳而委婉地说明。诚信守时是对主人的最大尊重。

（3）谦恭多礼，莫做冒失之客

无论何种拜访，一般都应遵循“客随主便”的原则。如受邀去拜访私人寓所，应先轻轻叩门或按门铃，待有人开门相让时，方可进入，不要贸然闯入主人寓所。

如果主人夫妇同时起身相迎，则应先问候女主人好。见到主人的长辈应恭敬地请安，并热情问候家中其他成员。主人让座时，应道声“谢谢”，在主人引导的座位入座。主人上茶时，要起身双手接迎，并礼貌道谢。对后来的客人应起身相迎；必要时，应主动告辞。如带小孩做客，要教会他礼貌待人，尊敬地称呼主人家所有的人。

（4）注意卫生，莫做不洁之客

为了对主人表示敬重之意，拜访做客之前，应该适当修饰仪表，保持衣着整洁。入室之前应注意清理一下衣物，不要将脏物带进主人家里。夏天进屋后再热也不应脱掉衬衫、长裤，冬天进入室内，应该摘下帽子，屋内有暖气还应脱下大衣和围巾。

在主人家要讲究卫生，不要把主人的房间弄得烟雾腾腾，糖纸、果皮、果核应放在茶几上或果皮盒内。从细节做起，保持主人居室的清洁，是对主人的尊重，同时也会给对方心里留下良好的印象，受到主人的欢迎。

（5）谈吐文雅，莫做粗俗之客

无论与主人关系多好，未经允许，不要随意步入主人卧室、书房等私人空间；更不要在别人的案头乱翻、床上乱躺。对于客厅摆放的工艺品、字画等，最好不要擅自把玩。

做客的坐姿应该注意文雅。同主人谈话，态度要诚恳自然，不要随意评论主人的家务事，或者涉及令主人不快的话题。交谈时如有年长者在座，应用心听长者谈话，保持必要的尊重和礼节，不要随便插话或打断别人的谈话。

（6）适时告辞，莫做难辞之客

如果是专门为某事登门拜访，要达到什么目的，如何说服对方，事先都要有打算，以免拜访时难以进入正题。若无要事相商，停留时间不要过长、过晚，以不超过半小时左右

为宜。在别人家中无谓地消磨时光是不礼貌的。拜访目的已达到，见主人显得疲乏，便应适时告辞。假如主人留客心诚，执意挽留用餐，饭后则应停留一会儿再走，不要抹嘴便走。

辞行要果断，能恋恋不舍地动身不易。辞行时要向其他客人道别，并感谢主人的热情款待。出门后应请主人就此留步。如有意邀请主人回访，可在同主人握别时提出邀请。从主人家里出来后，切勿在电梯及走廊中窃窃私语，以免被人误解。

拜访后要真心感谢主人对你的招待，因为你占用了别人的时间。这是很有必要的。

7. 做客时应注意的礼仪

做客是一种有主客之分的人情往来活动。做客方的言行举止应有规范的礼仪，做客方必须遵守。这样，做客才会顺利和谐地进行。如果超越这些准则“反客为主”，那就是对主人尊严的冒犯，就会使交际产生不快。

不管主人在社会中的地位、境遇如何，在待客中就自然应占有主人的地位，而来客不管在社会上地位多高，做客时则处在客人的地位上。做客应该注意 4 个礼仪准则：

（1）见面的礼节

进屋后，不要自己先找个地方就随便入座，要环顾一下四周，等主人发话。主人请坐时，再看一看有没有比自己年长的人，如果有，要请他们先坐。坐下后不要自己随意点烟抽，也不要随便拿水果吃，要等主人发话。在主人点烟、送水果时，要起身、点头、双手迎接，并说“谢谢”，而且要注意，如果身边有比自己年长者，应先让他们。

带小孩时，一定要管住孩子，教育孩子做文明客。不让其随便翻朋友家的东西，不让其乱窜。孩子犯错时，不要在朋友家责骂孩子，应马上将孩子带走。

（2）交谈时的礼节

到朋友家做客不可喧宾夺主，特别是客人较多时，不能抢话题，事事表现自己。朋友之间有话应直说，不能矫柔造作，过分咬文嚼字。交谈时要避开主人忌讳的话题，如果无意中触犯了主人，应马上把话题引开。

上门做客应充分尊重主人的安排。一般来说，主人会尽量满足来宾的需要，给予礼貌、热情的接待。作为来宾，则不应把自己的意志强加于主人，对主人的安排不应挑剔，更不要提出额外的苛刻要求，使主人为难。

（3）住宿的礼节

在朋友家留宿，要注意主人的日常生活习惯，不要破坏主人的生活习惯和规律，应尽

量使自己的生活习惯与主人的生活习惯相吻合。要服从主人的安排，自己不要随意挑选房间，不要随意翻主人的东西，要保持房间用具的清洁。如果你白天外出，要与主人打招呼，告之归来的时间。

（4）告辞的礼节

告辞时，要感谢主人的盛情款待。只需小坐片刻就告辞，并未享用酒饭招待，也要感谢主人的热情接待，并表示邀请主人到自己家里做客。

总之，上门做客对主人一定要有起码的恭敬。这样体现的是平等、尊重；这样做，交际的氛围才能保持和谐一致，收到良好效果。

8. 待客的礼仪之道

待客是社交活动中不可缺少的礼仪活动。高朋满座、朋友如云是事业兴旺、人情练达的标志。

“有朋自远方来，不亦乐乎？”迎宾待客，要考虑周全，讲究礼仪，对客人关怀备至，使来访者有宾至如归之感。通常来说，待客要注意以下 5 个要点：

（1）做好准备

如果你事先知道有客人来访，要提前打扫、整理房间；备好待客用品，如糖果、香烟、饮料和点心等；如留客吃饭，还得预备丰盛可口的酒菜；如有小客人同来，还得预备一些玩具和连环画。为了向客人表示敬意，主人还要注意修饰自己的仪表，女主人更应穿着得体。

（2）热情迎接

如客人来自外地，应按事先约定的时间专程前往车站、码头或机场迎候，接到客人后应致以问候和欢迎。对近道初次登门的客人，也应到寓所的大院门口或楼下迎接。如客人手提重物，应主动帮助接提，还要关照家人给予合作。迎接客人时应说一些“欢迎、欢迎”、“稀客、稀客”、“一路辛苦啦”等欢迎语或问候语。

客人在约定时间到达，主人应提前到门口迎接，不宜在房中静候，最好夫妇一同前往，而女主人在前。如果有客人突然临门，要热情相待，若室内未清理，应致歉并适当收拾，但不宜立即打扫，因为打扫有逐客之意。

（3）敬烟、敬茶

一般情况下，来客是男士，落座后要马上敬烟。敬烟忌用手直接取烟，应打开烟盒弹

出几支递在客人面前请客人自取，敬烟不能忘了敬火，若主人也会吸，应先人后已。冲泡茶时首先要清洗茶具，茶杯过多则需要一字儿排开来回冲。每杯茶以斟杯高的 2／3 为宜，应双手捧上放在客人的右手上方，先敬尊长者。

(4) 陪客交谈

客人坐下，奉敬烟茶糖果之后，应及时与客人交谈，话题内容可因实际而定。一般来说应谈一些客人熟悉的事情，若无法奉陪客人交谈，可安排身份相当者代陪或提供报纸杂志、打开电视供客人消遣，切不可出现主人只管自己忙，把客人晾在一旁的现象。

(5) 礼貌送客

当客人散席或准备告辞时，主人应婉言相留，这是情谊流连的自然显示，并非俗套与多余。客人要走，应等其起身后，主人再起身相送，家人也应微笑起立，亲切告别。若客人来时带有礼物，应再次提及对礼物的感谢或回赠礼物，并不忘提醒客人是否有东西遗忘，或有什么事需要帮忙。送客应送到大门口或街巷口，切忌跨在门槛上向客人告别或客人前脚一走就“啪”地关门。如果是初来之客，主人应主动指路或安排车辆接送，远方来客则应送至火车站、机场或码头，并说祝愿话或发出再来的友好邀请。

9. 送礼应注意时间

人总是喜欢图个吉庆佳时，如果送礼者能把握住人的这一心理，择时而动，效果则会更佳。

如果你想在自己的社交圈里游刃有余，那么就一定不要错过以下几个送礼的绝佳时机。

(1) 利用生日

平常不妨将上司、同事和下属以及亲朋好友的生日记在一个小本子上，待到他们生日到来这天，你可以送上一份特别的礼物，甚至为他们筹办生日宴会，这会令他们颇为感动，这是增强办事效果的有效手段。

(2) 利用偶发事件

比如当你听说某栋住宅区发生盗窃，某家住宅突发火灾或某个地区遭遇洪灾。而这些出现灾情的地区正好有你的亲戚、朋友或熟人，这时你不妨打个电话去探问一下，或寄送一些应急物品。这样，得到你关心的人会有获得知己相帮的感觉，从而会对你铭记在心。日后有事去求他，他一定会尽心尽力帮助你。

(3) 利用卧病在床的机会

人一旦生病卧床，会变得脆弱与烦躁，名声、虚荣都会抛之脑后，这时他最需要的是别人来探望他，你要很好地利用这个机会。

如果亲朋好友因病休假在家，你就应该抽空带着礼物去探慰。闲聊时不要谈及工作，多讲些轻松、有趣的故事和消息。告辞时说些祝福的话，要表现出关心和同情的样子。

如果你因故没去探视，在其病好后与之相遇，最好只问一下他目前的身体状况，千万不要心存愧疚，谈及自己没去探病的原因及理由，那样会使病人觉得你很虚伪。

(4) 利用婚丧嫁娶、建房乔迁等良机

结婚、生小孩以及丧礼等机会是送礼的好时机。

在亲朋好友、上司或下属喜庆之时，要及时地送去礼金、礼物，或在婚礼、宴会的场合尽心尽力帮忙，或在难忘的时刻替他们照相，日后可作为一份礼物送给他。这样做会使他们欢心。

如果身边的朋友或亲戚不幸逝世，应主动慰问死者的家属，举行葬礼时要前去送行。如果实在抽不出时间，可以电话致意。

抓住送礼的机会，有利于促进双方情谊。

10. 把握馈赠的原则

送礼，决不能像对待家常便饭那般随便。送礼前一定要做足功课，在心里思量：选择什么样的时机更合适，怎样送礼最体面。

若能将礼物在合适的时间送给合适的人，自然是皆大欢喜，办事能成。反之，则会画蛇添足，甚至适得其反。

(1) 送礼要送在前头

亲朋故交，遇有佳节喜庆，酬以薄礼，以示祝贺，这对密切友情是非常有益的。但是，送礼忌迟。若是没有赶上机会，不如不送。不送不过忘记而已，事后再送，双方都尴尬，受礼人收了吧，佳时已过；不收吧，恐怕又驳了送礼者的面子。送礼人即使礼物再多、再贵重，总难消除忘记别人好日子的疏忽，那种“马后炮”式的阴影是难以拂去的。

为了避免这种过失的发生，应备一记事簿，将应酬馈赠之事详细记载，然后逐一去办，便不会有误。

(2) 酬谢雪中送炭者

当自己在生活中遭到困难或挫折时，亲朋好友对你伸出过援助之手，事后应考虑送点礼物以表酬谢。

在礼品的选择上十分强调其物质价值。礼品的贵贱厚薄，首先取决于他人帮助的性质。帮助的性质分为物质性和精神性两类。一般来说，物质的帮助往往是有形的、能估量的，而精神的帮助则是无形的，难以估量的，然而其作用又是相当大的；其次取决于帮助的目的。只有那种真诚无私的帮助，才是值得真心酬谢的；再次取决于帮助的时机。危难之中见真情。因此，得到帮助的时机是日后酬谢他人的最重要的衡量标准。

(3) 出差或从老家归来时适宜送礼

如果你出差或回老家，回来时不忘带点土特产当做礼物馈赠同事和上级，一定会让他们备感温暖，他们会在心里想：这人真有“心计”，想得周到，是个不错的员工和朋友呢！这样还可使受礼者那种因盛情无法回报的拒礼心态可望缓和，会收下你的礼物。如果你给家庭困难者送一些钱物，由于他们的自尊心很强，轻易不肯接受救助，你若以土特产相赠即可以如是说：“这东西在老家很普遍，带回来在我家撂着也是闲着，你拿去先用，日后你回老家后也带点特产回来不就是了。”受礼者会觉得你不是在施舍，日后又还，则会乐于接受。这样你送礼的目的就会达到。

(4) 受礼人在家时适机送礼

送礼时一定要选择受礼人在家时前往，因为把礼物交给别人转送，实不礼貌。再者，礼物只是交往的工具，重要的是通过交谈增进友谊。同时，一些现代化的物品，送礼者还应向受礼人讲明用途和用法，若为特色食品，还应详细介绍烹法和食法，这些问题，主人不在家无法解决。

除此之外，各种节日为我们保持关系提供了便利机会，通常人们都利用每年的节假日与那些平时难得见面的人联系。只要和受礼人之间的关系允许，都可以给对方一份节日礼物。

11. 送礼应因人而异

送礼要看人下“菜碟”，把不同的礼物送给不同的人。

(1) 实惠礼物送贫者

家贫者，生活必不宽裕，你送去的礼物如是实惠的生活消费品，对他必有补贴之用。

与其送去一件观赏性的工艺品，让其束之高阁，不如送上吃穿用品让他即时消费，更令其心花怒放，他会对你“雨中送伞”、“雪中送炭”的举措感激涕零。

(2) 精巧礼物送富人

受礼者家庭消费水平很高，那么一般的礼物很难引起他的兴趣。你勒紧裤带，用自己微薄的工资买下的礼品，在他那里可能是司空见惯的东西。就如土耳其谚语所说：“把礼物送给富人，就像提水倒入大海。”可是，有时那份礼又不能不送，这就要求你从精巧方面花些心思。比如，送去一枚你自己亲手刻制的印章，使其在绘画时可以钤之；或者送去一柄用山藤根雕刻的烟斗，既是件工艺品，又未花分文。这样会引起受礼者的兴趣，他可能在赞赏你对他细致了解的同时，非常珍惜你的那份祝福。

(3) 有纪念意义的礼物送恋人

黄金有价，情义无价。恋人之间的礼品赠予无视礼品的贵贱，而在于寄托在礼品上的那份相思与相知。第一次郊游时，你送她一片红叶；你们定情时，送她一首小诗；生病时，送去一束鲜花，这些情深意浓的礼物定会深深地印在她幸福的记忆中。

(4) 趣味性的礼物送朋友

朋友之间，生活本无牵挂，浪漫色彩浓厚，礼尚往来可以多在趣味性上想些点子。朋友生日时，送去代表他属相的工艺品，定能令其欣慰；朋友布置房间时，你送去用布缝制的滑稽小猴，置于沙发之上，会令其捧腹；朋友出国时，你送他一条签署着全班同学名字的相册，他定会激动不已。

(5) 实用礼物送老人

可口的食品，舒适的衣服，急需的用具，都会博得老年人的欢心，对他们的身体健康极有好处，也融洽了两代人的关系。

(6) 启智礼物送孩子

现在的孩子衣食住行都很充裕，父母所期望的是开发孩子的智力。所以，智力玩具、图书画册、学习用品等都能启发他们的智慧，会受到孩子们的由衷青睐，也会受到其父母的热烈欢迎。

(7) 中国特色的礼物送外宾

外国朋友自然对具有异国情调的礼物感兴趣，你不妨送些唐三彩、真丝巾、景泰蓝、剪纸、惠山泥人、龙井茶等具有中国特色的礼物，以博得外宾的青睐。

12. 送礼讲求技巧，不落俗套

礼品是沟通人情往来的载体，其价值不是以金钱的多少来衡量的，更重要的是以礼品本身的意义来体现。因此，送礼时要讲求技巧，别出心裁，富有新意，不能落入俗套。

送礼有学问，关键是一个“送”字。这是整个礼物馈赠的最后一环，方法巧妙，皆大欢喜。方法不妥，受礼者不愿接受，或严词拒绝，或婉言推却，都令送礼者十分尴尬。

清朝中堂大人李鸿章夫人50岁生辰之时，满朝文武大臣都准备前往祝寿。同乡合肥知县也想前去祝寿，可是事到临头，又发起愁来：我这七品芝麻官怎么祝寿才能别出心裁呢？思来想去拿不定主意，师爷献技说：“这事容易，一两银子也不用，不仅让中堂大人喜欢，列于他人礼品之上，而且保准你的贺礼最为注目。”

知县闻听心花怒放，但天下哪有这般好事，便问：“送什么东西？”

“也就是一幅普通的寿联。”师爷从容不迫地说道。

知县听完直摇头，师爷连忙说：“不要怀疑，不过这寿联必须由我来写，您亲自送上，请中堂大人过目。”知县满口答应。

第二天，知县带着师爷写好的寿联上了路。他昼夜兼程赶往京城。等到祝寿之日，来到李鸿章面前，跪拜之后便道：“卑职合肥知县，受人之托，前来给夫人祝寿。”

李鸿章随口应了一声叫他站起来，知县忙拿出寿联，将上联先打开，李鸿章一看是：“三月庚辰之前五旬大寿。”

李鸿章心想：夫人二月过生日，他写了“三月庚辰之前”，还算聪明。正想着，知县又“哗啦”一声打开了下联，李鸿章一见，忙双膝跪地。原来下联写着：“两宫太后以下一品夫人。”

“两宫太后”指当时的慈安、慈禧，李鸿章见“两宫”字样，不由地跪了下来。于是他命家人摆上香案，将此联挂在《麻姑上寿图》两边。这副寿联，成为李鸿章当日最为赏识的贺礼。

一件匠心独具、满含情意的礼品，会使人产生意外的欣喜，其效果即使是最昂贵的珠宝也无法比拟。

以下送礼技巧或许会对你在现实生活中有所启发：

（1）暗渡陈仓

如果你送的是水酒一类的东西，不妨假借说是别人送你两瓶酒，来和对方对饮共酌，

请他准备点菜。这样喝一瓶、送一瓶，礼送了，关系也套近了，还不露痕迹，不愧是一个好方法。

(2) 借花献佛

如果你送的是土特产，不妨说是老家来人捎来的，分给朋友尝尝鲜，东西不多，又没花钱，不是专门给他买的，请他收下。一般来说，受礼者那种因盛情无法回报的拒礼心态可望缓和，会收下你的礼物。

(3) 借风行船

有时你想送礼给人，而又与对方拉不上关系，你不妨选择受礼者的生诞婚日，邀上几位熟人一同前去送礼祝贺，这样受礼者便不好拒绝了。当事后知道这个主意是你想出来的时，必然改变对你的看法，借助大家的力量达到送礼联谊的目的，实为上策。

(4) 移花接木

老张有事要托小刘去办，想送点礼物疏通一下，又怕小刘拒绝驳了自己的面子。老张的爱人与小刘对象很熟，老张便用夫人搞“外交”，让爱人带着礼物去拜访，一举成功，礼也收了，事也办妥了，两全其美。看来，有时直接出击不如迂回运动更能收到奇效。

(5) 醉翁之意

不管送什么礼，都要考虑到对方的自尊心，尤其是给家庭困难者送些钱物。而他自尊心又很强，轻易不肯接受帮助。你若送的是无关痛痒的物品，受礼者会觉得你不是在施舍，这样你送礼的目的也就达到了。

巧妙的送礼，不仅表达了自己的心意，并使受礼者觉得礼物非同寻常，备感珍贵。富有心计且耐人寻味的送礼方式，当然也会增加你们之间的亲密关系。

第六辑

社交礼仪

俗话说得好：“礼多人不怪”。良好的社交礼仪能够使自己在社会中被接纳、被理解、被帮助，可以将自己置身于社会竞争中的优势地位，让自己的成功之路更加通畅，为自己增添许多幸福。

1. 礼仪是社交成功的润滑剂

社交场是磨炼人的“战场”。行走在社会丛林中的人，就如同一个披戈执甲、冲锋陷阵的战士。在战场上作战，需要超群的军事才能和一副钢铁锻打的身板；在社交场上，纵横驰骋的武器则是社交礼仪。

俗话说得好：“礼多人不怪。”在社会中与人交往，要想成为引人瞩目的成功人士，那就需要通过礼仪来造就自己。卓越的社交礼仪能够使自己在社会中被接纳、被理解、被帮助，可以将自己置身于社会竞争中的优势地位，能够为自己的生活增添许多幸福，自己的成功之路才能更加通畅。

1954年，在日内瓦召开了讨论和平解决朝鲜问题和恢复印度支那和平问题的重大国际会议。美国代表团团长、国务卿约翰·福斯特·杜勒斯是一个顽固派，推行敌视和不承认中华人民共和国的政策。他嘱咐美国代表团的成员，在会议厅或走廊上遇见中国人时不予理睬。日内瓦会议举行第一次全体会议之后不久，杜勒斯离开了日内瓦。美国代表团改由杜勒斯的助手沃尔特·比德尔·史密斯将军任团长。周恩来总理觉得美国代表团中并不是每个人对中国的态度都与杜勒斯一样，他决定直接同史密斯打交道。

有一次，周恩来走进酒吧，看见史密斯在柜台前正往杯子里倒咖啡。他径直向史密斯走去，伸出自己的手。

史密斯猝不及防，不由一愣，但还是迅速作出了反应。他左手夹着一根雪茄，急急忙忙用右手端起咖啡，故意显示他的双手忙不过来。

尽管如此，周恩来总理已把坚冰打破了，二人进行了短暂的交谈。

不久之后，在举行最后一次全体会议的时候，周恩来正在会议休息室里与人谈话。史密斯走上前去向周恩来总理问好，还说总理的外交才能给他留下深刻的印象，他为能结识总理而感到高兴。

周恩来回答说：“上次我们见面时，我不是首先向您伸出手吗?”

史密斯笑了。临走时，用肘碰了碰周总理的胳膊。原来，杜勒斯在日内瓦时，下过一道“不许同中国人握手”的禁令。史密斯不敢违抗，便以“肘”碰“胳膊”的变通方式表达了自己的问候。

在日内瓦会议期间，周恩来与美国代表团打破坚冰的尝试获得成功，为举行中美大使级会谈铺平了道路。周恩来卓越的礼仪风范和交际艺术在国际舞台上写下精彩的一页。

可以说，在社交应酬活动中，特别是与陌生人或不熟识的人接触，礼仪就如同一条“纽带”，使素不相识的人在短时间内彼此消除陌生感。礼仪在一定程度上就是社交的沟

通语言，它比一般的语言更高雅、更含蓄，既能充分显示友谊的要素，又能让对方勇于接受。

在这个社会交往日趋频繁的时代，社交礼仪显得尤其重要。拥有高超的社交手腕可以成就自己辉煌的思想抱负。要想成为一名社交应酬中不可忽视的英才，那就需要重视社交礼仪这块人生“王牌”。

2. 第一印象效应

日常生活中，我们都有过这样的体验，初次与人见面时，对方的相貌、举止、言语、风度等某些方面会迅速地映在你的脑海中，形成最初感觉，即第一印象。第一印象主要源于人的直觉观察，根据直觉观察到的信息加以综合评判，然后以某种形式固定下来。

在社交活动中，第一印象很重要。它是在没有任何成见的基础上，完全凭着你的“自我表现”来判断的，因而第一印象直观、鲜明、强烈而又牢固。如果你的相貌俊美，举止端庄大方，言语机智，谈吐风趣幽默，风度翩翩，你就会给人留下美好而难忘的印象。当然，人无完人，所有的优点和美德不可能都集中在一个人身上，但你若具有其中某一方面或某一方面的某一点，再扬长避短，将其发扬光大，也同样可以获得最佳效果。

（1）第一印象的影响力

第一印象的好坏，决定着社交活动能否继续下去。第一印象好，人家就愿意和你进一步来往，通过一段时间的相识与了解，人家觉得你的确不错，你们的关系就会顺畅发展。如果对方是你的客户，你在事业上就多了一个合作伙伴；如果对方是你的同事，你在工作中就多了一个支持者；如果对方是你的邻居，你在生活里就多了一个朋友。第一印象不好，你与人家的交往便不得不就此止步了，因为人家不想再见到你。纵然你有多么美好的动机，多么宏伟的蓝图设想，也只能化成泡影了。

第一印象直接影响着对一个人的评价。一个人的言谈举止，是构成人们对他直观评价的主要因素。许多人在初次交往时，就很快被对方所接受，或奉为事业的楷模，或尊为学业上的恩师，或敬为思想上的领袖，或成为人生的伴侣。

第一印象的烙印是非常深刻的，很长时间都不容易被改变。在许多回忆录中，我们常常可以读到这样一段话：“他还是老样子，像我第一次见到他的时候……”多少年以后，历史的变化更加之岁月的沧桑，一个人怎么会没有变化呢？但在作者眼里，对方还是他初次见到的模样。事实上不是对方依然如故，而是作者脑中的第一印象太深刻了，没有随着

时间的流逝而改变。由于第一印象扎根太深，以后感知或应该感知到的东西，也都被冲淡或忽略了。其好处是，两个人之间如果没有出现本质问题，偶尔的一些矛盾或不快很可能被忽略，二者的关系仍朝着纵深方向发展。其不利处是，两人之间若有一人发生了本质变化，另一方仍忽略不计，势必要丧失立场，乃至上当受骗。

（2）正确对待第一印象

一般来讲，第一印象还是基本准确的，尤其在有阅历之人的头脑中，准确度更高。首先，他没有先入为主的偏见；其次，他只凭客观判断。只要此人不是高明的玩家，不是善于演戏，正常的人际交往总能感受个八九不离十。人们的思想深浅，学识的高低，教养的好坏，从对方三言两语的言谈中，便可一见分晓。所以在社交活动中，把握好第一印象，关系十分重大。

但也不能一概而论，初次交往也有看走眼的时候。第一印象接触的毕竟是表面的东西，本身就潜伏着偏差，再经过时间的推移和人事的变化，其距初始感觉已越来越远。当初两人一见如故，后来反目为仇；当初两人山盟海誓，后来形同陌路。这样的例子比比皆是，都是由于第一印象的偏差所致。

作为一种心理现象，我们应该重视第一印象。怎样减少偏差，如何一目了然，都是未来很好的研究课题。就我们自身而言，要增加阅历，提高修养，加强识别人、判断人的能力。同时也要把第一印象拿到实践中去检验，在实践中不断地修正它、丰富它，使它发挥更准确、更巨大的作用。

（3）第一印象与先入为主

对客观事物的认知，不是遵循其自身规律，而是受制于第一印象，在它的作用和影响下，形成先入为主的心理效应。

第一印象的好坏，已被社交者在头脑中固定为一种倾向，由此决定他们的社交态度。如果第一印象好，双方就愿意交往，这是社交继续的基础。如果第一印象不好，彼此不想再见，社交也就无法进行。

在现实生活中，许多事情又不以人的意志为转移，即使你的第一印象不好，可是出于工作或生活的需要，你也不得不和对方继续打着交道。这时，先入为主的心理效应便开始显现出来。

生活中常有这样的事情。一位多年的领导干部，带领大家艰苦奋斗，业绩频频，深受众望。突然有一天，政治运动兴起，他被造反派揪出来，说是揪出了一个叛徒。人们怎么也不相信，平时最受他们尊敬的领导，一夜之间会成为叛徒。于是，有人默默哀叹，有人愤愤不平，有人呼冤告状。一贯的思想，使他们坚信，他们的领导是个好人，不可能是叛徒。运动过后，这位领导得以平反昭雪，证实了人们的看法。这种情形，说明先入为主的思想在发生着积极的心理效应。

生活中也常常存在另外一种情况。某工厂的一名工人，人见人夸，都说此人老实能干，尤其见到女同志就脸红，更让人觉得放心。突然有一天，公安局来人将其带走，说他是强奸嫌疑犯。人们乍听时，谁也不相信，如此腼腆的人，怎么可能？后经公安局的大量证据证实，犯人自己也招了供，人们才不得不信。不过，这一事实仍然让人们费解，无法将前后两者联系到一起。这时先入为主的思想，产生的就是消极的心理效应。

在社交活动中，人们都免不了先入为主思想的左右。对印象好的人，怎么看怎么好，越看越顺眼。如果有人对你说他的许多不是，你或者不放在心上，听而不闻；或者根本不相信，还要反驳几句；或者将信将疑，持怀疑态度。让你相信真有此事，可不是一件容易的事情。相反，若有人在你面前顺势夸他，你会连连点头，坚信不疑。

对印象不好的人，你是怎么看怎么不顺眼，越看越别扭。如果有人向你提及他的优点，你会很反感，不仅不信，还要将对方痛斥一番，把你长期的不满，连带今日的“话不投机”，一并泼向对方。如果有人指责那人时，你听起来就很受用，即使不参加讨伐，心理也是认同的。

(4) 避免成为先入为主的牺牲品

先入为主的心理效应，有它积极的一面，也有它消极的一面，在与人交往时要善加识别。当先入为主的内涵与客观事实相符时，就能够亲近好人，远离坏人；当先入为主的内涵与客观事实不相符时，就会以偏概全，错待朋友，善待敌人。在生活中，这样的事例很多，所有那些上当受骗的人们，多数都是先入为主的消极心理效应的牺牲品。

所以，我们要学会控制和把握，看待事物不能受先入为主心理的牵制，要防止思想的偏向，克服狭隘心理，积极诱导出先入为主心理的有利因素，注意纠正其以偏概全的不利因素，将先入为主的心理效应发挥到最佳状态。

3. 我能“听出”你是谁

现代通讯已经日益发达，我们和客户的沟通不必再拘泥于见面，有多种通讯方式在为我们的生意商谈提供一种便捷快速的渠道。

固定电话、移动电话，甚至还有 E-mail 也在取代过去的传统书信，见面有礼仪可讲，那么现代的电子通信工具是否就不必讲究礼仪了呢？当然不是。

我们肯定都有这样的经历：当我们打电话给某个公司，秘书小姐或接线小姐的态度基本上就是公司的招牌。一个彬彬有礼的秘书会让我们觉得这个公司也是一个上档次、有规矩的单位；一个粗鲁、无礼的接线生会让我们认为这个公司的规模和品质也不怎么样。

我们在和别人交流的时候，除了容易相信我们的眼睛，我们也倾向信任我们的双耳。因为听到的声音比任何东西都可靠。一个电话的声音我们会感受对方是否热情、愉快，甚至他是否受过专业的指导和训练。

一次，刚刚做上某商城经理的关礼打电话到某公司，他原本的意思是要找他们经理进一批货。他第一次打的时候根本就没有人接听，他怀疑是不是集体开会了。但是转念一想也不对啊，哪有秘书也不接电话的？他觉得也许是对方正在忙，不方便吧。于是在相隔10分钟左右，重新拨通了对方的号码，几声以后，一个漫不经心的女声传了过来："你好，找哪位啊？""我是某某商城的关礼，想找一下你们胡经理。""胡经理啊，他不在。"对方回答，关礼几乎能听见她在修指甲的声音，要不是为了生意，关礼肯定早就挂了电话了。"他去什么地方了？""那我哪里知道啊？经理出去又不会告诉我们！"关礼实在忍不住了："那你是谁啊？""哦，我是他秘书。怎么？有事情我告诉他吧。"

就这样，关礼受到的冷遇让他决定另觅高处，他是这样和他的同事说的："那个自称是秘书的女人，声音听起来很懒散，估计也不是个什么勤奋的员工。主要让我不满意的是她居然连最起码的问候礼仪和电话礼仪都不知道！我真怀疑胡经理是看上她什么！她让我感觉是一个没有受过良好教育的人，而通过她这个窗口形象让我彻底放弃了和胡经理的合作！"

从电话中就能让人听出来自己是谁，你是否是个冷漠的人，我们的习惯就是容易相信我们的眼睛和耳朵，这个先入为主的第一印象是无法从脑海中轻易抹掉的。

4. 真诚地展示自己

真诚是人类的本性，也是为人的一大美德，是人与人之间感情维系的纽带和桥梁。真诚是建立良好人际关系的基础和关键。

（1）保持本色不做作

内在的气质是最宝贵的。一个真正懂得与他人相处的人，绝不会因场合或对象的变化而放弃自己的内在特质，盲目地迎合、随从别人。每个人都有自己独特的气质，禀性，你要作为你自己出现，不是作为别的什么。而有些人总觉得自己本来的面目不如别人，气质不如别人高雅，谈吐不如别人脱俗，等等。于是随着环境、对象的变化而不断改换自己，结果弄得面目全非。保持一个真实的自我并不等于要使自己与别人格格不入或标新立异，甚至明明知道自己错了或具有某种不良习惯而固执不改，而是保持自己区别于他人的独特、健康的个性。那些具有个性的人，也具备一定的魅力。

(2) 不要不懂装懂

不懂装懂的人是令人厌烦的，特别是在长辈、知识渊博的人面前，更不要班门弄斧，以免贻笑大方。对自己不懂的东西或学问，哪怕是在同辈面前，也要不耻下问。

在长辈面前感到说话困难的原因是难以寻找共同的话题。与其如此，倒不如当对方说了自己不知道的事情后，就老老实实地请教说："那么，请教教我吧。"这样，不但自己增加了知识，对方也传授了他的知识和经验，这应该是件好事，也是一种一举两得的交往方法。

(3) 不掩饰自己的缺陷

真诚首先就体现在外在形象上，适当的掩饰是可行的，但过分的掩饰反而适得其反。身材矮小、皮肤黝黑，虽说是美中不足，但要坦然面对，以别的方面出类拔萃作为弥补，如果太过计较，难免跌入自卑深渊。

身材矮小的男士，如果穿上超出常规的高跟鞋"垫一垫"，会让人觉得比身材矮小还滑稽。

皮肤黑黑的女士，如果涂上一层厚厚的白粉掩饰，容易让人产生粗俗不堪的印象。

忘掉自己的缺陷，看到自己的长处，培养多方面的兴趣和爱好，把精力集中在更有意义的活动中，这便是最好的办法。

(4) 不要否认自己的过错

有些人明明知道自己错了，却硬着头皮不认帐，甚至还要为自己争辩，致使矛盾得不到解决，彼此的隔阂不能消除，相互之间的交往是谈不上了，还让人觉得此人蛮不讲理，像个无赖之徒。

其实，一个人有勇气用让步的办法，主动承认自己的错误，这不仅有助于解决由这项错误所造成的问题，而且也能够获得某种程度的满足感。

"人非圣贤，孰能无过"？如果你错了，就很快地、很诚恳地承认。这样你获得的友谊将使你分外满足。

(5) 表达真诚的技巧

① 真诚的眼睛

坦荡如水，平静地注视，不用躲躲闪闪或目光下垂不敢直视。从容、平静，如一池风平浪静时的湖水；热情而自信，无丝毫的掩饰和不安。

② 真诚的举止

自然，大方，从容不迫，举手投足一副安然之态。手足无措，有自觉不自觉地摸鼻子、玩弄手指、挠头发、揉眼睛、抓耳朵等小动作，声音也会不大自然，说话的频率和声

调都有些异样，肯定在掩饰某种不安。

③ 真诚的微笑

如一缕温馨阳光，充满暖意。如一朵浓春的花朵，在唇边绽放。发自内心，暖人肺腑。皮笑肉不笑，故意挤出的笑，都缺少真诚。

④ 真诚的称赞

如果一个人称赞别人是发自内心赞扬，是心灵之语，而不是带有某种企图，那么这人是真诚的。如果称赞一个人只是为了从中得到某种东西，那么他是虚伪的，称赞就属于奉承的范畴了。

⑤ 真诚的握手

握手是否显得真诚在于握手的轻重。握得太重，可能是想表示热忱或有所求。握得太轻，会显得有些轻视对方，或者自己是有严重的自卑。恰到好处的握手，是大方地把右手伸出去，手掌和手指全面地去接触对方的手。

5. 社交应酬“黄金法则”

“世事洞明皆学问，人情练达即文章。”要想在社交应酬中广泛拓展人脉，不懂社交应酬礼仪的“黄金法则”是行不通的。

善于社交应酬的人，往往不费吹灰之力就能将事情办妥，人际关系也会融洽起来；不善于应酬的人，尽管苦心经营，最终却是一塌糊涂。熟谙法则，经营有道，你的人际局面就能顺利打开。

(1) 自 信

自信是交际者必须具备的重要素质之一，它能够很好地体现出一个人的意志与力量，也是保持礼仪规范的前提。

在社会中与人交往，不能过多考虑“别人如何看待我”，而应该将自己的礼节、自信充分发挥出来。心态从容，才能表达出对社交对象的友好，彼此间的交流与沟通才能很好地进行。

面带微笑是自信的表现，能给人以谦逊、真诚、友好的印象，自信可以帮助双方战胜胆怯与自卑，给自己增加一种无形的力量。自信是社交必需的因素，它又能直接表现出一个人的文明修养，以自信作基础，你就可以顺利打开社交新局面。

(2) 谦逊与相互尊重

自尊心人人皆有，人人都希望受到别人的重视。因此，尊重他人，是社交应酬礼仪中

必须遵循的原则。

在现实生活中，素质、修养俱佳的人往往十分谦逊。他们平和待人，尊重别人。谦逊的人总会受到别人的重视。感受到人生的快乐。

(3) 理解与宽容

理解与宽容是沟通彼此内心的桥梁。摒除任性，容忍、理解别人，设身处地地为别人的利益着想。只有做到这一点，别人才能感受到你的可信与安全。

人与人之间如果缺乏理解，感情就不易沟通。只有让别人体会到你是真心理解他，才可能使他与你推心置腹，从而结成相互信赖的伙伴。

(4) 热情与关心

很好地与周围的人相处，多为别人的利益着想。

例如：你的同事生病了，你可以亲自到他家探望，他定会感激你的好意。

主动真诚地关心他人可以帮助你建立良好的人际关系。人们往往都愿意同热情的人接触、交往。热情也是相互的，不关心他人的人，同样也不会被他人关心。

人生一世，困难在所难免，一个人在遇到困难时总希望得到别人的关心与帮助，被帮助者在心理上感受到慰藉时，对帮助他的人也会牢记在心。在社交应酬中，如果你拥有满腔热情的胸怀，适当关注、欣赏和赞扬别人，就可以获得良好的人缘。

(5) 真诚守信

与人交往，那些表里不一、缺乏真诚的人，有时在礼貌、礼节方面无可挑剔，但最后还是不能给人留下好的印象，不容易建立起良好的社交关系。从某种意义上说，只有诚实守信的人，对他人表示尊重和礼貌，才能得到他人真正的、长久的理解与信任。

遵时守信是人际交往的“门槛”，应人之邀应该准时赴约，向别人承诺的事情必须做到。与人交往，不守时、不守信、言而失约等表现，都是极端无礼的表现，容易引起别人的反感。如果答应别人的事没办到，别人就会对你失去信任。

(6) 遵守社会公德

社会公德往往会涉及到一些细微、繁琐的事情，“勿以善小而不为，勿以恶小而为之”。判断一个人的举止文明与否，最主要看他遵守社会公德的情况。人们都在社会这个大集体中，如果没有一种共同的行为规则，社会秩序就不会稳定。

6. 恰当致意，让人喜欢你

致意是社交场上的一种常用礼节，它是用一种无声语言来达到人与人之间的心灵相通。通常用在相识的人或只有一面之交的人之间。

在各种场合打招呼，致意都应该诚心诚意，表情也要亲切自然。

（1）致意的顺序

致意的基本顺序是：职位低者要先向职位高者致意，学生先向老师致意，晚辈先向长辈致意，男士先向女士致意。

女士不论在什么场合，也不论年龄大小，一般只需点头或微笑致意。只有遇到上级、长辈、老师等自己特别钦佩的人，或者碰到自己的老朋友时，才可以率先行致意礼。

（2）致意礼的形式

① 举手致意

在公共场合，倘若离相识的人过远，一般要默不作声，将右臂抬起，向前方延伸，或挥帽致意即可。

② 点头致意

在一些不能交谈的场合，点头或打招呼时，点头者应注视对方，面含微笑，并将上体略微前倾。

③ 微笑致意

微笑可以传播友好，它最好用在与不相识者初次会面，也可以用在同一场合经常见面的老朋友身上。

④ 欠身致意

全身或身体的上半部分在目视被致意者注视的同时，应略微向上、向前倾斜。这是对他人恭敬的一种表现，可以向一个人或者几个人同时欠身致意。

⑤ 脱帽致意

摘下帽子表示对别人的尊敬。

上述几种致意方式，经常会使用到两种以上，如点头与微笑并用，欠身与脱帽并用。

（3）致意注意事项

向别人致意要文雅大方，在致意之时一般不要大声叫喊，以免惊动别人。致意的动作不可敷衍塞责，也不可满不在乎，必须认真对待，以此来显示对对方的尊重。

如碰到对方先向自己表示敬意，你也应该以同样的方式向对方致意。视而不见，不做任何反应是失礼的表现。

在外交场合遇到比自己身份高的人，应该礼貌地致意或表示欢迎，不能主动走上前去与之握手。在高身份的人伸出手时，才可以上前握手问候。碰到身份高的熟人，一般也不能跑上前去问候，而在对方的应酬活动告一段落之后，再去致意问候。

通常来说，向别人表示致意，距离不能过远。一般以 3 ~ 20 米较为适宜，也不能在对方的侧面或背面。当然，有时与相遇者侧身而过，施礼者在用非语言信号致意的同时，也可用“您好”、“早上好”等问候语，增加致意的亲密感，受礼者也应用同种方式表示答谢。

7. 赞美应当恰如其分

在社会交往中，赞美别人如同洒香水，你洒向他人时，自己也浑身散发着香气。赞美是最好的口德。善于发现别人身上的闪亮点，恰到好处地赞美别人，不仅能很好地鼓舞他人，而且能使人与人之间的关系变得密切起来。

每个人成长发展的过程中都满载着美好记忆，其中不乏自己引以为荣的事情。对这些引以为荣的事情，每个人都渴望得到别人较高的评价，如果能够得到别人衷心地肯定和赞美，更是让人高兴和自豪的事情。

真诚地赞美一个人引以为荣的事情，可以使你更好地与对方相处。

楚汉战争的结果是刘邦打败了项羽，刘邦心里自然很骄傲，常常问他的大臣们自己为什么能够打败项羽之类的问题。大臣们都非常了解刘邦“胜者为王”的心理，于是都对他的才能赞叹不已。刘邦逐渐产生了自满情绪，执政的积极性慢慢懈怠下来。

一次，刘邦生病后整日躺在宫中，下令不见任何人，不理朝政。周勃、灌婴等许多跟随他征战多年的元勋也都找不到劝说的办法。大将樊哙想出了个好办法，闯进宫中进谏，他掷地有声地先对刘邦的过去进行了一番赞美：“想当初，陛下和我们起兵沛县定天下之时，何等英雄！上下团结，同甘共苦，打败了项羽，建立了汉朝社稷大业。”

几句话激起了刘邦对自己辉煌历史的自豪之情，然后樊哙话锋一转：“现在天下初定，百废待兴，陛下竟这般精神颓废，大臣们都为陛下生病惶恐不安，陛下却不见大臣，不理朝政，而独与太监亲近，难道就不记得赵高祸国的教训吗?”

樊哙先是称赞了刘邦征战时的辉煌战绩和勤政作风，而后又巧妙批评了当时刘邦的颓废和懈怠，赞扬与批评相结合。一席肺腑之言终于震醒了刘邦。从此以后，刘邦专心朝政，休养生息，汉朝天下呈现出一片兴旺发达的景象。

樊哙正是通过称赞刘邦引以为荣的事情进行劝谏，终于达到说服刘邦勤政的目的。

赞美是一件好事，但做起来并不易。赞美别人如果不懂得审时度势，不掌握一定的赞美技巧，即使你的举动真诚，也会将好事变为坏事。所以，赞美别人要掌握以下 5 个方面技巧：

（1）审时度势，因人制宜

赞美别人要因人而异、因场合而异，将自己的赞美之情恰当地表达出来，能收到比一般的赞美更好的效果。老年人的怀旧意识比较强烈，总希望别人对他先前的辉煌业绩动心，与老年人交谈时，要对他昔日的辉煌加以称赞；赞扬年轻人语气可稍微夸张一些，适度赞美他的开拓精神和创造才能，并对他的前程充满信心；对于经商者，你可称赞他有经商头脑，经商有道；对于有地位的高干，可称赞他为国为民，公正廉明；对于知识分子，你可称赞他头脑睿智、知识渊博……不过，赞美也要尊重实际，不能凭空捏造或者夸大其辞。

赞美别人还要考虑时机。当某个人的品格或者发生在你身边的一些事情值得赞美之时，应该将这个时机巧妙抓住，给予赞美对象热情的鼓励。如一个人的优点和美好的事物全部出现之时，那么你就必须全面肯定和充分赞扬。不同的时间，可以使用不同的赞美语，能给人一种具体感与责任感。

（2）实事求是，措词适当

真诚的赞美是建立在客观事实基础之上的，它是一种情感的真实流露，意在让人快乐，与人进行良好的情感沟通。虽然赞美的话人人爱听，但并不是所有的赞美都能使人高兴。只有那些发自内心的、基于事实的赞美才能博得别人的好感。

例如，当你见到一位长相普通的女士，却偏要对她说：“你真是美极了。”对方就会觉得你虚伪到了极点。但如果将着眼点放在她的服饰、谈吐、举止方面，再从这些方面中挑选出众之处加以赞美，她肯定乐于接受。

真诚地赞美别人，被赞美者的心理中就能够产生一种愉悦感，你还能够发现别人的许多优点，使得自己对人生充满乐观与希望。

（3）具体详实，深入细致

赞美用语愈详实具体，说明你对对方的了解程度越高，对他的长处和成绩就愈为看重。让对方感受到你的真挚亲切、诚实可信，你们之间的距离就会逐渐拉近。比如赞美一个人的穿着漂亮，你不妨说：“这件衣服穿在你身上很般配，颜色好看，人显得精神多了！”

美国社会心理学家海伦·克林纳德认为：正确的赞美方法是将赞美的内容详细化、具体化，其中有 3 个基本因素需要明确：你喜欢的具体行为；这种行为对你有何帮助；你对

这种帮助的结果有无良好感受。有这 3 个基本因素作依托，赞美语才不会空泛笼统，才能给人留下好印象。

(4) 合乎时宜，雪中送炭

俗话说得好："美酒饮到微醉后，好花看到半开时。"赞美的效果在于相机行事、适可而止。

当别人意欲做一件有意义的事情时，开头的赞美能够激励他做事业的决心，中间的赞美能使他加倍努力，结尾的赞美则可以肯定成绩，指出进一步努力的方向，从而达到"赞美一个，激励一批"的效果。

最有实效的赞美不是"锦上添花"，而是"雪中送炭"。常言讲得好："患难见真情。"最需要赞美的并不是那些已经功高爵显的人，而是一些因才能被埋没，内心自卑或身处逆境的人。此时，一句沁人心脾的赞美之辞，能使他们精神振作，大展宏图。

(5) 出其不意，效果倍增

在赞美别人时，如果能够做到攻其不备，出其不意，往往使人喜出望外，收到可喜的效果。对于一些在专业领域中取得成就的人，赞美声会不绝于耳，我们不妨对一些别人忽略了他们的优点、美德适时加以赞美。往往比赞美那些人人共知的优点效果佳。譬如赞美他们幸福和睦的家庭生活，赞美他们漂亮的穿衣打扮，赞美他们的甜言蜜语以及优秀的品格等，这样可以使他们喜悦倍增。

赞美是人与人之间的情感"润滑剂"。人都有渴望被人赞美的欲望。赞美别人，是社交成功的关键。要学会赞美，但赞美过头，则会给人一种邀功请赏的感觉。真诚地赞美一个人引以为荣的事情，可以使你的社交之路变得平坦顺畅。

8. 真诚的赞美

赞美能鼓励自己，鞭策别人，激发潜能，使自己产生压力和紧迫感，获得良好的人际关系，从而走向成功。

赞美是一门需要修炼的艺术，但只要你窥破了它的"秘诀"，你不但能赞美别人，而且能如意地得到别人的赞美。

1. 出自真诚，源自真心

人们慨叹赞美别人难，是因为关注自己太多，即使赞美，也不是出自真心。古语说："精诚所至，金石为开。"只有真诚的赞美，才能使人感到你是在发现他的优点，而不是以一种功利性手段去分享他的利益，从而达到赞美的最高目的。

中央电视台体育评论家宋世雄一次“打的”到中央电视台转播一场比赛。“面的”司机将他送到电视台后说：“宋老师，转播完球赛都深夜一点了，您怎么回呢？我夜里一点再回来接您!”多年以后，宋世雄还回忆说：“人生当中，还有什么比这种真挚的关心和赞美更珍贵呢？这位终日在大街小巷中奔忙的司机并不懂公关技巧、公关心理，但他有一颗关爱别人的善良之心。”这位司机一句源自真心的话语，将自己对宋世雄的赞美之情寓于生活之中，感人肺腑。因此赞美有时没有必要刻意修饰，遣词造句，只要源于生活，发自内心，真情流露，就会收到赞美的效果。

真诚也把赞美和阿谀奉承区分开来。菲力普说：“很多人都知道怎样奉承，很少有人知道怎样赞美。”赞美具有诚意，阿谀没有诚意；赞美是从心底发出，阿谀只是口头说说而已，赞美是无私的，阿谀完全为自己打算。因而人们喜欢赞美而厌弃阿谀奉承之流。

2. 知己知彼，投其所好

赞美别人之前，必须对被赞美者的基本情况了如指掌，比如对方的优点和长处，他的缺点、弱点，还要熟悉对方的爱好、兴趣、人品等，这样才能避免泛泛而谈或者无话可说。知己知彼，方能百战不殆。

要赞美他引以为荣的事情。在一个人的人生道路之上，有无数让他们引以自豪的事情。真诚地赞美这些事情，可以使你更好地与人相处，可以使他人容易接受你的建议，可以使他人感到幸福。对于一位老师，最希望别人称赞他教过的学生；对于一位默默无闻的母亲，你可以称赞他很有出息的孩子；对于一位老人，你可以赞颂他一生事业的成功之处。

金无足赤，人无完人，人有优点，也必有缺点，这才构成一个有血有肉的真实的人。了解一个人的弱点，才能利用对方的弱点，用其弱点的反向去赞美他，实现他心理上的满足。

性格善良既是优点，但有时难免优柔寡断，常言说，“马善被人骑，人善被人欺。”对于一位性格善良又被人利用的经理，可以这么说：“经理，你待人宽容大度，菩萨心肠，所以有人用卑鄙的手段连累你，实在对不住天地良心。”

拉瓦特说：“人各有所嗜。”几乎每个人都有自己的爱好。要做赞美的高手，必须了解别人的爱好并赞美别人的爱好，这样才能“投其所好”，获得他人的好感。例如有人爱好足球，你不论夸他足球知识渊博，或者赞扬他喜爱的球队和球星，他都有志趣相投的感觉。

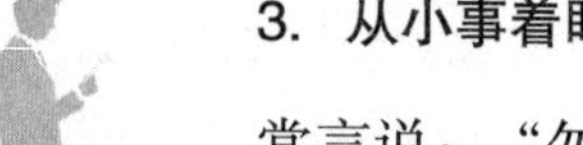

3. 从小事着眼，无“微”不至

常言说：“勿以善小而不为，勿以恶小而为之。”赞美别人时，要“勿以善小而不赞”。因为凡夫俗子不可能有许多大事值得赞美，千万不要吝啬，一定要慷慨地从小事上称赞别人。

善于从小事上赞美别人，不仅可以给人惊喜，而且可以树立你明察秋毫、体贴入微的形象。一位服装店的员工发现新上架的衣服有做工问题，及时把它移走。值班经理赞扬他为公司着想，决定给他加奖金。这位职员受宠若惊，到处称赞那位经理眼快心细，自己的工作很有价值。

记住，别人的闪光之处，哪怕微乎其微，经过你无“微”不至的赞美，小事就不小，其意义自然而然明显出来，对方就会有快乐的感觉。

4. 赞美别人的忌讳

一忌太夸张。赞美需要修饰，但是过分地、太夸张的赞美就会变成阿谀奉承，让人感觉不到真诚，只留下虚浮和矫柔造作。丁聪有一次被别人冠以“画家、著名漫画家、抗战时重庆的三神童之一……”，他听后就极不舒服，批评说话者给他戴了这么多帽子。

二忌陈词滥调。一些人的赞美言辞中，充满了陈词滥调。如久仰大名、百闻不如一见、生意兴隆、财源茂盛等。一些人在应酬场合赞美别人时，只会鹦鹉学舌，说别人说过的话，然而，别人嚼过的肉不香。

三忌冲撞别人的忌讳。几乎每个人都有自己的忌讳，每个国家和民族都有自己的忌讳。忌讳仿佛是永不结疤的伤痕，每个人都不允许别人侵犯它。

赞美别人千万不可触及对方的忌讳，否则，极易造成应酬的失败，引起他人的反感。不要夸奖秃顶的领导：“你真是聪明绝顶。”也不要当着残疾人的面赞美别人：“我佩服得五体投地。”有一位大学生喜欢赞扬用歇后语点缀，一次球赛中，他笑骂着称赞本班的篮球中锋：“你小子真是‘秃子头上不长毛——没治了!’”说完之后才意识到本班一位同学最近头发几乎脱光了，正为此烦恼，那位大学生为此后悔不迭。

9. 规劝与批评要讲艺术

生意人难免会遇到无法赞同的观点，那么是该和生意伙伴火拼一场呢，还是好言规劝？高明的生意人一看就知道，那么如何规劝和批评的礼仪就显得有必要熟知了。

规劝，亦即在交谈中，对他人郑重其事地加以劝告，劝说其改变立场，改正错误。从这个意义上来讲，规劝与批评大体上具有许多方面的共性，因为批评就是对他人的缺点提出意见。

它们都是至交与诤友之所为。对“多一事不如少一事”、“不愿得罪人”甚至想“看一出好戏”的人来说，他们是绝不会这样做的。聪明的生意人即使是在被对方善意的批评

后，也一定会理解对方的良苦用心。没有谁会傻到将对方的好，认为是一种恶意的嘲笑而恩将仇报。

因为好心规劝都是就事论事的。善解人意的人都清楚，“人非圣贤，孰能无过?”但“千里长堤，溃于蚁穴”。遇事而进言，乃友人之本分。生意场的朋友既是对手，也是一生的朋友，大家相互支持才能有共同的生意可做，那种想借机拆台的人不是一个真正品格优良的人，当然他也不会交到知心的生意场上同仁。每个人都会遇到不顺心的时候，想借机看笑话的人除非他一辈子永远顺利，否则又怎么会得到朋友的关怀?

批评和规劝都是对“过失者”的一种关心与负责任的督促。指出他人的缺点与错误，找出其薄弱环节，意在使之今后扬长避短，更好地为人处世。这是对“过失者”最大的关心，最大的爱护，也是对其最负责任的表现。

注重说话技巧的商界人士，在规劝与批评他人时，应注意以下几点：

第一，表达上要温言细语，勿失尊重。有人笃信“良药苦口利于病，忠言逆耳利于行”之说，一上来就对别人猛下“虎狼之药”，在批评规劝时，什么话难听，就非跟人家说这些话不可。

例如，他们在批评别人时，总爱无师自通地摆出一副“恨铁不成钢”的模样，张口闭口“瞧你这德性”，“叫我说你什么好”，“真不想再理你”之类的话，滚滚而至。经常一开头，就让被批评者心不服，气不顺，产生逆反心理，拒绝进行合作。到后来，还有可能使被批评者“奋起反击”，反唇相讥，结果双方势同水火，终于酿成一场大战，反目为仇。碰到这种情况，批评者可能会被批评者“狗咬吕洞宾，不识好人心”，被批评者也可能会指责对方“你算老几?”这种情况的产生，关键在于批评者下“狠药”、开“苦口”的方法不得当。

人需要尊重，在批评规劝他人时也别忘了这一点。明智一些的话，在批评规劝他人时，完全可以把同一种意思表达得中听一些。别忘记，良药未必都要苦口，忠言也不一定非得逆耳不成。把规劝批评别人的话，讲得动听一些，利己又利人，何乐而不为呢?

第二，尽可能不要当众规劝批评别人。树有皮，人有脸。当众批评规劝别人，尤其是以那些有地位、有身份的人士为批评对象的话，难免会让其自尊心备受伤害。当着部下的面训斥一名部门经理，当着孩子的面批评他的父亲，都会让后者长时间地“抬不起头来”，或许还会因此而对批评者心存怨恨。

不但在规劝批评他人时不要讲粗话、怪话、难听的话，而且尽量不要当众斥责他人，其原因都是为了尊重被批评者，而不使之难堪。

除非绝对必要，不要在会议上、写字间内当众批评他人。如果有条件，可找对方单独谈心，而不在他人面前交谈，哪怕就是规劝批评的话说得重一些，也易于被对方所接受。

还须说明的是，在外人面前规劝同事、批评下属，有时会有“借题发挥”、“指桑骂槐”之嫌。

第三，规劝与批评需要一分为二。著名成功学专家、美国人卡耐基曾说：“当我们听到别人对我们的某些长处表示赞赏后，再听到他的批评，我们的心里时常就好受得多。”他的话确实非常实在。

规劝与批评需要一分为二，就是要求生意人不能将批评对象“照死里整”、“一棍子打死”。规劝批评别人时，先肯定，后否定，在肯定的基础上局部地否定，既顾全了被批评者的自尊心，又往往使之有台阶好下，是一种很好的办法。

擅长此道者，批评他人之前，还大都爱进行一番自我批评。在批评下属前，自己先承担一定的责任；规劝年轻人时，表示自己当初也曾“年轻过”；比起标榜自己“一贯正确”来，往往更容易被接受。

批评得当让朋友感激；规劝合理使同仁进步。但是一个不注意其中礼节的生意人是不会让人信服的，只有“以礼服人”才是最高明的选择。

10. 换位思考是一种礼节

兵家曰：“知己知彼，百战不殆。”社交应酬也是如此，仅对自己充满信心，按照自己的方法策略办事是远远不够的，还要做到“知彼”，了解你的交际对象，了解对方的性格、身份、地位、兴趣，然后投其所好，避其所忌，从别人的角度出发考虑事情。这样才能挥洒自如，成功有望。

站在别人的角度看问题是一种逆向思维。社会中形形色色的人由于性格、身份、地位的不同，想法也就各有不同。与人交往，一味地将自己的观点强加给别人，别人则会感到沉闷不堪。聆听别人的心声，揣摩别人的思想意图，然后站在别人的角度讲话，他们就会接纳你、尊重你。

唐高宗李治意欲立武则天为皇后，却遭到了长孙无忌、褚遂良等一大批元老重臣的反对。一次，李治又召见众文武商量此事，褚遂良说：“陛下今日召见我们，必定是为废立皇后之事，万岁既然决心已定，要是反对，那便是欺君之罪，我既然受先帝相托，辅佐陛下，不拼死一争，还有何面目面见先帝的在天之灵呢！”

李勣同褚遂良一样，也是顾命大臣，但是他看出，此次入宫，必然凶多吉少，便借口有病躲开了。而褚遂良由于当面据理力争，遭到怒斥。

过了几天，李勣单独求见高宗李治。李治问他：“我要立武则天为皇后，褚遂良等人力阻，他是顾命大臣，如果这样反对，此事也就只好作罢了。”

李勣明白反对皇帝自然是不可以的。而对皇帝公开表示赞成，又怕别的大臣议论，便顺着李治的意思说了一句：“这是陛下家中的事，何必再问别人呢！”

这句话回答得巧妙至极，好就好在李勣能从皇帝的角度出发想问题，既顺从了皇帝的意思，又让其他大臣无懈可击。李治因此而下定决心，执意立武则天为皇后。

封建官吏的这一做法，只不过是为自己谋私利的一种途径，而社交的目的则是增进相互之间的感情。在现代的刑事侦察活动中，办案人员也经常运用这种方法，通过自己是罪犯的假设，推断罪犯的行踪和作案计划；在军事对抗中，决策人员也把这种方法用在兵法上预测敌方的行为。

"站在对方的角度看问题"，在侦察活动与军事行为中，是作为一种计谋来应用的。然而，在社交过程中，运用这一方法，完全是为了促进交往者之间的感情互动。

在应酬社交中，人们都希望别人真诚对待自己，总希望得到别人的关心与尊重，也总是希望自己能够得到别人的帮助。既然我们对别人有所期望，那么，我们也应该先满足他们的这些愿望，对他们投之以诚，关心、尊重他们，对他们宽容有加，努力给他们提供必要的帮助。

能够站在别人的角度考虑问题，你就能够理解、宽容别人，能够对自己的行为方式作出正确决定，从而才会受到别人的欢迎与尊重。

11. 通过提问拉近距离

在社会交往中，许多人由于不善提问而错失良机，甚至导致交谈失败。"善问者通过高山，不善问者迷于平原"，可是，提问在社交应酬中具有举足轻重的作用。

提问也是另外一种形式的交谈，运用得当，很容易开启对方的心门，从而使彼此交情畅通无阻。那么，用什么样的语言方式提问才能取得良好效果呢？

（1）因人而异地问

俗话说："到什么山唱什么歌。"同样，提问也应该见什么人提什么问题。

对直爽豁达者应该简单明了、开门见山；对脾气固执、倔强者应该曲折迂回；对平辈或晚辈应该坦率真诚；对文化较低者要通俗易懂；对忧愁不堪者应该多多谅解；对那种敏感而又不善于言谈的人，要学会循循善诱，寻找他感兴趣的话题，循序渐进地发问。

（2）由此及彼地问

按照逻辑顺序，避免"一步登天"，直接引出所谈问题，而是从对方熟悉且愿意了解的问题入手，然后按照由小及大，由表及里的方式，边问边将主题引出。这样才能使问题进一步深入，对方容易回答，不会导致有口难开。

(3) 适可而止地问

向对方提问时要学会察颜观色，从对方的表情中洞察他的态度。如果对方低头不语或者答非所问，就得换个提法；对方面露难色或有困顿疲乏之感，就应该适时而止。初次见面不要问及对方的工资收入、家庭财产以及个人履历等方面的问题。

(4) 把握时机地问

提问要巧妙把握住时机，力求达到提问的最佳效果。

通常说来，当对方忙于处理事情时，不应该提一些无关正题的、琐碎的问题；当对方聚精会神地欣赏电视节目时，不能提及与电视节目无关的话题；当对方伤心或失意时，不能提复杂、生硬的问题：如果对方遇到困难与挫折时，需要静下心来单独思考，最好不要提任何问题。

(5) 具体细致地问

有一种广大而空泛的提问，往往使对方“找不着北”，因而对方就不能准确、细致地回答。相反，问题具体化，便可以顺利引导对方的思路，从而得到满意的答复。

(6) 灵活善变地问

巧妙的发问不仅能够反映一个人的口才，还能集中体现一个人的思维能力。观察对方谈话中的每一个细节，主动积极地开发智力，去寻觅新问题、新疑点。此外，对方回答问题的态度你也要注意，注意观察他的反映，可能对方会在无意之中脱口说出你想迫切知道的问题。

(7) 亲切自然地问

问话时不能板起面孔，表现出一副冷若冰霜的面孔。要面带微笑，因为笑容是你的一笔无形财产，面带笑容地提问会使人感到和蔼亲切。要营造一种亲切友好、自然轻松的气氛，绝对不能使用口气生硬或审讯性的语调。

(8) 彬彬有礼地问

恰当地使用谦恭之语，得体使用敬语，在对方答话离题太远时，要用委婉语巧妙控制话题，将话题贴切、自然地引过来，表现出你的真诚与礼貌。

提问是一种技术，更是一种艺术。巧妙的发问如同一曲唱响云霄的赞歌，能够打开他人的心扉，让他从心眼里欣赏你、佩服你。

12. 握手展示你的真诚

握手礼是交际双方传递信息情感的礼貌举动，是一种触摸语言，具有很强的可感性。“聚散忧喜皆握手，此时无声胜有声。”握手礼是目前世界许多国家通行的礼节，也是人们日常交际的基本礼节。

美国著名盲女作家海伦·凯勒说：“我接触过的手，虽然无言，却极有表现性。有的人握手能拒人千里……我握着他们冷冰冰的指尖，就像和凛冽的北风握手一样。而有些人的手却充满阳光，他们握住你的手，使你感到温暖。”握手不仅是相互传递情意、联络沟通的手段，而且还可以从握手的姿势中观察出对方的心态及性格特点。

通过握手来展现你的真诚，要注意以下几个方面的原则：

（1）握手场合

当你拜托别人做某事的时候；当你与友人久别重逢的时候；当你与客人迎来送往的时候；当你被介绍与人相识之时……都需要行握手礼。

行握手礼应本着“礼貌待人，自然得体”的原则，并能恰当、灵活地根据不同的场合，显示自己的素质修养和对对方的尊重。握手看似简单，但握手动作的主动与被动、力量的大小、时间的长短、身体的姿势、面部的表情及视线的方向等方面，往往能够表现出握手人对别人的不同态度与礼遇，对方的心理奥秘也能窥测到。握手是需要掌握技巧的。

（2）握手顺序

与别人握手，应根据握手双方的社会地位、年龄、性别和宾主身份来确定先后顺序。

按“尊者在前”的原则，即尊者先伸手才能相握。男士与女士之间，女士伸出手后，男士才能相握，如女士没有握手之意，男士即可点头或鞠躬致意即可；若男方年龄偏大，男方主动先伸手也是比较适宜的；上级与下级之间、长辈与晚辈之间，应是前者先伸手，后者先问候，待前者伸手后才能相握；在宾主之间，客人抵达时应由主人先伸手表示欢迎，客人告辞时，客人应该先伸手表示辞行，主人才能与之握手，否则便会给人一种逐客之嫌。在平辈的朋友当中，相见时应先出手。

如果要与多人握手，其礼仪顺序应该是由尊到卑，依次进行。与人握手的顺序应该是先职位高者，后职位低者；先长辈后晚辈，先女士后男士；先已婚者后未婚者，或由近而远依次进行。在接待客人时，作为主人应先向客人伸出手，无论对方是男是女，主人都应先伸出手来相握。

在社交场合，当别人忽视握手礼的先后顺序而将手伸出后，都应该毫不迟疑地表示回

握；不能拒绝他人的握手。在公共场合，握手的先后顺序主要取决于不同人的职位与身份。在社交、休闲场合与人握手，最主要取决于年纪、性别与婚姻状况。

(3) 握手时间

握手时间的长短可根据人、地、情的不同而合理安排，时间过长会使人感到紧张不安，时间太短又不能表现出自己的情绪。初次见面时，握手时间最好调控在 3 秒钟左右。在人流汇聚的场合，不能与某一个人握手时间过长，这样会引起他人的误解。

(4) 握手力度

握手力量要适中，要牢而不痛，不能使对方感到疼痛。初次见面，与彼此不太熟悉的人握手，用力不可过大。如双方已经是熟人、知己，又是偶尔相见，可以适当用力或将握手时间延长，不论生熟与否，用力皆不能过大。

(5) 握手姿势

握手的正确姿势是人们在相互介绍后，或互相问候之时，双方彼此伸出右手，彼此之间的距离应保持在一步左右，手应该向侧下方伸出，张开拇指，其余四指应自然收拢并略微内曲，掌心下陷，握手时双方伸出的掌心都要不约而同地朝向左方，然后用手掌和手指与对方的手相互扣合。伸手的动作要稳重大方，态度要亲切友好，给人以热情的感觉。用右手与人相握时，左手应该空着，并贴紧大腿外侧自然下垂，表示你的用心与专一。

握手是社交活动中常见的礼仪。对陌生的人，握手是结成友谊的桥梁；对远方的来客，握手能表达深厚的感情；对爱恋的人，握手是心灵的交流；对危难的人，握手是信心和力量。

13. 怎样进行成功的自我介绍

在日常交往中，自我介绍是必不可少的。恰当地介绍自我，不仅能满足对方的渴望，而且对方也会以礼相待。这样，双方以诚相见，就为进一步交往奠定了良好的基础。

自我介绍中要注意以下 5 点：

(1) 仪态大方，表情亲切

自我介绍，举止、仪表要大方得体，表情应该亲切，态度应该坦诚。面带笑容、热情友好是最佳的举止。向别人介绍自己时，可将右手置于自己的左胸上，不能惊惶失措或满

不在乎。

（2）选准机会

自我介绍要想取得成功，给对方留下深刻印象，应首先考虑的就是当时的场合是否适宜做自我介绍。如果对方正忙于工作或与他人交谈，则不适宜作自我介绍；如果对方一人独处，或者心情舒畅时，自我介绍则可以产生良好的效果。

（3）把握分寸

自我介绍时措辞要适当，既不能过分炫耀自己的身份，也不能过多贬低自己的成绩，应该实事求是、恰如其分地将自己介绍给别人，给别人以坦率诚恳、值得信赖的印象。自我介绍既要表现出你的友好、自信与善解人意，又要冲破虚伪与媚俗的束缚。

（4）掌握介绍的基本程序

自我介绍时，介绍者往往以当事人的身份出现，基本程序应该是：首先向对方点头致意，得到回答后再向对方说出自己的姓名、身份、工作情况。自我介绍的语言既要热情友好，又要充满自信，眼睛要平视对方。

（5）介绍内容要准确、恰当

在社交场上，自我介绍的内容大体由 3 个要素组成，即本人姓名、本人供职单位和本人的职业或职务。一般性的自我介绍，要将三者集中起来。初次见面时，自我介绍要说出全名。当然，自我介绍的内容也可根据实际情况的需要来安排。

总之，在社交场合，面对社会中的芸芸众生，要想让你的形象在他（她）们心中深深地扎下根，你必须学会自我介绍。它是你在社交场合取悦陌生人的秘笈。

14. 为他人作介绍应注意的问题

在社交场合，介绍与被介绍起着非常重要的作用。通过介绍，陌生人得以相识，新一轮友谊又开始了。一个先前陌生的新世界，就会在介绍的片刻向你敞开。“介绍”是人与人之间相互交往的一座桥梁。

为他人做介绍就是介绍不相识的人相互认识，或将一个人推荐给其他人。为他人做介绍时，以下 5 个方面需要注意：

（1）掌握正确的介绍顺序

为他人做介绍，首先要遵循“尊者居后”的原则，即将身份、地位较低的一方介绍给

身份、地位比较高的一方，以表示对尊者的敬重。在口头表达方面，应该首先称呼受尊敬的一方，再将被介绍者引出来。所以，正确的介绍顺序是：将男士介绍给女士、将未婚者介绍给已婚者、将晚辈介绍给长辈、将职位低者介绍给职位高者、将客人介绍给主人、将个人介绍给团体。

(2) 运用正确的介绍姿势

做介绍时，介绍姿势是否正确关系着个人的礼貌素养。介绍人应该站立，走到被介绍人之间。在介绍一方时，应微笑着通过自己的视线将另一方的注意力吸引过来。手的正确姿势是：手指相互并拢，掌心朝上，胳膊应稍微向外伸，缓缓指向被介绍者。作为介绍人，在为他人做介绍时，态度要诚恳热情、认真踏实，不能敷衍了事，也不能用手胡乱指点被介绍者。

(3) 使用正确的介绍语

介绍人在为他人做介绍时，语言要简练，内容要简单，还要学会使用敬辞。譬如：“刘先生，我来介绍一下，这位是……”或比较随便地说：“张女士，请允许我向您介绍一下……”等等

如果时间宽裕、气氛融洽，在为被介绍人做介绍时，除介绍姓名、单位、现任职务和与自己相关的一些事情之外，还应该介绍双方的爱好、学历、特长、荣誉等各方面情况，作为双方交谈的条件。介绍时，语言的使用不能厚此薄彼。

另外，在做介绍时，应考虑被介绍人双方内心有没有相识的必要与愿望，可以事先询问被介绍人的意见，以防做介绍时为自己带来尴尬。

(4) 选择恰当的介绍人

在不同场合应选择不同的人担当介绍人。在公务活动中，公关人员是最恰当的介绍人；接待贵客时，介绍人应为本单位职位最高的人士；在社交场合，主人应义不容辞地担当起介绍人的角色；在非正式场合，应选择与被介绍人双方都相识的人充当介绍人。

(5) 被介绍人应有正确姿态

被介绍人在被别人介绍时，应保持站立，用柔和真诚、专注的目光平视对方；随着介绍人的介绍，与对方热情握手，并频频点头致意，并用一些表示问候和态度真诚的语言来博得对方的好感。

15. 交际的四大法则

社会心理学家通过大量的实例研究得出结论。成功的交际一般要遵循4个法则。

(1) 向度法则

向度就是交往要有方向性。向度是交往是否有益的前提。

与哪些人交往对自己的生活、学习有帮助；与哪些人交往能获得精神上的享受；与哪些人交往容易和睦相处；哪些人值得交往，而哪些人又不值得交往，这些都必须有一个大概的选择，从而避免交际的盲目性。

(2) 广度法则

广度就是交往的范围。交往面不是越广越好，它要受到性格、环境等各种因素的影响。总的说来，交往的广度大一些总比小一些好。但对于具体的个人而言，交往的广度尽量根据自己的工作性质、业余爱好、性格特征来界定，特别是结合自己的工作和业余活动来界定交往广度，有利于提高社交的质量。

(3) 深度法则

深度就是交往的程度。人与人在交往中，随着交往的加深，有的可能成为朋友、知己，有的可能一直停留在点头之交上，有的可能从此再无来往了。只要是待人信诺厚道、诚实，交往的程度能达到哪个层次不必太在意，没有必要刻意地、处心积虑地与某某人成为至交，一切都随缘而定。

(4) 适度法则

适度，可以说是一个人社交是否成熟的重要标志。适度包含两个含义：一方面是从交往的时间要适度。因为人的社会需要中，除了交往、友谊以外，还有工作、劳动、学习、事业，这些都是人生的重要内容，必要的交往有利于事业的开展，但也应看到，两者在时间和精力上又存在着矛盾，因此，在“度”的把握上一定要合适，不能顾此失彼。另一方面是异性朋友之间要把握爱情与友谊的界限。

第七辑

社交场合的礼仪

有些社交场合需要按一定的礼仪行事，本章节给你介绍几种常见的社交场合礼仪，通过本章学习，相信你的一言一行都会做到自然得体、落落大方。

1. 集会的礼仪

(1) 集会组织者的礼仪

集会的组织者是集会的核心人物，是集会能否成功的关键。所以，集会的组织者更应当明确有关集会的礼仪。

① 集会通知

通知上面务必写明集会的时间、地点、主题及参加者范围等内容，有的集会通知上还可写明闭会的时间。根据集会的内容和参加者的范围，集会通知可以采用张贴的办法，也可送达、邮寄。

② 安排好会场

根据集会内容和参加者的多少，确定会场，并加以布置。在城市广场上举办的群众集会，还应提前向有关部门报告，以免出现始料不及的问题。

③ 写好议程，集会时间不宜太长

集会开始前应把集会议程以宣传单形式发放给与会者，使参加者对集会的安排做到心中有数。

此外，集会结束后，应做好会场的清理工作，切勿丢下一片狼藉的会场撒手而去。

(2) 集会参加者的礼仪

一个集会能否取得成功，不仅要求集会组织者讲究礼仪，而且，集会的参加者也应懂得参加集会的礼仪规范。

① 及时到会

参加集会要按时赴会，宁可提前十几分钟也不可迟到一分钟。

② 穿着要整洁大方

这既是对别人的尊重，也是对自己的尊重，尤其是集会的主持人和发言人。不注重仪表有损于自我形象，谁愿意跟一个穿着不整、邋邋遢遢的人交往呢?

③ 交谈举止得体

参加集会的人很多，并且身份各不相同，所以，一言一行都要做到自然得体、落落大方。不要因为人多就起哗众取宠之意，如果那样做，会使自己显得没有涵养，有失礼貌。

(3) 常见的集会

① 升国旗仪式

国旗，是国家的象征，代表国家的尊严。每个公民和组织都应尊重国旗，爱护国旗，

维护国旗的尊严。举行升旗仪式，可以增强公民的国家观念，激发爱国主义精神。

② 升旗的场合

根据国家教委《关于施行〈中华人民共和国国旗法〉严格中小学升降国旗制度的通知》精神，全国中小学在每周星期一早晨举行升旗仪式。

其他重要场合也应升挂国旗，如重大体育比赛，庆典仪式，重大项目奠基、开工、落成，重大展览会，重要节日等，均应升国旗。

③ 升旗的程序

a. 出旗：旗手双手持旗，护旗手在两侧，齐步走向旗台，此时，在场的全体人员要立正站立。

b. 升旗：两名旗手缓缓升旗，同时奏国歌。在场人员行注目礼，军人、少先队员、仪仗队行举手礼。在国歌演奏结束同时，国旗升到旗杆顶端，在场人员礼毕。

c. 唱国歌：中小学举行升旗仪式时，在升旗后，要在主持人指挥下唱国歌。其他场合的升旗仪式，可以在升旗时唱国歌，也可不唱国歌。

d. 国旗下讲话：中小学校在升旗后，可由校长、教师、先进人物做简短精练、富有教育意义的讲话。

④ 注意事项

a. 全场人员在升旗时，要肃立致敬。

b. 升旗时要神态庄严，保持肃静，不要做小动作，更不要走动、说笑。

c. 旗手和护旗手应学好《国旗法》，并经过严格训练，认真严格地按规定升降国旗。

(4) 团 拜

在我国，作为新年开始的元旦或春节是最隆重的节日，含有“一元复始”的意义。在这一天，机关、团体的成员为庆祝元旦或春节而聚会在一起，互相祝贺，致以问候，这就是团拜。

下面介绍一下团拜的几种类型及应注意的礼仪规范。

① 集会式团拜

这种团拜的会场，既要布置得有节日喜庆气氛又要简朴、大方。在会场主席台周围摆设一些鲜花，主席台后面的帷幕上要有“庆祝元旦”或“欢度春节”的横幅，团拜正式开始后，应由身份、职位较高的人向全体与会者致新年贺辞。贺辞要热情、真诚，体现出关心、爱护和期望之情。发言过后，团拜会即可在热烈的掌声与欢快的乐曲声中结束，整个团拜时间不宜超过一小时。

此种团拜形式适合于党、政、军机关或慰问团向驻军的拜年。

② 茶话会式团拜

茶话会以圆桌会议的形式进行，不设主席台，但应突出主桌。桌上除了茶水外，可略备些水果、糖果和瓜子之类。会上由职位、身份较高的人先向大家简要地祝贺新年，然后即开始座谈，内容以相互勉励、提出希望为主，气氛要轻松愉快，达到沟通思想、交流感情的目的。

这种团拜形式可以在节前或节日期间举行。

③ 晚会式团拜

一般在节日的前夕举行这种团拜活动，会场上悬挂庆祝节日的会标。依然先由职位、身份较高的人发表简短的新年祝辞，然后举行文艺晚会，可由专业或业余的文艺团体演出精彩的节目。

这种团拜形式适用于各级地方政府向当地各界人士及人民群众祝贺新年。

无论参加什么样的团拜，都应着装整洁，谈吐得体，举止文雅。互致问候时，要精神饱满，态度热情真诚。

2. 舞会的礼仪

舞会又叫交际舞会，亦称交谊舞会，是一种世界性的群众活动。它既是一种被广泛采用的社交活动形式，也是一种健康有益的文体活动形式。随着改革开放的深入，人们对舞会的认识也发生了很大变化。

跳舞有益于身体健康，舞会上，听着动人的音乐，跳着优美的舞步，使人很快消除紧张工作后的疲劳，给人以艺术享受。交际舞与其他舞蹈不同，抒情而不轻薄，热烈而不狂暴，浓淡相宜，陶冶情操，是一种既文雅、庄重又热情、欢快的具有美育作用的活动。

经常参加舞会，可以克服青年的胆怯、腼腆的精神状态，打破与异性交往的变态心理，消除社交恐惧症；可以使老朋友更加融洽，更可以结识新朋友。经常跳舞可以健康体魄，矫正体形，可以使人心情舒畅，精力充沛，心胸开朗；使老人焕发青春，乐观向上。经常参加舞会可以使人提高道德品质水准，养成良好的气质风度。

单位内部通过举办舞会，可以沟通管理人员与群众之间、群众与群众之间的感情，协调人际关系；单位与单位之间举办舞会，可以增进友谊，加强交流，建立友好协作的关系，推进业务的开展。

(1) 舞会组织工作的礼仪

要使舞会举办成功，取得好的效果，在举办前要精心地做好各项组织准备工作。

① 确定适当时间

舞会一般在周末、节假日或开幕式、闭幕式的晚上举行。这些时间气氛活跃，便于大

家尽情地娱乐，而不至于影响第二天的工作，这个时间邀请客人也容易成功。

② 选择好场地

舞会的场地要考虑人数的多少，大小适中，过小拥挤不堪，空气不好，难以使人尽兴；过大显得空空荡荡，气氛不够热烈，情绪会受影响。舞会地面要清洁平整。舞会前可以打一遍蜡，使之光滑。灯光要稍暗，光线柔和，最好有彩灯、彩纸条加以装饰。舞会一般应有乐队伴奏，造成隆重、热烈的气氛。本单位舞会也可播放舞曲伴舞，应指定专人负责。舞池边要准备休息的椅子，必要时，可准备茶水、点心。

③ 发出请柬或海报

单位之间的舞会，应发出请柬和门票。请柬要写明开始时间、地点及结束时间。对身份特殊的贵客应专门发给请柬。

邀请客人应男女人数相当，尽量避免同性共舞。

(2) 参加舞会的礼仪

① 参加舞会服装要整洁、大方，仪表要修饰。女子可以化淡妆，穿得漂亮些。男子也应适当讲究，一般穿西服，显得大方、文雅。头发要梳整齐。检查一下口腔、身上无蒜味、酒气，洒些香水是相宜的。

② 进入舞场，要先坐下来，观察一下全场情况，适应一下气氛。没有带舞伴的，更应当坐下来，慢慢地寻找合适的伴舞对象，最好邀请没有带舞伴的人，如果有熟悉的人伴舞当然更好了。国外正式的舞会，第一个舞曲，都是由高位开始，主人夫妇、主宾夫妇首先共舞，第二场主宾夫妇交换共舞，第三场才开始自由邀舞。

③ 邀舞一般都是男子邀请女子共舞，邀人跳舞时应彬彬有礼，姿态端庄。走至女方面前，微笑点头，以右手掌心向上往舞池示意，并说：“可以和你跳个舞吗?”或“可以吗?”对方同意后即可共同步入舞池。如果对方婉言谢绝，也不必介意，更不应勉强。

比如：

男：“可以同你跳个舞吗?”

女：“对不起，我有些不舒服。”

男：“噢，对不起，打扰了。”

这样男子亦不会难堪，反而显得更有修养，会受到女子的尊重。相反，男子如果说：“不舒服还不回去休息。”会搞得双方都很不愉快。

女士被人邀舞是对自己的尊重，一般不应拒绝。确实不想跳时，应当有礼貌地婉言谢绝：“对不起，我想休息一下。”对方走后，一曲未终不应再与别人共舞。

一般邀请没有同伴的女子或两位女伴在一起时，不容易被拒绝。如果女子丈夫或父母在场，要先向其丈夫或父母致意：“你好。”得到同意后再邀女方跳舞。最好不要向热恋中的青年女子邀舞，那十有八九要碰壁的。

如何邀请女舞伴是个很微妙的心理过程，要学会观察分析，要大胆还要心细，选择舞伴是注意与自己年龄、气质、身材、舞技相当才好。舞伴选好了，但是心虚胆战，畏首畏尾，永远不会与人共舞。只要与她相应，就应当充满自信，大大方方地走上前去。其实越是大方倒越不易被拒绝。但一定要心细，要观察动静，分析你所选中的舞伴。还要观察其他情况，如：有自己熟悉的女舞伴，有朋友向你招呼，舞池中有女士注目看你，这都可以为你邀请舞伴创造条件。

④ 进入舞池后，就可跟随舞曲曲式和节奏起舞。姿态要端正，身体要正直、平稳，切勿轻浮，但也不要过分严肃，双方眼睛自然平视，目光从对方右上方穿过。不可面面相向，不要摇摆身体，不要凸肚凹腰，不要把头伸到对方肩上。一般男舞伴的右手搭在女舞伴脊椎位置，不要揽过脊椎，高低可以根据双方身材而定。男子高的，可以揽得高一些，注意这时女子要把左手搭得低一些，甚至搭在大臂中下部。千万不要把女舞伴右臂架起来，既不雅观也不舒适。男子右手不要揽得过紧，以力量大小变化来领舞，切莫按得太紧太死，甚至把女方的衣服掀起，搞得很不雅观。

跳舞中间，踩住对方的脚了，要说一声：“对不起，踩着你了。”旋转的方向应是逆时针行进，这才不致碰着了别人。碰着了别人，要道歉，或微微点一下头致歉。

⑤ 一曲终了，男子要对女舞伴致意，可以说：“你的华尔兹跳得真好。”“你的动作反应快，和你跳舞很轻松，谢谢。”并把女舞伴送回原来的位置。

休息时，不要抽烟，乱扔果皮，不要大声喧哗，不要在场内来回走动，不要拉住朋友长谈不止。

⑥出席舞会，在时间上不像出席会议那样有整齐划一的要求，相对来说比较自由灵活，允许晚去一会儿，也可以中途退场等，这些都应当视为正常现象。

3. 沙龙的礼仪

“沙龙”是法文 Salon 的音译，法文原意为“会客室”、“客厅”。17 世纪末期至 18 世纪，法国巴黎的文人和艺术家经常接受贵族妇女的招待，在客厅聚会，谈论文艺等问题。后来，就把有闲阶层的文人雅士清谈的场所叫做“沙龙”。到了现在，沙龙已经逐步形成为室内社交聚会的一种形式。

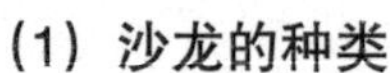

(1) 沙龙的种类

沙龙的类型多种多样。

① 社交性沙龙

由较熟识的朋友、同事结成的定期或不定期的聚会，如同乡联谊会等。

② 学术性沙龙

由职业、兴趣相同或相近的人组成的，以探讨某一学术问题为主要目的。

③ 应酬性沙龙

以接待来访者、谋求增进了解和友谊为目的，如接待客人来访的座谈会、茶话会、舞会等。

④ 文娱性沙龙

以联络感情和相聚娱乐为目的，如家庭音乐会等。

⑤ 综合性沙龙

兼有多种目的，促进人们自由交谈，增进了解，如酒会、家庭晚宴等。

(2) 沙龙聚会时的礼仪

虽然沙龙聚会形式比较自由、随便，但毕竟是聚会，仍应当讲究必要的礼仪。

① 应当明确聚会的时间、地点等，并让每一个参加者都知道。

② 赴会的人，要按时到场，不要太早也不要迟到。来时可带鲜花或其他小礼品。穿着要得体，穿衣服不一定要讲究料子，但一定要熨平整，干净利落。如果衣服皱皱巴巴，歪歪扭扭，只能给人以邋遢的印象。男士要注意外衣、衬衣和领带颜色的调和。女士的衣着当然就更要讲究整洁悦目。参加不同类型的沙龙，着装也要与其相适应。正如你不能穿运动服出席交响乐演奏会，也不能穿着晚礼服去观看球赛。

③ 交谈真诚。沙龙是展示个人修养、结交新朋友的重要社交形式，所以，交谈务必真诚。要言之有物，言之有理，紧紧围绕主题，防止空洞无物，信口开河。不能为了哗众取宠，故作惊人之语。不要自以为是，滔滔不绝，瞎侃一气，以免弄巧成拙，在众人面前失态。交谈有适度的幽默和风趣是必要的，可以活跃沙龙的气氛，但不要说些庸俗的俏皮话或语带讥讽，也不可违心地对别人进行肉麻的吹捧。

④ 要尊重别人。不轻易打断他人的发言，插话时要礼貌地说一声“对不起”。

⑤ 举止文雅大方。文雅大方、彬彬有礼的举止有助于树立良好的形象，赢得大家的信任、友谊和尊敬。有的人常把不拘小节、不修边幅作为洒脱的体现，殊不知小节不拘失大礼。比如，随地吐痰、当众抠鼻子、挖耳朵等举止，看似很小的动作，却是有伤大雅的，显得粗俗不堪。因此，在这样的社交场合，应该私下处理一些不雅的小事情，尽量避开众人的注意。

(3) 新闻发布会的礼仪

一个单位或组织要想让其他单位或公众了解自己的一些情况，从而建立相互信任、真诚相待的友谊，确立自身良好的社会形象，那么，最快的、最好的方式就是举行新闻发布会。通过公众可以信赖的新闻媒体，把组织的想法、计划等情况，开诚布公地传播出去。

新闻发布会又称记者招待会，是组织召集新闻记者并由发言人发布信息或回答记者提

问的一种传播方式，其目的在于协调组织与公众的关系，赢得公众的理解和支持，创造和谐的社会环境，吸引更多的支持者和合作者，促进组织目标的顺利实现。

新闻发布会的礼仪规范，主要有以下几个方面：

① 主题明确

新闻发布会的组织者一定要明确主题，以便确定邀请新闻记者的范围，做到有的放矢。如果主题不明，新闻记者就不可能按照组织者预定的目的传播信息，甚至会弄巧成拙，损害组织在公众中的形象。

② 准备好资料

认真准备好新闻发布会所需的各种资料，如会议所需的文字、图片，主持人的发言稿，发言人答记者问的备忘提纲，新闻统发稿以及其他背景材料、照片、录音、录像等等，以便开会前分发给记者，供他们提问、写新闻稿时参考。

③ 选择好发言人

举办新闻发布会，一般由单位指定的发言人发布信息或回答记者提问。因此，事先确定好新闻发布会的发言人至关重要。发言人应能随机把握会场气氛，措词文雅而有力，风趣而庄重，头脑要机敏，口齿清晰，具有较强的口头表达能力，尤其是当记者提出一些棘手的、尴尬的或涉及组织秘密的问题时，发言人更要头脑冷静，要么随机应变，要么用躲闪的方式避而不答，绝对不能认为这是记者在无理取闹而横加指责。

总之，开好新闻发布会是塑造良好社会形象的重要活动，可以有效地提高知名度和美誉度。

4. 大型会议的礼仪

（1）会议的性质和种类

① 会议的性质和作用

会议是党政机关、企事业单位和群众团体处理重大事务，商讨问题，作出决策、总结经验、交流信息、协调关系的重要工作形式。在社会交往中，也是一种有效的手段。

3 个以上的人聚在一起商讨、研究某项事情就可以称作会议。会议这种形式古已有之，对于机关单位来说，开会，是集思广益、避免失误的一种民主形式，会议制度是集体领导体制的主要工作方式方法。

随着经济体制改革的不断深化，改革开放的不断发展，企业之间和地区之间也常用会议的形式开展交流和协作活动。运用这种形式，可以在比较短的时间，花比较少的经费取得较大的效益。

② 会议的种类

会议的种类复杂多样：

a. 按范围分：有全国性会议、省（市）级会议、地（厅）级会议、县级会议和单位内部会议；不同系统，不同行业，不同专业也有各自的会议。

b. 按性质分：有党派会议、政务会议、群众组织会议、经济工作会议。

c. 按时间分：有长期固定的会议，有临时性会议。

d. 按规模分：有大型会议、中型会议和小型会议。

e. 按内容分：有综合性会议、有专题性会议。

③ 会议要求

开会要把许多人组织在一起，为了一个目的进行有条不紊的活动。组织好一次会议，任务相当复杂繁重，因此，会前的准备要考虑周到，安排具体、工作落实；进行中要精确指挥，协调一致，严格纪律，按部就班；服务工作要热情周到，耐心细致；会后要处理好善后，确保整个会议圆满成功，紧张有序，安全高效。

(2) 会议准备工作的礼仪

要开好一个会议，准备工作是十分重要的。会前周密详尽的准备，是会议圆满成功的基础。会议的准备工作，包括以下几个方面：

① 建立组织

召开一个会议，要有许多人参与组织和服务工作。这些人应有明确的分工，各负其责。建立各种小组，可以使他们在统一领导之下，各自独立地开展工作。一般会议由大会秘书处负责整个会议的组织协调工作。秘书处下设：

a. 秘书组，负责会议的日程和人员安排、文件、简报、档案等文字性工作。

b. 总务组，负责会场、接待、食宿、交通、卫生、文娱和其他后勤工作。

c. 保卫组，负责大会的安全保卫工作。根据会议规模的大小、性质的不同还可以增设其他必要的小组。

② 明确任务

全体工作人员，应当明白本次会议的目的，主要解决什么问题，更要明确自己的工作任务及具体要求，以保证不出差错，不贻误工作。

③ 安排议题和议程

秘书处要在会前把会议要讨论、研究、决定的议题搜集整理出来，列出议程表，提交领导确定。根据确定的议题，安排日程，以保证会议有秩序地进行。

④ 确定与会人员

确定与会人员是一项很重要的工作。该到会的，一定要通知到；不应当到会的，就不应当参加。这里出现了差错，后果是很严重的。确定与会人员，可以采取以下方法：

a. 查找有关文件、档案资料；

b. 请人事部门提供；

c. 征求各部门意见；

d. 请示领导。

大型会议，还要对与会人员进行分组，便于分头讨论，组织活动。

⑤ 发出通知

名单确定后，即可向与会人发出通知，便于他们做好准备工作。有时准备工作量比较大，而距离开会时间还远，可以先发一个关于准备参加会议的通知。在开会前，再发出开会通知。

通知一般用书面形式。内容包括：会议名称、开会的目的、内容、与会人应准备什么、携带什么、开会日程、期限、地点、报到的日期、地点、路线等。

与会人接到通知后，应向大会报名。告知将参加会议，以便大会发证、排座、安排食宿等。

⑥ 会　场

会场布置和安排是会议的又一项重要工作。会议的气氛主要靠会场的布置来渲染。会议室应当根据会议的内容来安排，或庄严肃穆、或郑重朴素、或明快大方、或热烈欢快，总之，会场的布置应与会议内容相协调。

主席台，设在与代表席对面的地方。现在一般在主席台前设讲台，用于发言人讲话。主席台上可适当摆放鲜花点缀。主席台背后悬挂会标或旗帜，会议名称的标语悬挂在主席台上方。

⑦ 座　次

代表席的座次应当统一安排，照顾全面。因为座位有前有后，有正有偏，在排座位时要根据不同情况，妥善安排，照顾到各个方面。

⑧ 印制证件

证件是出席会议的证明，是与会者身份、资格、权利、待遇的证件。代表证、记者证、工作人员证要用不同颜色的字或纸印刷，以示区别。

⑨ 接待和报到

外地代表到达时，应安排工作人员到车站、码头、机场接站。

到驻地后，持通知书到大会报到处报到。报到处接待人员应礼貌接待，验看有关证件后即安排食、宿，登记联系的地点、方式、并发给证件、文件等。

报到人数至少每天向秘书处汇报一次。

(3) 会议中的礼仪

大会开幕，会场内外还有大量工作要完成，各部门要按照分工开展工作，保证会议顺

利进行。

①签　到

代表进入会场要履行签到手续，以便统计人数和凭证明入场。小型会议，可以在入口设签到处，代表入场时，先在签到簿上签上姓名，即表示到会。大中型会议不用这种方法签到，否则会造成入口处拥挤、混乱。一般可采取事先发签到卡，代表在入口处，把签到卡交给签到处工作人员，即表示签到。

统计人数要准确，及时、迅速、随时准备领导询问代表到会情况。这项工作看似简单，实际要搞好是很不容易的。比如领导询问到会几个人，正式代表到了几人、缺几人，就不那么容易统计了。

签到统计工作有两种方法：

a. 签到工作人员事先把代表座位的分配情况——代表座次取来，签到时，收了签到卡后，按排、按号进行销号处理，这样便可以随时掌握实到、缺席人数和姓名了。

b. 如果只要求人数，就只点签到卡的数量便可以了。

②安排发言

大会发言要事先排定人选和次序，秘书处可以提出初步意见，请领导确定。确定发言人应注意3个平衡：

a. 领导人之间的平衡：高一级领导或主要领导的发言，如果是开幕词，动员性的、启发性的，应安排在第一发言。如果是总结性的，综合性的，则放在最后。如果是讨论发言，座谈发言，应交叉安排，以使会场更生动活泼。

b. 单位平衡：发言单位的选择，应首先注意典型性，其次才照顾单位与单位之间的平衡。

c. 内容平衡：发言人的内容应都是围绕一个主题内容，不同内容安排在一起不便于集中思考和会后讨论，因而效果不好，如果内容属同类，可以只安排一个人发言。

③记　录

会议记录是对发言内容进行的客观文字记录，以便进行分析、研究、综合、整理，它是会议简报、纪实、决议的主要依据。因此，一次重要的会议，都应当有专人记录。

会议记录有的使用专门印制的会议记录本，有的是一般的笔记本，不论哪一种，都应当标明：会议名称、时间、地点、出席人、列席人、缺席人、主持人、发言人和记录人。

记录分详细记录和摘要记录，记录要真实、准确、完整，摘要记录也不要把发言的重点内容、基本主题漏掉。

④选　举

大会如果有选举议程，应当倍加慎重，因为选举是实行民主、平等的一种重要形式，是代表们行使权力的具体体现。

a. 准备选票：事前应核对具有投票权的人数，弄清候选人的名单，然后印制选票。选票

应印两套，其中一套作为第一次无效时备用，选票应盖上秘书处印章，由专人密封保存。

b. 投票：根据投票人的多少，准备投票箱，人数多的会议，投票箱按区分设，要事先划定投票路线和投票顺序；为了避免混乱，在开始投票时可由一个人进行引导，引导每一排排口上的第一人走上投票路线。

在票箱前要有大会推选监票人监票。投票前，大会主持人要讲清楚投票注意事项。

c. 选举统计：打开票箱后，先核对投票张数与发票张数是否一致。多于发票数的，则为选举无效，应重新投票。每一张票有效、无效，按大会规定统计。

⑤ 服务和保卫

a. 音响装置要反复调试，音量、音质调到最佳位置。

b. 做好茶水供应。

c. 主席台座位要放置小毛巾、铅笔、纸张。

d. 会议内外要安排好安全保卫工作。

(4) 会议外的工作礼仪

在会期较长的情况下，如几天、十几天，除以上会场上的工作外，会议组织者（主要是秘书处）在会场外还有某些工作要做。

① 统计人数

大会开始后，即应精确地统计人员：原计划人数、通知人数、报名人数、参加每次会议人数、每次会议缺席人数、投票人数等。还应统计缺席人员的姓名、原因等。

② 编发简报

会议期间，为了互通情况，还要编发简报。编写简报主要依据会议记录来拟写，简报应意简言明、印发迅速、及时发给各位代表。

大会秘书部门还要在会议文件工作上做大量工作，整理发言稿，起草纪要、决议等，还要对文件做印刷、分发、回收、立卷、存档、保管、备卷等一系列工作，使会议的进程、面貌、成果得到记载和保存。

③ 组织活动

大型会议在会外，还应安排一些相应的活动，如座谈会、茶话会、酒会、宴会、接见、留影、祝词、参观、晚会、舞会等。这些活动秘书部门应事先作好日程、人力、物力的安排，做到有条不紊。在安排活动时应注意领导同志的负担能力，过于繁重、密集，会影响主要工作和身体健康。活动的事先安排准备应尽可能详尽、准确、周到、简练，保证大会的正常进行。

(5) 与会人员的礼仪

会议是多种人员相互交织，为一个目的共同进行的一种复杂的、有组织的人际交往活动。一个会议要取得好的效果，除了会议组织严密、服务周到外，所有与会议有关的人员

都应当讲究礼仪。

① 会议组织者的礼仪

a. 目的明确。会议的组织者自己对会议要达到什么目的要清楚明白，这是精简、高效地开好会议的关键。在向工作人员安排工作任务和向参加会议的代表发出通知时，都应当讲清楚，使大家心里有数，有备而来，这样才能保证会议的基本质量。

b. 日程清楚。会议什么时间开，什么时间结束，哪一天干什么，要让大家知道，使大家有所准备，事先作好安排。

c. 地点具体。大会、小会、汇报、座谈在哪个场地，应当明确具体地通知到与会人，会场门口应有明显标志。必要时可事先印发或张贴会场位置示意图。

d. 分工明确。主持人、工作人员、服务人员提前到位，应把场地事先布置停当，迎接代表到来。

e. 注意迎送。对代表和嘉宾要认真组织迎送。注意规格和形式。在会议进行中，对代表进出会场也应安排迎送。开小型会议，主持人要亲自迎送。

② 其他人员的礼仪

a. 主持人：主持人是会议的组织者、领导者。主持会议，事先要对内容、程序、时间和人员安排作到心中有数。主持时要严谨、认真。不同性质和内容的会议，可以表现不同的主持风格。有的庄重严肃，有的轻松活泼；有的庄严肃穆，有的欢快喜庆；有的隆重，有的简朴。主持人应当把握会议气氛和进行节奏，主持人要处处尊重听众，尊重发言人，防止语言、表情作出不礼貌的表现。

b. 主席团：主席团成员首先要明确自己的身份和责任，严格要求自己，以身作则，率先垂范，成为所有与会人的楷模。出席会议要守时，决不可迟到。确实不能按时出席的必须及时请假，通知主持人或有关工作人员。入场要按照顺序井然入座，不可临时推推让让，故作姿态。如果会场有掌声欢迎，主席团应鼓掌微笑致意。

在会议进行中，主席团成员不得任意离开、左顾右盼、交头接耳，要精神专注地倾听发言人的发言。需要鼓掌时应当及时鼓掌，鼓掌要随众而起，随众而止，动作要适当节制，不要显得漫不经心。

散会时，要和大家一起起立，不要提前、也不要落后。然后依次退场。

c. 发言人：发言人是会场的中心人物，对会议的质量有着首要的作用。发言人的发言要言之有的、言之有理、言之有物、言之有味，使听众能了解主旨，有所收获。发言人要尊重听众，尊重主持人，遵守会议纪律。

发言人要注重仪表和举止姿态。要衣着整洁、举止庄重、表情自然、精神焕发。发言前，要环顾全场，向听众致意，如有掌声，亦应鼓掌还礼。发言时，要讲究语速，不快不慢；讲究音量，不高不低；讲究节奏、语气、声调；始终要保持感情充沛，重要的地方，要加重语气，提高音调，形成高潮。如果会场出现松弛，听众精神涣散时，应考虑调整语

气，稳定情绪，必要时应调整内容，压缩时间。报告结束时，要向听众和主持人致谢。

d. 会议嘉宾：会议嘉宾与主席团一样，在会场中占有重要位置，作为嘉宾参加会议，除了必须像主席团成员那样讲究礼仪外，还应当注意了解会议内容、程序和对本人的要求；了解会议时间、地点和有关规定。参加会议要守时、礼貌、客随主便，听从主人安排。切不可马虎了事，敷衍应付，甚至高傲自负。

e. 会议代表：参加会议的代表，要遵守纪律、讲究礼仪。进入会场，要轻声轻气，动作要严谨轻缓，发言人开始和结束发言时，要鼓掌致意；重要的贵宾讲话时，可以全体起立，并报以鼓掌。发言人发言时，要认真倾听，必要时要作记录；不要交头接耳，左顾右盼。会议期，间与会者一般不应离席，确实必须离开时，应当向有关人讲明原因，离席时要弯腰、侧身、尽量少影响他人，并表示歉意。

5. 一般性会议的礼仪

（1）例　会

例会是指有固定时间、固定人员、固定地点的制度性会议。例会礼仪注意以下几点：

① 按时出席

例会是制度性会议，不必再事先通知，因此也容易忘记或忽略。与会人应当在自己的日程安排表上作出标记，以防忘掉。确实不能出席的应当请假或安排恰当人员代表自己参加，并告知主持人。

② 精练务实

例会内容一般都是大家职责范围内的事务。所以例会必须精练、简朴、短小、务实。为了做到这些，参加会议的人应当事先做好准备，在开会时才能言之有物，言之有的。主持会议的人，应当把握好顺序和节奏。发言要一个挨一个，不要出现冷场。讨论时不要相互打断别人的发言，发生争执时要告诫大家保持发言次序和应持态度。防止跑题、重复、争执不休。注意要让所有与会者发言。

（2）报告会

报告会是请专家学者、先进人物或领导干部或其他人士进行专门报告的会议。报告会内容常见的有专题报告、学术报告、形势报告、先进事迹报告、典型报告等等。报告会可以是一个人报告，也可以多人报告。

报告会应注意以下几点：

① 选好报告人

报告人是报告会第一位重要的人员，应当认真选择。要选择与会议主旨密切相关的、

有专长、有造诣、有影响的人作报告人。

② 介绍情况

主办单位要向报告人介绍举办报告会的目的、意义，对报告人的希望要求，介绍有关背景、听众情况。

③ 以礼相待

要注意安排好接、送工作和招待应酬。报告前，主持人要向听众介绍报告人，并在场作陪。报告结束时，可以作扼要、简洁的讲话，并向报告人致谢。需要录音或事后印发的，应事先征得报告人同意。

主持人要注意会场秩序。报告结束后，要请报告人先退场，然后听众再退场。防止一哄而起，与报告人争路。

(3) 座谈会

座谈会是邀请有关人士一起，围绕某一问题进行讨论，或为沟通情况、增进感情而进行交谈的会议。座谈会应注意以下几点；

① 通知具体

通知参加座谈人时，要把目的、内容、形式、时间、地点和要求讲清楚，还要把谁出面举办、谁主持、哪些人参加，有无接送车等告诉参加者，使其有备而来。

② 讲究礼仪

组织者要搞好迎、送、招待工作，主持人在座谈开始时，要向大家介绍与会人。座谈会虽不如大型会议郑重、严格，也要注意座次的安排，主持人可以和大家围坐，对主要与会人应安排在距主持人较近的位置。

主持人首先介绍会议目的，内容和座谈形式。为防止冷场，可以会前先安排几位人员带头发言，在以后的发言中也可以用点将的方法依次进行发言。

③ 座谈会应有一个热烈、融洽的气氛

讨论中，应活跃、尽情。主持人应注意鼓励插话、争论，要求大家知无不言，言无不尽，注意要使每个到会的都有发言的机会。

6. 家宴的礼仪

(1) 家宴的准备

家宴是指邀请友人到自己家里吃饭。请客通常是在节假日或其他喜庆日子与亲朋好友欢聚，在兴箸端杯之间，共享快乐、庆祝喜悦，并借此交流感情，增进友谊，加强团结。请客是一种传统的礼节形式，也是开展社交活动的重要手段。

家宴的东道主，总是希望把菜肴准备得丰富、阔气些，表现出自己对客人的热情与敬重，博得客人的满意。在人们的习惯心理中，似乎菜肴越多、档次越高，效果越好。其实，家宴毕竟是家宴，不宜盲目追求奢华。家宴的饭菜准备，应因人而异、因事而异，还要量力而行。应当清楚，亲朋好友相聚，主要目的是“叙”，其次才是“吃”，对不太熟悉的客人或久别重逢的亲友，才适合准备得丰盛些。

家里请客，准备的重点要放在一个“情”字上。周到的礼节，热情的招待，比饭菜的质量更能取得客人的好感。

① 时间选择

请客时间应当选择在大家休息的日子，在一日三餐中，我国一般以午餐为正餐，西方国家请客常在晚上。随着我国经济生活的变化，以晚餐请客的也日益增多。选择时间，应同主要客人当面商定或电话商定，其他客人可以当面、电话、书面约会或邀请。隆重的家宴可用请柬邀请，以示郑重。

② 菜肴准备

家宴不必太丰盛，但是品种上应尽量照顾到，冷菜、热菜、大菜、汤类都要准备，饭前用酒的，冷菜要多些，会饮酒的人少或不用酒的，冷菜可少些。菜的档次要适当，不要一味追求高档，过分铺张。烧饭做菜是件繁重复杂的劳动。主人只顾忙于烧菜反会怠慢客人，影响与客人交谈。

酒类及饮料是不可少的。饮酒的过程，是交谈、叙旧，增进感情的好时机。适时的敬酒，得体的酒令，会为家宴创造欢乐的气氛。所以，有句俗话叫“无酒不成席”。应根据客人的情况准备白酒、果酒、啤酒和饮料，以使客人尽兴。

③ 其他准备

客人来之前，要把房间整理一下，门庭、楼梯也要打扫干净。要告诉家里人；特别是要教育好孩子，对客人要热情欢迎，盛情接待，讲究文明礼貌。有老人的，请老人陪客叙谈，大些的孩子在厨房帮个下手，小些的可以安排在另外房间看书、看电视，不要常来打扰。迎客入席的礼仪

客人到来，全家人都要出来表示欢迎，并殷勤接待，然后按照事先的安排，全家人分头行事，倒茶的、递烟的、叙谈的、下厨房的，显得热情融洽，使客人感到无限温暖。

菜上妥后，便可请客人入席。

客主入座，非常讲究，不能马虎。长幼、宾主依席次而坐。长者坐首席，没有长者的，重要的客人坐首席。

(2) 用餐的礼仪

客人全部入席后，主人便可斟酒开宴。先从主客斟起，以下可按顺时针方向依次而斟，到本人位前要隔过去，最后自斟。

斟酒不要过满，七成即可，以免溢出，不太雅观。斟啤酒、饮料要慢些并贴着杯壁，防止泡沫外溢。

饮酒一般从祝酒、敬烟开始，继而劝酒，最后行酒令。这个过程，各地风俗习惯各有不同，但都不外乎以下几点：

① 边饮边叙边吃；

② 气氛越来越热烈，到行酒令时形成高潮；

③ 敬酒、劝酒、搜肠刮肚，寻找理由；

④ 主人希望客人尽兴；

⑤ 没有喝醉的，总是说醉了，不能再喝了；喝醉的人，反倒豪爽起来，不喜欢别人说他醉了。根据这些情况，主人应该注意掌握席间情绪，既要使客人尽兴，又要注意文雅、礼貌，更不可过量，不使酒后失态。

酒可以健身活血，人称“欢伯”。亲友相聚，置备薄酒，浅斟小酌，低吟慢侃，其乐无穷。但现在有的人不饮则罢，一饮必醉方休。礼貌的劝酒也变成了干脆的灌酒；酒宴上“张牙舞爪”，不灌醉不罢休，让不喜欢饮酒的客人窘态百出，甚至胡言乱语，疯疯癫癫，这还有何礼仪可谈，算什么礼貌待客？这样的宴会，何欢之有，其乐何在？诗人陆游对这种硬劝蛮灌就非常不满，他写诗道：“醉对犯呼，醒后追思空自责。”在宴会上，应当保持我们民族热情好客的优良传统，提倡劝者尽其情，饮者度其量，使宴会在热情的气氛中进行，在欢乐的气氛中结束。

整个席间的气氛非常重要，是否亲切、热烈、欢乐，全靠主人掌握并及时调整、引导。若进餐过程处于安静状态，就失去宴会的意义了，主人要不断地说一些大家都感兴趣的话题，所提话题应当照顾全面，使每位客人都有可能参与交谈。

宴会进行高潮，如果有过热的情况，主人应设法降一降温。宴会后半段时间，往往出现冷场，主人应精神饱满地寻找新的话题，使宴会自始至终保持热烈气氛。

7. 庆典和仪式的礼仪

(1) 典礼的种类

典礼是一种常用的和隆重的仪式。办一件事通过举行典礼仪式，会产生强烈的效果。一方面可以表示自己的郑重、庄严，渲染出与内容相应的浓烈气氛；一方面可以引起社会各方面和广大群众的注意和重视，强化效果。典礼有多个类型：

① 按性质分

a. 政治性典礼：用于政治生活中的重大事项。如开国大典、国庆典礼、授勋典礼、揭

幕典礼等。

b. 经济性典礼：用于企业单位经济活动中的重大事项。如开业典礼、落成典礼、周年典礼、签字典礼等。

c. 日常性典礼：用于机关、团体、企业、事业单位，或社会团体日常工作的重大事项。如开幕典礼、开学典礼、奠基典礼、表彰典礼、誓师典礼等。

② 按内容分

a. 开始性典礼：指用于某一件大事开始的典礼。举行开始性典礼，显示出郑重、严肃，通过典礼的形式，对参加典礼的人进行宣传教育，使有关人员了解这件事项的目的、意义和作用，动员有关人员统一意志、振奋精神、开展工作，或者让人给予关注、重视等。如开幕式、开学典礼等。

b. 结束性典礼：指用于某一件事结束的仪式。目的是对某项工作、活动的胜利结束表示庆祝，通过典礼对有关人员进行表彰，使整个工作、活动善始善终。如毕业典礼、竣工典礼等。

（2）典礼的准备礼仪

准备工作是典礼活动组织工作的重要环节，可以说，准备工作做得充分、周密，典礼就等于成功了一半。

① 明确规模

典礼的准备工作首先要确定规模大小。东道主主要根据典礼的需要精心拟定出席典礼人员的名单。邀请宾客应考虑周到，为使典礼显得隆重，一般要特别邀请几位身份比较高的贵宾参加。邀请宾客的多少，应根据需要与可能，即经济力量、场地条件和接待能力等来确定。

② 组织分工

典礼活动所用的时间虽然不长，但事关重大，所以对典礼活动各项繁琐的准备工作，事无巨细，均不可疏漏。要请几位精于此活动的人员进行统筹策划，作出明确分工：有的负责邀请和接待客人；有的负责典礼的程序和进行；有的负责后勤保障；有的负责全面领导和协调。全部工作人员各负其责，协调配合，保证典礼圆满成功。

③ 拟定程序

典礼程序是典礼活动的中心环节，典礼的效果如何，主要由程序决定。拟定程序，要首先选好主持人，也称司仪。主持人应当精明强干，口才较好，有应变能力，并且熟悉各方面情况。因为主持人担负着掌握进程、驾驭全局、调节气氛、处理随时出现的问题的重任。典礼程序一般由：宣布典礼开始、公布贵宾名单、致辞、答辞和礼成等几个项目组成。不同的典礼还要安排不同的有关项目，使整个典礼过程完整、协调。在拟定程序的同时，还要安排落实致辞人的人选，每个人的发言应当言简意赅，切忌冗长。

如有其他活动，也要事先落实人员，交待清楚各自的职责和要求。

④ 布置场地

要根据典礼的规模、时间、形式的要求来安排场地，并进行布置。不同的典礼布置的格调各有不同，要根据当地的风俗习惯安排。场地的音响设备要保持情况良好，有的还要安排锣鼓、鞭炮和乐队，以渲染气氛。

⑤ 后勤工作

典礼的后勤工作相当繁重，稍有不慎就会出现漏洞，所以，事先要有充分准备。对经济账务、所需物品、来宾的接待、食宿交通等，都要安排专人负责。

⑥ 发出通知

在确定了宾客名单之后，即可发出通知。通知的形式可以用书面形式——即请柬，也可以用口头或电函形式。对重要的贵宾应当由东道主亲自出面邀请，并呈请柬。有的还可以用在报纸上刊登启事的形式发出邀请。

(3) 典礼过程中的礼仪

典礼开始以后，工作就应当按照事先的计划有秩序地进行，工作人员按照各自分工分头开展工作。

① 接待宾客

宾客到来，接待人员应立即以礼欢迎，并引导到休息室。需要签到的应当让宾客在签到簿上签到。贵宾到来，由东道主亲自迎接，并陪贵宾交谈、休息，等待典礼开始。

② 检查巡视

在典礼临近开始时，要检查一下各方面工作是否完备，重要的宾客是否到齐。发现问题及时处理。时间一到即请东道主、贵宾和有关人员入场就位。

③ 进　行

典礼由主持人宣布开始后，按顺序进行。开始可用鸣炮、鼓掌或奏乐烘托气氛，然后宣布主要客人的名单，再依次致辞发言和其他活动，最后宣布礼成。

典礼结束后要及时欢送宾客，处理善后，结算账目，清理现场，慰问工作人员等，使典礼始终保持严密的组织，严格的纪律，完整的程序。

(4) 颁奖仪式

对先进个人和先进集体进行表彰和奖励，一般都要举行一个隆重的仪式，表示出郑重严肃的态度。这既是对先进的肯定和鼓励，也是对群众进行宣传教育，树立榜样，扩大影响，振奋精神，推动工作的有效方式。

颁奖仪式，除了做好一切准备工作之外，还应注意以下几点：

① 会　场

a. 会场应选在较大的场地进行。主席台上方要悬挂大红横额，写明“颁奖大会”。两

旁还可悬挂相应的口号与标语或对联。主席台后面，可悬挂彩旗、会标等。

b. 主席台上设供领导人就座的桌椅，桌上摆上写有领导人姓名的座次牌。可以另在正前方或侧前方设发言席。

c. 受奖人一般安排在观众席前排就座。

② 程　序

颁奖典礼的程序一般是：

a. 宣布表彰典礼开始；

这时可以播放欢快的音乐和燃放鞭炮，隆重的可以安排乐队演奏音乐。

b. 主要领导人讲话；

c. 宣布先进集体和先进个人名单；

d. 颁奖；

e. 先进集体或先进个人代表发言；

f. 群众代表发言；

g. 散会。

③ 主持人礼仪

主持人一般由本单位的负责人担任。

主持人应当熟悉仪式各个程序，事先作好安排，保证准时开始。主持程序时，要精神饱满，热情洋溢。要顾及台上台下各个方面，审时度势，随机应变，使会议保持隆重热烈的气氛。

④ 报告人礼仪

a. 衣着整洁、大方；

b. 仪态自然、步履稳定。报告时，身体正直，稍前倾，不要趴在讲台上，或靠在椅子背上。

c. 讲话要有激情，注意节奏。

⑤ 颁　奖

颁奖是仪式的高潮，但安排不当，常常发生混乱，应注意：

a. 以受奖人上台的次序为依据，事先排好奖品和发奖人的顺序。发奖时，工作人员按事先分工专门递送，使发奖场面热烈、欢快而井然有序。

b. 颁奖、受奖要用双手，颁奖人要主动与受奖人握手致意，表示祝贺。

c. 如有新闻单位，或需要留影，则在全部颁奖后，受奖人排在前排，为摄影摄像提供方便。

⑥ 受奖人礼仪

a. 着装整洁、大方、端庄、仪态自然。

b. 上台受奖时要依顺序出入上下，不要左顾右盼，不要忸忸怩怩。

c. 受奖时，要面带笑容，双手接奖，并表示谢意。然后转过身来，面向全场观众鞠躬行礼，并可举起奖品向观众致意，要及时走下主席台，使会议继续进行。

d. 致答辞时，要注意对各方面评价得当，防止过于谦虚、过分客套。

(5) 开幕（开业）式礼仪

一个企业、一个组织的开幕、开工、开业，总希望第一次亮相便为自己创造一个良好的社会形象，扩大影响，提高知名度。举行隆重、热烈的开幕、开业典礼，是一个常用的形式。通过典礼，首次向社会展示自己的形象，表现出领导人的高度组织能力，社交水平和文化素养。典礼中的致辞，更可以宣传企业的宗旨、目标、地位和实力。第一次亮相在人们头脑所形成的第一印象是深刻的，不易磨灭的。所以，开幕、开业典礼都要精心筹划。

开幕、开业典礼的程序一般是：

① 宣布典礼开始

这时可以安排锣鼓、鞭炮或音乐，使典礼一开始便形成一个隆重、热烈、喜庆的气氛。

② 宣读重要宾客名单

政府有关部门负责人、社会名人、同行领导、新闻单位的参加，会使企业增加知名度，显示自己的地位，为典礼增加光彩。

③ 上级领导致贺辞

上级领导致贺辞的内容包括对开幕表示祝贺，指出该企业的意义、作用，并提出要求等。

④ 东道主致辞

由开业单位的领导介绍本企业的情况、宗旨，对各位宾客的光临表示感谢，欢迎顾客惠顾等。

⑤ 剪　彩

剪彩的目的是创造一个郑重、欢快的气氛。参加剪彩的除主方主要负责人外，还要事先邀请宾客中身份较高，有社会声望的知名人士共同剪彩。剪彩后可以安排群众喜闻乐见的民间文艺活动。

开幕典礼，形式不复杂，时间也不长，但一定要隆重热烈，丰富多彩，给公众留下美好难忘的第一印象。

(6) 交接仪式

当一项重要的工程竣工后，为了表示郑重严肃，施工单位和使用单位可以在交付使用时，举行交接仪式。

① 会场布置

a. 交接仪式一般在现场举行，如果不方便，可以另选场地。在现场可以给人以身临其境的感受，比较直观。

b. 布置要隆重、热烈，又不铺张浪费。会场正面应悬挂“×××交接仪式”横额。周围可以用标语、彩旗渲染气氛。还可以安排乐队，进行演奏。

c. 主席台可以搭台子，可以因地制宜选择建筑物大门的台阶上；也可以在平整开阔的地面。

② 人员安排

a. 邀请来宾，要兼顾双方意见，除邀请双方上级、双方领导外，还要注意邀请对工程给予支持和帮助的单位和个人。

b. 双方协商、明确落实组织者、主持人、现场分工、服务接待等。

③ 程　序

a. 介绍贵宾

b. 宣布交接仪式开始；

c. 奏国歌（一般性工程不奏）；

d. 交接有关证件、文本、资料；

e. 交付方讲话；

f. 接受方讲话；

g. 有关代表祝贺；

h. 双方代表表示感谢；

i. 剪彩。

④ 注意事项

a. 仪式收有贺信、花篮的，应在主席台前展示。主持人还应宣布祝贺单位。

b. 迎接、安排来宾要热情、礼貌。

c. 要有始有终，特别是在结束后，要对来宾照顾周全。

d. 结束后如有参观、文娱活动或宴请，应事先告知来宾，并安排好引导人员及时做好先导服务。

（7）签字仪式

机关、团体、组织或企事业单位之间，经过协商，就某项事情达成协议，形成一个约定性文件，一般应举行签字仪式。

① 准备工作

a. 文本：对即将签署的文件，要事先由双方定稿，并印刷、装订妥当，双方各备一份。

b. 签字人：视协议的性质确定，涉及面大的，应由主要负责人签字，涉及某一单项工作的，可由主管负责人签字。

c. 场地：选择宽敞的大厅，中间设长方形签字桌一张。桌面洁净，可铺深色台布，桌台放两把椅子，为签字人的座位。主方在左，客方在右（指其主观位置）。

文本可事先摆在双方桌面，也可由助签人或其他工作人员携带。

② 签字程序

a. 双方人员进入签字厅：签字人行至本人座位前站立等候。双方其他人员分主客并按身份顺序站在本方签字人之后。双方主要领导居中。助签人站在签字人靠边的一侧，来宾和新闻记者站在桌子前边，留适当空间。

b. 签字开始：双方助签人拿出文本，翻开应签字的一页，指明签字的地方。签字人在本方保存的文本上签字，必要时助签人要用吸墨器吸去字迹上的水分，防止污染，然后双方助签人互相传递文本。签字人再在对方保存的文本上签字。随后签字人双方交换文本，相互握手。

这时站在后面的双方有关人员也依次握手祝贺。有的还准备有香槟酒，在签字后共同举杯祝贺。

c. 结束：签字后，双方相互握手庆贺，这时可以留影纪念，也可作简短讲话，然后结束。

③ 签字仪式现场

a. 签字桌　b. 双方国旗　c. 客方签字人　d. 主方签字人　e. 客方助签人

f. 主方助签人　g. 客方参加人员　h. 主方参加人员　i. 梯架　j. 屏风

8. 组织晚会

邀请客人参加晚会，观看文艺演出是单位开展业务交往的另一种方式。单位可以通过晚会和文艺演出树立自身的形象，对客人来说也是一种艺术享受和娱乐活动。

晚会和文艺演出都是综合性文艺节目的一种演出形式，晚会相对来讲要随意一些，而文艺演出则更正式。

组织晚会和文艺演出时要从两方面进行考虑。一方面要考虑通过节目来展示自己地区、单位的特色，另一方面也要照顾到来宾的兴趣与爱好，最好在一台节目中安排一些来宾所属国家或地区的节目，以体现对来宾的尊重和友好。

但必须注意一点：对节目的内容事先进行了解、审查，看其是否与客人的宗教信仰、风俗习惯等相冲突，以免引起不愉快。

在晚会进行过程中，当场上的演员与场下的观众互相联欢时，场上的气氛可达到高潮。因此，在可能的情况下，可以请来宾参加游戏或表演节目。

在组织文艺演出过程中，应事先发放请柬。

应考虑场地的容纳量，为客人安排足够的座位。切勿请来了客人却没有座位。

座位安排，一般根据客人的身份而定。一般认为，观看文艺演出的第七、八排座位为最佳。

专场演出时，通常把贵宾席留给主人和主要客人。

一些晚会的舞台与观众席是掺杂在一起的。座位安排一般比较随意，但主客的座位与靠近舞台。

如果对号入座，应将座位号与请柬一道发出。

专场演出，应安排普通观众先入座，客人在开幕前由主人陪同入场。在他们入场时，其他观众应有礼貌地起立鼓掌表示欢迎。

演出期间，场内应保持安静。观众不要在舞台前走动，也不能提前退场。

演出结束后，全场起立向演员热烈鼓掌表示感谢。

文艺演出或晚会结束时，往往献花篮或花束，主宾在主人陪同下登台向演员致谢，此种安排，应主随客便，主人一般不提倡客人献花，更不一定让客人登台与演员握手。

一般观众待贵宾退场后再离开。

9. 饮茶的礼仪

（1）品茗的礼仪

茶的本性是恬淡平和的，因此，品茗礼仪要求着装整洁大方，女性切忌浓妆艳抹，大胆暴露；男性也应避免乖张怪诞，如留长发、穿乞丐装等。除了仪表整洁外，还要求举止庄重得体，落落大方。

①站　姿

双脚并拢身体挺直，头上顶，下颌微收，双眼平视，双肩放松。女性右手在上，双手虎口交握，置于胸前；男性双脚微呈八字分开，左手在上，双手虎口交握置于小腹部。

②走　姿

以站姿为基础，切忌上身扭动摇摆，行走应尽量成一条直线，到达来宾面前若为侧身状态，需转成正向面对；离开客人时应先退后两步再侧身转弯，切忌当着对方掉头就走，这样显得非常不礼貌。女性可以双手同“站姿”交握胸前，男性双臂下垂于身体两侧，随走动步伐自然摆动。

③坐　姿

端坐椅子中央，双腿并拢，上身挺直，双肩放松，头正，下颌微敛，舌头抵上颚，眼平视或略垂视，面部表情自然。女性右手在上，双手虎口交握，置放胸前或面前桌沿；男性双手分开如肩宽，半握拳轻搭于前方桌沿。全身放松，调匀呼吸、集中思想。如果作为来宾被让于沙发就座，则女性可正坐，或双腿并拢偏向一侧斜坐，双脚可以交叉，双手如前交握轻

搭腿根；男性可双手搭于扶手上，两腿可架成二郎腿，但双脚必须下垂且不可抖动。

④ 跪　姿

日本、韩国的茶人习惯跪坐，故国际间茶文化交流或席地而坐举行的茶会多用到这一姿势。跪姿分为跪坐、盘腿坐、单腿跪蹲。跪坐即日本的“正坐”，两腿并拢双膝跪在坐垫上，双足背相搭着地，臀部坐在双足上，挺腰放松双肩，头正下颌略敛，舌尖抵上颚，双手交叉搭放于大腿上（女性右手在上，男性左手在上）。盘腿坐只限于男性，双腿向内屈伸相盘，双手分搭于两膝，其他姿势同跪坐。单腿跪蹲常用于奉茶，左膝与着地的左脚呈直角相屈，右膝与右足尖同时点地；也可左脚前跨膝微屈，右膝顶在左腿小腿肚处。其他姿势同跪坐。

(2) 品茗中的礼仪

① 鞠躬礼

分为站式、坐式和跪式 3 种。根据行礼的对象分成“真礼”（用于主客之间）、“行礼”（用于客人之间）与“草礼”（用于说话前后）。站立式鞠躬与坐式鞠躬比较常用，其动作要领是：两手平贴大腿徐徐下滑，上半身平直弯腰，弯腰时吐气，直身时吸气。弯腰到位后略作停顿，再慢慢直起上身。行礼的速度宜与他人保持一致，以免出现不协调感。“真礼”要求行 90 度礼，“行礼”与“草礼”弯腰程度较低。

在参加茶会时会用到跪式鞠躬礼。“真礼”以跪坐姿势为预备，背颈部保持平直，上半身向前倾斜，同时双手从膝上渐渐滑下，全手掌着地，两手指尖斜对，身体倾至胸部与膝盖间只留一拳空当（切忌低头不弯腰或弯腰不低头）。稍作停顿慢慢直起上身，弯腰时吐气，直身时吸气。“行礼”两手仅前半掌着地，“草礼”仅手指第二指节以上着地即可。

② 伸掌礼

这是品茗过程中使用频率最高的礼节，表示“请”与“谢谢”，主客双方都可采用。两人面对面时，均伸右掌行礼对答。两人并坐时，右侧一方伸右掌行礼，左侧方伸左掌行礼。伸掌姿势为：将手斜伸在所敬奉的物品旁边，四指自然并拢，虎口稍分开，手掌略向内凹，手心中要有含着一个小气团的感觉，手腕要含蓄用力，不至显得轻浮。行伸掌礼同时应欠身点头微笑，讲究一气呵成。

③ 叩指礼

此礼是从古时中国的叩头礼演化而来的，叩指即代表叩头。早先的叩指礼是比较讲究的，必须屈腕握空拳，叩指关节。随着时间的推移，逐渐演化为将手弯曲，用几个指头轻叩桌面，以示谢忱。

④ 寓意礼

这是寓意美好祝福的礼仪动作，最常见的有：

凤凰三点头。用手提壶把，高冲低斟反复三次，寓意向来宾鞠躬三次，以示欢迎。高

冲低斟是指右手提壶靠近茶杯口注水，再提腕使开水壶提升，此时水流如“酿泉泄出于两峰之间”，接着仍压腕将开水壶靠近茶杯口继续注水。如此反复三次，恰好注入所需水量，即提腕断流收水。

双手回旋。在进行回转注水、斟茶、温杯、烫壶等动作时用双手回旋。若用右手则必须按逆时针方向，若用左手则必须按顺时针方向，类似于招呼手势，寓意“来、来、来”表示欢迎。反之则变成暗示挥斥“去，去、去”了。

放置茶壶时壶嘴不能正对他人，否则表示请人赶快离开。

斟茶时只斟七分即可，暗寓“七分茶三分情”之意。俗话说：“茶满欺客”，茶满不便于握杯啜饮。

（3）品茗注意事项

① 品茗活动前，冲泡者应落落大方又不失礼貌地自报家门，最常用的开场白是“大家好！我叫某某，很高兴能为大家泡茶。有什么需要我服务的，请尽管吩咐。”冲泡开始前，应简要地介绍一下所冲泡的茶叶名称，以及这种茶的文化背景、产地、品质特征、冲泡要点等。但介绍内容不能过多，要语言精练，语意正确，语调亲切，使饮者感到茶道是一种高雅的享受。在冲泡过程中，对每一道程序，要用一两句话加以说明，特别是对一些富有寓意的操作程序，更应及时指明，起到画龙点睛的作用。当冲泡完毕，客人还需要继续品茶，而冲泡者不得不离开时，应征求客人的意见，如“请大家慢用，随时恭候您的吩咐，现在我可以离开吗?”这样显示出对客人的尊重。

② 主人在泡茶款客前，先拿出一些名优茶放在茶盘中，供客人挑选，以表达主人对客人的尊重，同时让客人仔细欣赏茶的外形、色泽和干香。

③ 将茶筒中的茶叶放入壶或杯中，应使用竹或木制的茶匙摄取，不要用手抓。若没有茶匙，可将茶筒倾斜对准壶或杯轻轻抖动，使适量的茶叶落入壶或杯中，这是讲卫生、讲文明的表现。

④ 将泡好的茶端给客人时，最好使用托盘，若不用托盘，注意不要用手指接触杯沿。端至客人面前，应略躬身，说“请用茶”。也可伸手示意，同时说“请”。

⑤ 客人在主人请自己选茶、赏茶或主人敬茶时，应在座位上略欠身，并说“谢谢”。如人多、环境嘈杂时，也可行叩指礼表示感谢。品茗后，应对主人的茶叶、泡茶技艺和精美的茶具表示赞赏。告辞时要再一次对主人的热情款待表示感谢。

第八辑

现代职场礼仪

在职场中，有些人如鱼得水，常常加薪晋级；有些人却步步倒退，往往处于下坡趋势。显然，每个在职场打拼的人士，都想看到第一种情况，因此，本章节将会教你一些职场礼仪技巧，让你赢得别人的相助。

1. 职场菜鸟的礼仪规则

职场是一个人走向独立、走向成熟的重要阵地。如何才能打开职场成功之门，真诚地待人处世，潇洒自如地谱写优美的职场交响曲呢?

初涉职场，一定要用“礼”作为有力武器，一定要善于驾驭，做到“情”、“礼”交融。

(1) 从小事中学习

初涉职场，应该从力所能及、看似琐碎单调的事情做起，比如为公务缠身的老板分忧解愁，热情帮助其他同事等。这在别人眼中，可能不算什么职业，但你的观点一定要明确，必须将这项工作看成你探寻成功之路的起点。经历许多小事，才能磨炼出自己的工作经验，才能在职场上游刃有余。

(2) 做老板的好帮手

在职场上，有些职员总认为：做有助于老板的事情，就是替他人卖力，费力不讨好，还有失自己的身份。这种见解是偏颇的，对于初涉职场者，要想使自己的事业全面发展，即使是再棘手的事情，也要认真履行，人际琐事也是如此。你要将每一次工作都看成是锻炼自我的良机，踏踏实实地做老板的好帮手，成为老板信赖的员工。

(3) 诚恳踏实地干工作

在职场上，即使你对本职工作没有能力完成，也要本着全心全意的态度努力去做。工作并不都是新鲜有趣的，一些枯燥单调的工作总会摆在你的面前；对无聊的事务不可不在乎，要加快速度完成。做事要主动，不要在别人的驱使中工作。

一个称职的新职员，应该在工作中坚持不懈，分外的责任理应自觉承担，一步一个脚印地、诚恳踏实地工作，这样，你才会赢得别人的赞许与尊敬。

(4) 远离那些爱说闲话的人

初涉职场，应该小心处理那些道听途说的小道消息，要学会独立思维，要有自行判断的勇气，尽量少发表意见。也不要因为任何勾心斗角的手段而想不开，这一切在职场中都是司空见惯的事。重要的是，远离那些喜欢谈论是非、饶舌多嘴的人。面对职场中的流言蜚语，应该逐渐培养出果决态度，用自己的一套去对付这类情况，与所有的人都和睦相处。

(5) 提高自身的修养

“立志且与青云齐，持身勿使白玉玷”。在职场大舞台上，勇敢面对正直的、善良的、

丑恶的人，要从其细微处见精神。洁身自好，提高自己的修养，善者近而恶者远，近贤者远小人。

勤奋和智慧是职场奋进的力量。初涉职场，只有不断地发掘自身潜力，向身边的每一个人学习，才会在职场拥有真诚的朋友，得到事业的支持，使自身的发展顺畅平坦。而在他人的眼中，你也会是一个后生可畏的识礼者，或者是有健康情怀的成功者！

2. 竞争应争取双赢

在职场上与人合作的目的就是双方都能获利。想独自获利是一种贪婪，而双赢则是一种“心机”，一种策略。同时，只有这样做，才可以处理好与伙伴、对手之间的关系，为下一步合作打下良好的基础。

有这样一则寓言故事：

一只狮子和一只野狼同时发现一只小鹿，于是商量好共同追捕那只小鹿。它们合作良好，当野狼把小鹿扑倒，狮子便上前一口把小鹿咬死。但这时狮子起了贪心，不想和野狼平分这只小鹿，于是想把野狼也咬死，可是野狼拼命抵抗，后来狼虽然被狮子咬死，但狮子也深受重伤，无法享受美味。

狮子眼光短浅，只顾自己，不肯与合作伙伴分享胜利，结果两败俱伤，一无所得。

这个故事讲述的道理就是人们常说的“你死我活”的游戏规则！

人生毕竟不是战场。战场上，不消灭对方就可能会被对方消灭。而在职场上则不一定如此，为什么非得争个鱼死网破，两败俱伤呢？

大自然中弱肉强食的现象较为普遍，这是出于它们生存的需要。但人类社会与动物界不同，个人和个人之间，团体和个体之间的依存关系相当紧密，除了竞赛之外，任何“你死我活”的游戏对自己都是不利的。

在职场上，最稳妥的竞争方式就是“双赢”。任何“单赢”的策略对你都是不利的，因为你在与对方进行争斗的过程当中，必然会付出很大的心力和成本，而当你获得胜利时，你大概也已心力交瘁了，甚至所得还不足以偿付你的损失。

在职场竞争过程中，意外的情况也有可能发生，而这会影响本是强者的你，使你反胜为败！

所以无论从什么角度来看，职场上那种“你死我活”的争斗在获取利益方面都是不利的，因此你应该活用“双赢”的策略，彼此相依相存。

但凡有点“心机”的人都知道，在职场上注重彼此和谐与互助合作，面对利益时与其独吞，不如共享。

总而言之，“双赢”是职场竞争中的一种最佳模式，更适合于现代社会的相互竞争。因此，身在职场，在自己处于绝对优势时不要忘记前面那则寓言，否则最终的结果必然是赢得凄惨。如果是这样，你的一切努力都将化为泡影。

3. 职场中需提防三种人

职场成功与否，关键在于选择什么样的交往伙伴。宁可不选，不可错选。错误的选择，会使自己误入歧途，多走许多弯路。

根据大量的研究实践表明，在职场上有 3 种类型的人不能与之交往。如果你遇到这 3 种类型的人，就要对他们敬而远之。

（1）自以为是，刚愎自用型

三国时代的马谡自认为从小熟读兵书，深知用兵之道，在守街亭时不听副将王平的劝阻，执意要把营寨建在高山之上，结果被魏军团团围住，几次突围没有成功，加上水源又被拦截，军心动摇，终被魏军击败，街亭失守。面对魏军的长驱直入，幸亏诸葛亮大智大勇，上演了一出空城计，方才转危为安。马谡的错误造成街亭失守，军纪不容，诸葛亮不得不挥泪斩马谡，从此，马谡一直就成为自以为是、刚愎自用的典型人物。

连马谡这样博学多才的人都能犯下弥天大错，又何况普通人呢？在职场上，一些人自认为自己比别人聪明，分析力比别人强，听不进不同的意见，总以为自己的观点与看法是最好的。当别人对他的一些观点或看法提出不同的意见时，他常认为没有必要进行修改。对别人的意见或建议，轻易地给予否决，自己又提不出更好的方法来。思维方法是以偏概全，以点概面，偏激、固执，不易与人交往。这样的人当然不能与之交往。

（2）好话说尽，食言自肥型

职场中的人极其复杂，争利的手段也是千变万化。一些人仗着自己有一点小聪明，自以为对职场的人情世故懂得比别人多，总想在与别人交往中多占别人一点便宜；想自己的利益时多，想别人的时候少，斤斤计较个人得失，总想自己多占一点，少做一点。对于这类人，不能与之交往。这种类型的人都有一个共同的特征，那就是能屈能伸，有求于你时好话说尽，一旦目的达到，过去所说的话都忘得一干二净。

这类人有很大的欺骗性，在实际生活中不容易对他们进行甄别。

（3）眼高手低，嫉妒心十足型

职场中的有些人贪图享乐，不能从事艰苦复杂的工作，看到别人神气十足，内心的

嫉妒之情便会油然而生。他们只看到了成功后的享受和荣耀，却看不见别人付出的艰辛。眼比天高，心比山大，他们没有受过生活的磨难，没有经受过世事的坎坷与挫折，便一味地嫉妒别人比自己强。在职场上，对于这种类型的人切不可与之套近乎，谨防他们暗中“伤人”。

人不可能一眼看透，职场识人更是相当困难的。唐朝大诗人白居易在一首诗中曾提出了识人的两个基本方法：实践——“试玉要烧三日满”；时间——“辨才须待七年期”，或许会对我们在职场中正确识人有所启发。

4. 让人感觉最受用的礼仪

做生意的人，朋友五湖四海，大家互相扶持走了过来，总有真诚帮助过你的人，这时候你一句看似简单的“谢谢”会有意想不到的收获。不过如何道谢和称赞朋友的方法却也不是毫无章法。

什么样的人最招人喜欢？答案是有的：懂得赞美别人的人，最是招人喜欢。

什么样的人最有礼貌？答案也是有的：得到他人帮助后，知道及时表示感谢的人最有礼貌。

称赞与感谢，都有一定的技巧。如不加遵守、自行其事，不但可能会显得虚伪；而且还可能会词不达意，招致误解。

比如，赞美别人：“您今天穿的这件衣服，比前天穿的那件衣服好看多了”，或是“去年您拍的那张照片，看上去您多年轻呀”，都是用“词”不当的典型例子。前者有可能被理解为指责对方“前天穿的那件衣服”太差劲，不会穿衣服；后者则有可能被理解为是在向对方暗示：您老得真快！你现在看上去可一点儿也不年轻了。您说，讲这种废话是不是还不如免开尊口呢？

赞美别人，应有感而发，诚挚中肯。因为它与拍马屁、阿谀奉承，终究是有所区别的。

赞美别人的第一要则，就是要实事求是，力戒虚情假意，乱给别人戴高帽子。夸奖一位不到 40 岁的女士“显得真年轻”，还说得过去；要用它来恭维一位气色不佳的 80 岁的老太太，就过于做作了。离开“真诚”二字，赞美将毫无意义。

有位西方学者说，面对一位真正美丽的姑娘，才能夸她“漂亮”；面对相貌平平的姑娘，称道她“气质甚好”，方为得体；而“很有教养”一类的赞语，则只能用来对长相实在无可称道的姑娘讲。

他的话讲得虽然有些率直，但却道出赞美别人的第二要则：需要因人而异。男士喜欢别人称道他幽默风趣、很有风度；女士渴望别人注意自己年轻、漂亮；老年人乐于别人欣赏自己知识丰富，身体保养好；孩子们爱别人表扬自己聪明，懂事。适当地道出他人内心

之中渴望获得的赞赏，适得其所，善莫大焉。这种“理解”，最受欢迎。

赞美别人的第三要则，是话要说得自自然然，不露痕迹，不要听起来过于生硬，更不能“一视同仁，千篇一律”。

当着一位先生的夫人之面，突然对后者来上一句“您很有教养”，会让人摸不清头脑。可要是明明知道这位先生的领带是其夫人“钦定”的，再夸上一句：“先生，您这条领带真棒!”那就会产生截然不同的“收益”。

个别人乐于赞美异性，轮到面对同性时，却金口难开，“惜墨如金”。这种人，难有挚友密友。

最后应当指出的是：在人际交往中，不要“老王卖瓜，自卖自夸”。应当少夸奖自己，多赞美别人。除了必须进行的自我评价之外，猛夸自己，认定自己一贯正确，举世无双，是极不理智的做法。

“谢谢!”这句话虽然只有短短两个字，但如果运用得当，却会让人觉得意境深远，魅力无穷。

在必要之时，对他人给予自己的关心、照顾、支持、喜欢、帮助，表示必要的感谢，不仅是一名商界人士应当具备的教养，而且也是对对方为自己而“付出”的最直接的肯定。这种做法，不是虚情假意，可有可无的，而是必须的。在这方面，“讷于言而敏于行”，弄不好会导致交往对象的伤感、失望和深深的抱怨。

感谢，也是一种赞美！对它运用得当，可以表示对他人的恩惠领情不忘，知恩图报，而不是忘恩负义、过河拆桥之辈。在今后“下一轮”的双边交往中，商界人士必定会因为自己不吝惜这么简短的一句话，而赢得更好的回报。

在人际交往中，需要商务人员认认真真地对他人说一声“谢谢”的机会非常之多：

受到他人夸奖的时候，应当说“谢谢”，这既是礼貌，也是一种自信；旁人称道自己的衣服很漂亮、英语讲得很流利时，说声“谢谢”最是得体。反之，要是答以“瞎说”、“不怎么地”、“哪里、哪里”、“谁说的”、“少来这一套”，便相形见绌多了。

获赠礼品与受到款待时，别忘了郑重其事地道谢。这句短语，是肯定，也是鼓舞，是对对方最高的评价。

得到领导、同事、朋友、领导们明里暗里的关照后，一定要去当面说一声“谢谢”。

在具体操作中，感谢他人有一些常规可以遵循。在方式方法上，有口头道谢、书面道谢、托人道谢、打电话道谢之分。一般地讲，当面口头道谢效果最佳。专门写信道谢，如获赠礼品、赴宴后这样做，也有很好的效果。打电话道谢，时效性强一些，且不易受干扰。托人道谢，除非是人家出面，效果就差一些了。

感谢他人，还有场合方面的考虑。有些应酬性的感谢可当众表达，不过要显示认真而庄重的话，最好“专程而来”，应于他人不在场之际表达此意。

表示感谢时，通常应当加上被感谢者的称呼。例如：“马小姐，我专门来跟您说一声

‘谢谢’。” “许总，多谢了！” 越是这样，显得越是正式。

表示感谢，有时还有必要随便提一下致谢的理由。比如：“易先生，谢谢上次您在制作广告方面的帮助”，免得对方感到空洞或茫然不知所措。

表示感谢，最重要的莫过于要真心实意。为使被感谢者体验到这一点，务必要认真、诚恳、大方。话要说清楚，要直截了当，不要连一个“谢”字都讲得含混不清。表情要加以配合：要正视对方双目，面带微笑。必要时，还须专门与对方握手致意。

表示感谢时，所谢的是一个人，自然不宜不予突出。所谢的若是多人，可统而言之“谢谢大家”，也可一一具体到个人，逐个言谢。

只有一个随处都表示出友好和良好礼仪的人才能受人欢迎，在商界摸爬滚打的人没有这个本事怎么继续做生意呢？

5. 职场面试礼仪

人人都要融入职场，步入职场的第一课就是选择并把握自己喜欢的职业，面试就成了很多人都必须面对的第一道职业难关。

要想在竞争激烈的面试考场中脱颖而出，就必须熟练、恰当地运用职场礼仪，使面试能够顺利通过。

（1）遵时守信是前提

求职者最好提前 10～20 分钟到达面试地点，这样不但可以提前熟悉公司环境，找到准确的面试场所；还能够稍微调整一下情绪，避免气喘吁吁、慌里慌张地开始面试。首次面试，迟到和失约都是不尊重对方的行为，也是一种不礼貌的表现。

（2）放松心情表现佳

许多求职者面对主考官都会产生一种紧张心理，担心自己表现不佳，言辞不当，给主考官留下不好的印象，丧失工作机会。这种情况下，首先应该放下思想负担，深吸一口气，控制自己的呼吸节奏，逐渐平缓、有节奏地一呼一吸，将注意力转移到当下，最后不妨来个自我安慰：没什么大不了的，我只要尽自己的努力就会成功的。

（3）以礼相待人喜欢

对于面试接待人员也应该以礼相待，注意细节、恰当友好地表示礼貌，要始终不能忘记向他们多道几句“谢谢”、“麻烦您”之类的客气话。

等候面试时，也不能随心所欲，旁若无人。要把接待人员当主人看待，或许对方就是

公司经理的秘书、办公室主任或人事部门的经理，在决定是否录用新职员时，他们也有发言权。因而，只要你踏进公司，面对的是整个工作团队的考核，而并非仅仅给面试主考官留下好的印象。

求职者应主动地微笑着向主考官点头，打招呼，礼貌地问候“您好！”或“大家好”。

（4）面带微笑展自信

求职者踏入面试室，应面露微笑，目光与主考官眼睛相遇之时，应以眼神向所有的人友好致意。

真诚、自然、由衷的微笑可以展示一个人的风度，表现出内在的自信、友好、亲切和健康的心理，有利于求职者塑造自我形象，给人留下美好的印象，易于赢得好感，对面试成功非常有利。

（5）不要贸然和对方握手

进到面试室，若非主考官主动先伸手，你切勿贸然伸手与对方相握，这是基本的礼仪。行握手之礼，应是主考官先伸手，然后你单手相迎，右手热情相握。如果拒绝或忽视了主考官伸过来的手，则是你的失礼。

（6）入座有讲究

进入面试室不能自己随意就坐，要等主考官请你坐下时再入座。对方让你入座，应微笑着表示谢意，并坐在主考官指定的椅子上。

（7）关掉你的通讯工具

开始面试时，自觉将随身携带的手机或其他通讯工具调至静音或关机状态。

（8）举止应大方得体

携带好个人简历、有关证件、介绍信或推荐信等必要的求职资料，面试时，一定要保证不用翻找就能迅速取出所需资料。如果要递上这些资料，应双手敬奉，举止要大方谦逊。

当然，无论你的表现如何，面试的最终结果，都要由对方综合考核对你的印象，然后决定是否录用你。所以，一定要调整好自己的心态，做到不卑不亢、彬彬有礼、充满自信，尊重对方的同时也是尊重自己。

6. 面试中的禁忌事项

对于初涉职场的人来说，面试的关键就是减少负面印象。如果你留给对方的第一印象良好，面试成功的几率就很高。初次见面就让主考官感觉不快，求职的

成功率将会大大降低。

职场面试时，有些礼仪必须要遵循，有些禁忌也必须要了解。

（1）面试前要“忌口”

面试时不嚼口香糖和抽烟。一边与人谈话，一边嚼口香糖，会给人一种吊儿郎当、漫不经心的印象，让考官对你产生不良的看法，觉得你不严肃、不认真，而且边嚼口香糖边说话也是一种很不自重的表现。考官抽烟或请你抽烟，即使你是吸烟者也应说声“谢谢”，然后礼貌地拒绝，不抽为好。因为抽烟会影响考官的注意力，还会使你在回答问题的过程中，因抽烟而中断谈话，给人留下不好的印象。

面试前不应喝酒，面谈中的进餐更不应该喝酒。喝酒会使人思维迟钝，贪杯会使人丧失理智，如果喝醉了就更麻烦，有的考官可能故意劝酒，看你是否为贪杯之人。

（2）别攀龙附凤

如果一些有权势的要人或名人是你的亲戚或朋友，职场面试时千万别自作聪明地把他们搬出来为自己壮大声势，别以为用一些名人作“招牌”就可增加自己的分量，有时还会适得其反。即使考官问及，也只可做轻描淡写的简短介绍，用自己本身的才学赢得对方的认可。

（3）勿开玩笑

面试时为缓和紧张气氛，恰到好处地表现幽默感当然很好，但是不善于幽默或控制幽默，最好老老实实地回答问题。不能自作主张地随意开玩笑，再随意的面试场所，也不是插科打诨的地方，否则会给主考官留下轻浮的印象。

（4）最好别强调“我”

在面谈时必须谈“我”，必须把你的能力、才干、成绩表现出来。但别动不动就“我认为……”、“我觉得……”、“我的观点是……”，即使自己真有看法，口气也不妨婉转点，比如用“据我了解……”、“据我所知……”等，毕竟大部分单位需要的是充满自信的人，而不是志得意满的人。

职场如战场，每个环节都决定着胜负的归属。而面试是集中展示个人职场潜能的重要舞台，从某种程度来讲，面试时个人着装、言谈、举止等礼仪上的完美，相当于成功掘到职场中的“第一桶金”。

7. 如何让上司接受你的意见

在人才辈出的当今时代，恪守“沉默是金”者，无异于慢性自杀。如果想真正有所提高，就必须学会与上司沟通，让上司接受你的意见。

与上司沟通讲究方式方法，不仅有利于工作的进行，而且能让上司不知不觉地重视你的能力。

马莉是一家外企公司的成员，她工作精干而颇有建树，但始终没有被提升。有一天，她为这事与上司争起来。

“在争论中，我们互不相让，气氛十分紧张。”马莉后来回忆说，“然而这场唇枪舌剑过后不久，我就不得不离开那家公司。”

由此可见，马莉与上司一场唇枪舌战，葬送了自己的工作。如何才能做到既提出异议，而又不冒犯上司呢？以下几条规则也许会为一些欲言又止的下属们提供有益的启示：

（1）选择时机

在找上司阐明自己的不同见解时，先向秘书了解一下这位上司的心情如何是至关重要的。

即使这位上司没有秘书也不要紧，只要掌握几个关键时间就行了。当上司正忙于工作时，千万别去打扰他；当他正心烦意乱而又被一大堆事务纠缠时，离他远些；午饭之前以及度假前后，都不是找他的合适时间。

（2）先消了气再去

如果你怒气冲冲地找上司提意见，很可能会把他惹火，你应当使自己心平气和。尽管你长期已积聚了许多不满情绪，也不能一股脑儿抖落出来，应该就事论事地谈问题。因为在上司的眼里，一个对公司持有怀疑态度、充满成见的下属，是不会有大出息的，这个下属以后的职场命运就无法估计了。

（3）鲜明地阐述争论点

当上司和他的下属都不清楚对方的观点时，争论往往会陷入僵局，因此下属提出自己的见解时必须直截了当、简明扼要，能让上司一目了然。

有些企业中的部分员工很少与上司有摩擦，这并不是说他们对上司百依百顺，他们会把自己的不同意见清楚明了地写在纸上请上司看。这样能使问题的焦点集中，有利于上司去思考，也能让上司有回旋的余地。

(4) 提出解决问题的建议

通常说来，你所考虑到的事情，你的上司业已考虑过了。因此如果你不能提供一个能立刻奏效的办法，至少应提出一些对解决问题有参考价值的看法。

(5) 站在上司的立场上想一想

要想与上司很好相处，你必须考虑到上司的目标和压力，如果你能站在上司的立场上看问题、想问题，做他的忠实助手，上司自然也会为你的利益着想，有助于你实现自己的目标。

无论何时，跟上司沟通，都应该对上司保持足够的尊重，经常做换位思考，除合理提出自己的不同见解外，对上司无意或有意的贬低或议论，都是不明智、不礼貌的。

8. 如何让上司重视你

职场生存，养分是要让自己的所作所为为自身营造一个更好的发展空间。对上司敬而远之，无疑会使自己的工作环境变得复杂，很多事情就会陷入被动局面。毕竟上司直接决定着你的升迁与加薪。

要想让上司记住你，并且获得提升，需要注意以下四点：

(1) 合理表现自己的欲望

工作中，你不仅要做得很好，更重要的还要让老板意识到你想要什么，你一直在努力地争取什么，这样你才不会被提升机会拒之门外。

(2) 恰当地显露自己的创新才能

作为一个职员，必须勇于承担责任和风险，虽然你只是下属，但是永远不要让上司觉得你只是一个执行者，而且只能是一个墨守成规的执行者。

如果想让上司注意到你的领导者气质，就必须戒除工作中的惰性，不要以为凡事只能“这么这么办”，要充分发挥自己的创新和探索精神，这就意味着，自己也应该更大胆地担当一些风险和责任。这样的勇敢往往是会得到很好的回报，不要做重复的转达，而是要把自己的分析和合理的设想都告诉上司，这是表现自己价值的好机会。打个最简单的比方，当客户向公司提出某些新的要求，你当然可以把这个要求直接转告给上司，让他来做判断；但另一方面，你不妨先分析一下对方的目的，考虑一下不同的答复可能造成的后果，以及回复客户的办法；最后把你的判断和分析结果告诉上司，再让他做参考。即使你的想

法有失偏颇，上司也会因你的全面考虑而关注你，适当的创新会让上司注意到你的工作潜力，或许不久的一天，上司可能会就某个棘手的问题征询你的意见。

(3) 主动要求更多的授权

在圆满完成日常工作的同时，主动要求更多的授权，可以让自己得到更多的锻炼机会。况且争取机会的本身就是一次提高自己的机会。通过让上司认可自己工作能力的同时，也能够提高自己跟人的沟通能力。除此之外，这也会给你的上司留下这样的印象：你一直在努力追求上进。

(4) 抓住工作的关键环节

激烈竞争的大环境，决定了上司只会看重重要的业绩。因此，抓住关键性的环节才是最重要的，这样既不至于让自己每天都手忙脚乱，同时又能让上司注意到你的能力。

职场上的竞争非常残酷，没有人会在意和同情弱者的眼泪。努力争取“上司的重视”是一种积极的处世态度，“上司的重视”关注的是一个人的发展潜力。如果你愿意成为成功者，如果你愿意让自己的才华得到淋漓尽致地发挥，那就勇敢地去争取“上司的重视”。

9. 与上司默契配合的礼仪

职场生存，应该学会与上司和谐相处、默契配合，这样才能得到上司的信任、支持、关心和帮助。

如何与上司默契配合呢？这需要遵循一定的工作礼仪：

(1) 领会上司的意图

正确领会和贯彻上司的意图，是一个合格部属的基本要求。假如说话办事违背上司意图，就有可能“费力不讨好”，把事情弄糟。

上司的意图很多就蕴含在文件、批示或口头指示之中，要靠部属去理解、体会，当然有时还需要进一步向上司当面询问、请教。

一般来说，上司喜欢交代一两遍就能明白自己意图的下属。因此作为下属，千万要用心理解、勤于总结，争取一次听清，切忌不懂装懂，或者凭空想象，违背领导意图。

(2) 完整地接受上司指派的工作

接受上司的指派任务时，不能只是一味地点头，一定要问明白，尤其是重要事项。上司的忙碌或疏忽，有时可能会漏掉某个重要的事项，你应当场问清楚。

从上司那里接受指派的工作，应该提出“在什么时候完成”的问题，以确认期限。你也会同时做几件事，因此必须问清期限，以确定优先做哪件事。

当你在期限内完成了上司指派给你的工作，上司一定会对你另眼相看。此外，要是你表现得诚实可信，上司就会有“可以把事情交给他去做”的想法，从而对你更加信赖。

(3) 及时向上司汇报工作进展

在任何情形下，从上司那里接受到任务之后，无论多么简单的事，都必须做到一结束就立即报告，丝毫马虎不得，免得让人久等。

如果是长期的工作，应该在中途报告进展情况。对交给你去做的工作，实际上你的上司会非常在意。如果你能主动在中途报告经过，让公司随时掌握进度，上司则会比较放心。

(4) 为上司分忧

能够在工作方面协助上司把事情办好，这是所有的上司都喜欢的部属。

部属对上司的失误，应及时提醒、善意参谋，不能在一旁袖手旁观。

假如下属的聪明才智得到赏识，切莫在上司面前故意显示自己，否则就有做作之嫌。用技术性较强的专业术语与上司交谈，上司可能把你看成书呆子，缺乏实际经验。

(5) 只听不传

在上司身边工作，部属的工作范围有时会涉及很多方面。在面对若干个上司的情况下，必须协调和处理好上下左右的关系，其中一条重要的原则，就是“只听不传”。也就是说，有碍于领导之间团结的话，只能听，不能言传。

严守秘密，不该说的绝对不说，部属要从维护上司形象出发，学习上司的长处，淡化与工作无关的信息。这是部属对上司负责的表现。这样做，必然会赢得上司的信任和支持。

处理好与上司之间的关系，是职场获得成功的重要手段。学会与上司融洽相处，这样，你的能力就会逐渐为上司所赏识，工作起来也就会逐渐得心应手。

10. 同事间融洽相处的礼仪

营造融洽的职场氛围是提高工作效率的根本，与同事交往，依礼而行、减少磨擦是非常必要的。

同事之间愉快相处，应从自我做起，学会善待同事。总的原则是：除了要达到既定目的，也要兼顾友谊的发展；除了要提高办事效率，也要兼顾他人的难处。在礼仪方面应注

意以下 6 个方面：

(1) 学会尊重同事

尊重同事的生活习惯，尊重同事的处世方式。每个人都有友爱和受尊敬的欲望，每个人都渴望自立，成为家庭和社会真正的一员，平等地同他人沟通。如果你能以平等姿态和对方沟通，尊重理解对方的差异，对方就会因受到尊重，进而才能尊重你，并对你产生好感。

(2) 讲求协作精神

一件工作往往需要多方的协调才能做好，在办公室中一定要同心协力、相互协作、互相支持。自己的工作一定要克己奉公，不能推卸责任，需要帮助要与同事商量，不可强求；对方请求帮助时，则应尽己所能真诚相助。对年长的同事要多学多问、多尊重，对比自己年轻的同事则要多帮助、多鼓励，这样才能建立一个团结、文明的办公环境，得到同事们的尊敬，自己工作起来也会舒心。

(3) 体谅难处，倾情相助

不管是在工作中还是生活上，同事若有难处，都应予以体谅理解，并尽力帮助。当同事有困难之时，千万不要吝惜你的关心与安慰，对同事重视会让他感受到你诚挚的友谊。

(4) 主动道歉

同事之间经常相处，一时的失误在所难免。如果出现失误，应主动向对方道歉，征得对方的谅解；倘若同事对你产生误会，应该向对方说明，不能小肚鸡肠，耿耿于怀。

(5) 平等、广泛地交往，不要结成小集团

同事之间虽熟，但不同于朋友，经常会有自己喜欢的和不喜欢的同事共处一室，在交往态度上，特别是上班时间内，一定要保持一视同仁，平等对待。

(6) 用幽默调节同事间的紧张关系

这是一种技巧，真正学会在不伤害任何一方利益的前提下，化解矛盾双方的误解，不偏不倚，成为大家信赖的“解铃人”。

幽默是化解尴尬气氛的“调和剂”，用幽默化解同事间的紧张关系，必然会赢得所有同事的信赖与尊重。

善待他人，就是善待自己。善待同事，必将得到同事的善待，这是职场中一项很划算的投资。善待同事仅仅需要你的一点耐心、诚心和细心，这是世人皆能办到的事情。

11. 与同事分享胜利和荣耀

职场中与同事应该有福同享，有难同当。一个人独享成果，会引起其他同事的反感，从而为下一次合作带来障碍。

美国罗伯德家庭用品公司，几年来生产迅速发展，利润以每年18%～20%的速度增长。这是因为公司建立了利润分享制度，把每年所赚的利润，按规定的比例分配给每一个员工，这就是说，公司赚得越多，员工也就分得越多。员工明白了“水涨船高”的道理，人人奋勇，个个争先，积极生产自不待说，还随时随地地挑剔产品的缺点与毛病，主动加以改进。

与同事合作，有福同享，有难共当。当你在职场上稍有成就时，当然值得庆幸。但是你要明确：如果这一成绩的取得是集体的功劳，离不开同事的帮助，那你就不能独占功劳，否则其他同事会觉得你抢夺了他们的功劳。

卡凡森先生精力充沛，他是一家出版社的编辑，并担任该社下属的一个杂志的主编。平时在单位里上上下下关系都不错，而且他还很有才气，工作之余经常写点东西。有一次，他主编的杂志在一次评选中获了大奖，他感到荣耀无比，逢人便提自己的努力与成就，同事们当然也向他祝贺。但过了一个月，他却失去了往日的笑容。他发现单位同事，包括他的上司和属下，似乎都在有意无意地和他过意不去，并处处回避他。

过了一段时间，他才发现，他犯了“独享荣耀”的错误。就事论事，这份杂志之所以能得奖，主编的贡献当然很大，但这也离不开其他人的努力，也应该分享这份荣誉。而现在自己“独享荣耀”，当然会使其他的同事内心不舒服。

所以，当你在职场上有特殊表现而受到肯定时，一定不能独享荣耀，否则这份荣耀会为你的职场关系带来危险。当你获得荣誉后，应该学会与其他同事分享，正确对待荣誉的方法是：分享、感谢、谦恭。

（1）与同事分享

同事或许不羡慕你获得了多少利润，而是羡慕那种取得成绩的感觉，你应当主动在口头上感谢同事的帮助与合作。你主动与他们分享，会让同事有受到尊重的感觉，如果你的荣耀事实上是依靠同事协力完成，那你更不应该忘记这一点。你可以采取多种方式与其他同事分享，让大家都感受到你成功的喜悦，这样，其他同事就不会对你心生不满了。

（2）感谢同事的帮助

感谢同事的帮助，不要认为成绩的取得都是自己的功劳。如果实情也是如此，那么你

就应该感谢同事。疏于表示谢意，则会在良心上过意不去；如果同事的协助有限，上司也不值得恭维，你的感谢也有必要，虽然显得有点虚伪，但听到的人心里都很愉快，对自己仍然是有极大好处的。

(3) 为人要更谦恭

获得了荣誉，心里当然高兴，这种心情完全是可以理解的。但在你沾沾自喜之时，其他同事心里就可能不平衡了，他们要忍受你的气焰，却又不敢出声，因为你正在“气盛之时”。可是天长日久，他们会在工作中有意无意地抵制你，让你碰钉子。因此获得荣耀时，你要学会谦恭。你这样做，其他同事也就不会找你麻烦，成心与你过不去了。

当你获得荣耀时，对同事要更加客气。荣耀越高，你就更应该谦虚。另一方面，别总是向同事提起自己的荣耀，说得多了，就会变成一种自我吹嘘，就会造成你与同事之间的隔膜。

聪明的人不会独享荣耀，说穿了就是不会去破坏别人的生存空间，因为向同事提及你的荣耀会让他们变得黯淡，甚至产生一种不安全感。当你获得荣誉时，去感谢同事、与同事分享，这好比让同事吃下了一颗“定心丸”。如果你一味地向同事夸奖你的荣耀，你必然会受到同事的反对，他们甚至会成为你通往成功之路的障碍。

常言说：“种瓜得瓜，种豆得豆。”如果种下的是妒忌和怨恨，收获的绝不可能是幸福和富足。学会与同事分享胜利和荣耀，实际上就是在为自己以后的发展而投资。

12.“玩转”职场的言谈礼仪

俗话说得好：“会干的不如会说的。”仅仅凭借熟练的技能和勤恳的工作，就想在职场游刃有余、出人头地，未免有些天真了。虽然能力与勤奋很重要，但说话得体，却能让你工作起来左右逢源，并且能帮助你加薪、升职。

(1) 应答上司交代的工作：我立即去办

冷静、迅速地作出这样的回应，会让上司直观地感觉你是一个工作讲效率、处理问题果断，并且服从领导的好下属。如果你犹豫不决，只会让上司不快，会给上司留下优柔寡断的印象，下次重要的机会可能就轮不到你了。

(2) 传递坏消息时：我们似乎碰到一些情况

一笔业务出现麻烦，或市场出现危机，如果你立刻冲到上司的办公室报告这个坏消息，就算不关你的事，也会让上司怀疑你对待危机的能力。弄不好还会招到上司的责骂。

正确的方式是你可以从容不迫地说：我们似乎碰到一些情况……千万不要乱了阵脚，

要让上司觉得事情并没有达到不可收拾的地步，并且感到你会与他并肩作战，解决问题。

(3) 体现团队精神：×××的主意真不错

别人的创意或设计得到了上司的欣赏，虽然你心里为自己不成功的设计而难过，甚至有些妒忌，你还是要在上司的听力范围内夸奖别人：×××的主意真不错。善于欣赏别人，会让上司认为你本性善良，并富有团队精神，从而对你更加信任。

(4) 如果你不知道某件事：让我再认真地想一想

当上司问到你某个与业务有关的问题，你不知道如何作答，千万不要说“不知道”。应该说：“让我再认真地想一想，两点前答复您好吗?”这样不仅暂时让你解围，也让上司认为你不轻率行事，而是个做事谨慎、三思后行的人。

(5) 请同事帮忙：这个策划没有你真不行啊

有个策划，你一个人搞不定，得找个比较内行的人帮忙，怎么开口呢？你可以诚恳地说：这个策划没有你真不行啊！同事为了不负自己内行的形象，通常是不会拒绝的。当然，事后要记得感谢人家。

(6) 拒绝不文明的话题：这种话好像不适合在办公室讲哦

一些人有时总喜欢说些不文明的话题，并且不太注意场合。如果碰到有人说这种话题，让你无法忍受，你可以说：“这种话好像不适合在办公室讲哦!”这句话可以让他们识趣地闭嘴。

(7) 减轻工作量：我知道这件事很重要

我们不妨先安排一下手头的工作，按重要性排出先后顺序。首先，强调你了解这项工作的重要性，然后请求上司指示，将这项工作与其他工作一起排出先后顺序，不露痕迹地让上司知道你的工作量其实很大，如果不是非你不可，有些事就可交给其他人延期处理。

(8) 承认过失：是我一时疏忽

犯错误在所难免，所以勇于承认自己的过失很重要，推卸责任只会使你错上加错。不过，承认过失也有诀窍，就是不要让所有的错误都自己承担，这句话可以转移别人的注意力，淡化你的过失。

(9) 打破冷场的话题：我很想知道您对这件事的看法

当你与上司相处时，有时不得不找点话题，以打破冷场。不过，这正是你赢得上司青睐的良机，最恰当的话题就是谈一些与公司有关、上司很关心又熟悉的话题。当上司滔滔不绝地发表看法时，也会对你这样一个谦虚的听众欣赏有加。

（10）面对批评：谢谢你告诉我，我会仔细考虑你提出的建议的

面对批评或责难，不管自己有没有不当之处，都不要将不满写在脸上，但要让对方知道，你已接受到他的信息，不卑不亢让你看起来既自信又稳重，更值得敬重。

13. 办公室五大禁忌

办公室其时就是一个小社会，特别是在一个人员云集、良莠一时难辨的办公室内，如何迅速赢得大多数人的好感，尽快融入其中，营造良好的人际关系呢？一定要注意如下礼仪禁忌：

（1）忌不负责任

把“都是你的错”挂在嘴上，千错万错就是没有我的错。其实每个人都会犯错，主管也应该容忍体谅下属犯错，重要的是能否由错误中归纳出对的方法，下次不再重蹈覆辙。无论犯了什么样的错，通常只要勇于承认、愿意负责，都能博得大家的谅解甚至尊敬。

（2）忌情绪不佳，牢骚满腹

工作时应该保持高昂的情绪状态，即使遇到挫折、饱受委屈、得不到领导的信任，也不要牢骚满腹、怨气冲天。这样做的结果，只会适得其反，要么招人嫌，要么被人鄙视。

（3）忌零食、香烟不离口

女孩子大都爱吃零食，且以互换零食表示友好。只是工作时要注意场合，尤其在有旁人谈话和接听电话时，嘴里千万不可嚼东西。至于一些以吸烟为享受的男士，在公共场合也应注意尊重他人，不要随意污染环境。

（4）忌情绪化

人难免有情绪，但是把情绪和工作搅和在一起，老是用“最近情绪低潮……”、“失恋了……”、“和家人冷战……”当做借口，主管是会反感的。要是缺乏情绪管理的本领，可以看看“心灵小品”类的书籍或许有点帮助。

（5）忌拉小圈子，互散小道消息

办公室内切忌私自拉帮结派，形成小圈子，这样容易引发圈外人的对立情绪。更不应该在圈内、圈外散布小道消息，充当消息灵通人士，这样永远不会得到他人的真心对待，只会对你避而远之。

第九辑

商务礼仪

商界中有句箴言：“一流人才最注重商务人缘”。因此，要做好生意要遵循商务礼仪，尽快建立自己的人际关系网。

1. 商务礼仪的作用

（1）沟通作用

商务活动是双向交往活动，交往成功与否，主要看双方能否融洽地沟通，或者说能否取得对方的信任、好感和尊重。

商业企业面对的是各种各样的公众，既有顾客、客户、厂家，也有上级、社区领导，还有各个管理部门。融洽了和他们的关系，才能保证企业健康、高效地营运，取得好的效益。

商务礼仪是在与各种对象交往中的润滑剂，是增强与之和谐相处的纽带。明智的商业企业家，都会把妥善处理各种关系，当做自己的重要工作内容，排入重要的议事日程，使自己在艰难困苦中，能够左右逢源；在错综复杂的环境中，自由地“游刃有余”。

（2）形象作用

商务礼仪的基本目的就是树立和塑造企业及个人的良好形象。在商务活动中，企业的各部门、各个员工的行为，随时都在表现着企业的经营思想、管理水平；表现着个人的文化素养、职业道德。因此，必须加强礼仪修养，提高对礼仪的认识。在商务活动中，讲究礼仪，灵活得体地运用商务礼仪，就会使企业和个人在公众的心目中，取得一个良好的反映和评价，树立起优秀的社会形象赢得公众的信任和支持，促进信用的提高。

（3）协调作用

在频繁的商贸活动、商务谈判中，难免会出现各种误解或纠纷，如果处理不当，不仅会影响企业的信誉和形象，还可能会造成经济上的损失。商务礼仪能化解矛盾、消除分歧、相互理解、达成协议，从而调适人际关系，妥善地解决商务纠纷。

2. 通过礼仪广结人缘和财源

商界普遍信奉一句箴言：“一流人才最注重商务人缘。”又说：“商务礼仪构建你的人际网络。”

“一流人才最注重商务人缘”，其实这句话应该反过来说：注重商务礼仪的人，才能成为一流人才，才能建立自己的人缘。因此，要做好生意一定要遵循商务礼仪，尽快建立自己的人际关系网。

20世纪70年代，英国唯高达证券公司到香港发展，委任杜辉廉为驻港代表，在业务往来中，他与李嘉诚结下了不解之缘。李嘉诚在与他的商务合作中，善于为对方谋利、谦谦有礼的长者风范，深深地打动了杜辉廉；同时杜辉廉文质彬彬、谦恭洒脱的办事风格，给李嘉诚留下了深刻的印象，二人因此而成为很好的合作伙伴。

后来杜辉廉成为李嘉诚商场上的高参，并实际操办了李嘉诚所属公司的股票买卖，但杜辉廉多次礼貌地谢绝李嘉诚要他担任公司董事的邀请，是众多高参中唯一不支薪水者。这令重情重义的李嘉诚一直觉得欠他一份重情，总想寻机报答他的深情厚谊。而杜辉廉也被李嘉诚游刃于商场中的个人礼仪和魅力所吸引，从内心更加钦佩李嘉诚的处世和为人。

1988年底，杜辉廉与他的好友梁伯韬共创百富勤融资公司，李嘉诚当即决定帮助百富勤公司，以报杜辉廉相助之恩。杜、梁二人各占百富勤公司35%的股份，其余股份由李嘉诚邀请包括他在内的18路商界巨头参股。

在18路商界巨头的大力协助下，百富勤发展势头迅猛，当百富勤集团成为商界小巨人后，李嘉诚等巨商主动摊薄自己所持的股份。其目的是再明显不过了，那就是让杜、梁二人的持股量达到绝对的“安全”线。

李嘉诚对百富勤的投资，完全出于非赢利目的，他之所以这样做，完全是为了报杜辉廉之恩。尽管李嘉诚并不想从百富勤赚得一分一厘，百富勤公司发展壮大后，李嘉诚又将自己得到的丰厚利润返赠给杜辉廉，使杜辉廉更加专心致志地回报李嘉诚，充当李嘉诚的高参。

从某种意义上来说，李嘉诚以自己的形象与魅力得到对方的大力相助，就是将商务礼仪延伸到为人处世的范畴，是商务礼仪的最高境界。所谓“家有梧桐树，引得凤凰来。”倘若自己不注重商务礼仪和商务人缘，没有吸引合作伙伴的“梧桐树”，又如何引得“凤凰”来栖呢？

因此，完备的商务礼仪和广泛的商务人缘就是你的经营资本。以此作基础，将会为你开拓一条成功的康庄大道。

3. 先交朋友，后做生意

学会与人交际是商务礼仪的实质。毋庸置疑，朋友之间的人脉关系就是一种潜在的资产，也是一种潜在的财富资源。

如果只从表面上来看，人脉资源不是直接的财富，可是如果没有人脉的话，创造财富是很难的。所以丰富的“人脉关系”才是经商成功的关键所在。

现任台湾台塑关系企业董事长的王永庆，在他的事业发展过程中，朋友关系起到了非

常关键的作用。

当时，台湾当局设立了“经济安全委员会”，尹仲容作为召集人，负责拟定玻璃、纺织、人造纤维、塑胶原料、水泥等建设计划，并且筹划运用美国提供的资金。

王永庆并不知道“经济安全委员会”正在拟定事情，不过，王永庆有一个生意上的好朋友，名叫赵廷箴。王永庆与赵廷箴之间的交情很深，王永庆曾经借钱给赵廷箴，解决了他的危机和困难，所以，在赵廷箴的心目中，王永庆是一个信誉卓著的生意人，更是一个值得他信赖的好朋友。

有一天，王永庆找到赵廷箴，那时候他们两个都想从事制造业，相谈甚欢。后来，赵廷箴和王永庆又利用各种关系，通过他人的介绍认识了尹仲容。

在这个时候，原先答应承办塑胶厂的商人一直都没有动手实施。塑胶厂的项目就不得不重新再议，也刚好在这个节骨眼上，王永庆和赵廷箴出现在尹仲容的面前，这真是一个绝好的机会。尹仲容的确如获至宝，于是，他便嘱咐手下严演存一定要说服王永庆和赵廷箴来参加 PVC 这个项目的投资。

严演存找到了王永庆和赵廷箴，非常客气地向他们详细介绍了有关 PVC 投资项目的一些计划，极力说服他们投资 PVC 项目。听了严演存对 PVC 项目的介绍之后，王永庆又去向尹仲容咨询。尹仲容就向他们详细介绍了塑胶行业发展的前景与方向，并且还为他们介绍了有关美国方面的援助，以及台湾政府对塑胶行业的优惠政策等。

听了尹仲容的这一番话后，王永庆心里有了谱，最终下定了决心，对赵廷箴说：“怎么样？我们一起干吧！”赵廷箴点了点头，爽快地说道：“好，我们一起干！”

王永庆经过周密细致的调查研究之后，专门请教了有关的专家和学者，还私访了一些企业的名人，并且亲自到日本去考察，还对台湾岛的内外市场情况进行有关的研究和分析。在朋友赵廷箴、尹仲容的支持下，王永庆最终在塑胶方面作出了惊人的成绩。

朋友的提携和帮助是商务人士事业成功必不可少的因素。良好的人缘，丰富的人脉关系网需要用心培育和维系，在自身努力的同时，依靠朋友的帮助会使你的事业锦上添花，更上一层楼。

4. 应对得体，稳操胜券

商务谈判，按其基本构成来说，是由一系列的问和答所组成，有问必有答，“问”有问的艺术，“答”也有答的技巧。

（1）在回答问题之前，要留给自己思考的时间

商务谈判中对提问回答的好坏，并不是看你回答的速度，特别是面对一些涉及重要既

得利益的问题，必须经过深思熟虑后再回答。此时可以借机适当调整一下自己的坐姿，通过一些得体的小动作来延长时间，作出经过思考的回答。

(2) 除非了解对方的目的和动机，否则不应随便答复

商务谈判者在谈判桌上的提问动机复杂、目的多样，如果不了解问话动机，按常规回答，结果反受其害。一个高明的回答，是建立在准确判断对方用意的基础之上，另辟蹊径，作出的富有新意的答复。

(3) 有些问题是不需要回答的

商务谈判中，有时会涉及有损己方形象、泄密或无聊的问题，对此谈判者不必为难，不予理睬就是最好的回答，可以用无可奉告来拒绝回答。

(4) 对某些问题只须做局部的答复

这主要是指在商务谈判中某个问题包括几个方面，如果将这些方面的问题都加以回答，并不一定能够完全清楚地表明己方的立场和态度，或者在某一方面一时难以说清楚。说不清楚而勉强去说，反而会坏事，所以还不如有选择地对某些方面作出回答。

(5) 有些问题可以答非所问

从商务谈判技巧角度看，对不能不回答的问题采用答非所问的方式是一种行之有效的方法。有时，对方提出的问题己方很难直接从正面回答，但又不能用拒绝回答的方式来逃避问题，这时就只能应付对方，讲一些与此问题既有关又无关的问题，东拉西扯，不着边际，看上去回答了问题，其实没有实质性内容。

(6) 偶尔可采用推卸责任的方法

在商务谈判中，有些谈判者面对毫无准备的提问，往往手忙脚乱，或者即使能够回答，但鉴于某些原因而不便回答的时候，通常就可采用诸如“对于这个问题，我虽没有调查过，但我曾经听说过……”或“贵方××先生的问题，提得很好，我不知曾经在哪一份资料上看到过有关这一问题的记载，就记忆所及，大概是……”等一些推卸责任的回答法。这些回答中，回答者可以不负责任，因为答案不但没加肯定，而且是道听途说的。这种回答对于那些为了满足虚荣心的提问者以及自己不明确提问的目的和目标的提问者，往往能收到较好效果。

(7) 某些问题可使用安慰的方法来回答

商务谈判中，倘若涉及到公认的复杂性问题或短时间内无法回答清楚的问题或技术性很强、非专家讨论无法证明的问题时，有些回答往往采用安慰式。即首先肯定和赞扬提问者提问的重要性、正确性和适时性，然后话锋一转，合情合理地强调提问所涉及问题的复

杂性以及马上回答的困难程度，还可以答应以后找个专门的时间对提问进行专门的讨论等，以此换取包括提问者在内的人士的理解与同情。

5. 讲“礼”为先，攻心为上

在商务场合，要想把你的产品成功地推销出去，“攻心”是一种很好的礼仪，遵循对方的心理，使自己的观点与其一致，对方定会心悦诚服。

如果顾客想购买你的商品，你可以将此商品的优点、作用以及价格等向其徐徐道来。如果顾客看后，没有购买你商品的动机，而你所卖的商品确实物美价廉时，你怎样才能想方设法将其召回，使顾客变“不买”为“想买”呢？以下3种方法可供参考：

(1) 设置疑问法

一次贸易洽谈会上，卖方对一个正在观看公司产品说明的买方说：“你想买什么？”买方说：“这儿没什么可以买的。”卖方说：“是呀，别人也说过这话。”当买方正为此得意时，卖方又微笑着说道：“可是，他们后来都改变了看法。”“噢，为什么？”买方问。于是，卖方开始了正式推销，该公司的产品得以卖出。

可见，卖方在买方不想买的时候，没有直接向其叙说该产品的情况，而是设置了一个疑问——“别人也说过没有什么可买的，但后来都改变了看法。”——从而引发了买方的好奇心。于是，卖方有了一个向买方推销产品的良机。

(2) 对症下药法

有位农村老太太去商店买布料，售货员小李迎上去打招呼：“大妈，您买布吗？您看这布多结实，颜色又好。”不料，那位老太太听了并不高兴，反而嘀咕起来：“要这么结实的布有啥用，穿不坏就该进火葬场了。”对老太太这番话，小李不能随声附和，但不吭声又等于默认了。略一思索，小李便乐呵呵地说：“大妈，看您说到哪儿去了。您身子骨这么结实，再穿几百件也没问题。”一句话说得老太太心头发热，不但高高兴兴买了布，还直夸小李心眼好。

顺遂老太太的心意，小李巧妙运用几句幽默之语，引得老太太心里高兴，非常爽快地购买了布料。

(3) 热情有加法

一次，有一个旅游团不经意间走进一家糖果店。他们在参观一番后，并没有购买糖果的打算。临走的时候，服务员将一篮精美的糖果捧到了他们面前，并且柔声慢语：“这是

我们店新添置的新品种，清香可口、甜而不腻，请您随便品尝，千万不要客气。”如此盛情难却，恭敬不如从命。旅游团成员觉得既然免费尝到了甜头，不做购买的表示，确实有点过意不去，于是每人买了一大包，在服务员“欢迎再来”的送别声中离去。

商务往来中，顾客与生意人心心相通是一种难能可贵的表现。针对不同的顾客，因人而异地使用漂亮得体的攻心术，不仅可以成功推销出你的产品，还能够在商界赢得好人缘。

6. 真诚是一种礼节

真诚是推销的第一步，一定要给别人真诚的印象，这是对推销员最起码的礼仪要求。

真诚是绝对必要的。千万别说谎，即使只说了一次，也可能使你信誉扫地。正如《伊索寓言》所说：“说谎了，即使你说真话，人们也不会相信你。”

如何使自己第一面就给人留下真诚的印象呢?

(1) 态度真诚而不贪婪

如果推销员能真诚坦言商品缺陷，更能赢得顾客的好感和信任。

经营房地产生意的邹先生，一次承担了一项艰巨的推销工作，因为他要推销的那块土地紧邻一家木材加工厂，电动锯木的噪音使一般人难以忍受，尽管这片土地接近火车站，交通便利。

邹先生想起有一位顾客想买一块土地，其价格标准和地理条件与这块土地大体相同，而且这位顾客以前也住在一家工厂附近，整天也是噪音不绝于耳。于是，邹先生便去拜访这位顾客。

“这块土地处于交通便利地段，比附近的土地价格便宜多了。这块土地便宜的原因，就是因为它紧邻一家木材加工厂，噪音较大。如果您能容忍噪音，那么它的交通地理条件、价格标准均与您的希望相符，很适合您购买。”邹先生如实地对那块土地做了介绍。

不久，这位顾客对邹先生说：“上次你特意地提到噪音问题，那天我去现场看了一下，发现噪音并不太严重，对我来说不算什么，我以前住的地方整天重型卡车来来往往，而这里的噪音一天只有几个小时，而且，噪音并不像卡车通过那样震动门窗，所以我很满意。你这么坦诚，反而使我放心。”就这样，邹先生顺利做成了这笔难做的生意。

(2) 当你的客户说话的时候，你一定要正视对方的眼睛

当你聆听客户说话的时候，你也要看着对方的嘴唇。否则，客户会把你的心不在焉理解为你内心不真诚，心中有鬼。因此，要努力学会眼神交流，不管它有多么难。

(3) 不要轻易许诺

如果你的商品需要3个月才能到货，那你就不要仅仅为了拿到订单而谎称两个星期就够了。这种无法兑现的承诺常常会搅得你坐立不安，所以最好对你的客户实话实说。

(4) 真诚并不意味着木讷

不要忘了你的首要任务是去推销产品。客户的时间是宝贵的，他不会有兴趣听你说那些有预谋的恭维话，因为他与你见面的目的是坐下来谈生意，是看你能够为他提供什么样的服务。

有些时候，就是最专业的推销员也不可能回答客户所有的问题。遇到这种情形，你可以直率地说："对不起，我现在还无法回答您，但我会马上查找答案，很快就给您一个圆满的答复。"这种坦率的回答体现了你的诚恳，要比说假话敷衍客户好得多。

在商场上，为了你的声誉，千万别因为一次交易的微薄利益而得罪客户，失去大量潜在的生意。当你真诚待人的时候，生意就会像滚雪球一样越来越大，你的钱包自然就会渐渐鼓起来，而声誉也会相应得到提高。

7. 争取在平等条件下与对手竞争

在没有硝烟的商战中，谁都想出类拔萃，谁都想站在成功的巅峰体验一览众山小的豪迈。但商场上的竞争必须通过平等的方式获取最佳结果，平等竞争是商务礼仪的核心。

商场上，产品、竞争，行销人员之间的竞争，都是彼此间实力的较量。消费者的向背、市场的占有率固然重要，但最终还是要把重点落在增强企业自身的凝聚力，增强自身的经济实力，使自身不断进步，不断巩固，不断提高。

上海市成功地购买某摩托车生产线就是一个显著的事例。上个世纪90年代末，上海市决定派一个代表团去欧洲考察关于引进摩托车生产技术的重要项目。不久便得到一个重要消息：慕尼黑市生产某名牌摩托车的工厂，因无法支付大量债务即将宣告破产，正急于出售整个工厂。

该厂的主要设备都是当时世界最先进的设备，只是急于清理财产偿还债务，因此设备的要价非常低。上海市政府认为这是个绝好的良机，决定购买，并派一个由15人组成的专家团赴德进行技术考察，商谈购买事宜，预定于11月2日启程。

可是突然从德国传来了不好的消息，伊朗商人已抢先签署了购买合同，合同规定最晚付款期限为10月24日下午3时前，否则所签合同无效。上海方面马不停蹄，于10月22

日通知专家团设法当晚立即飞往德国，市政府授权专家团有权签署购买合同，并采取应变措施。经过近一天的飞行，专家团抵达慕尼黑，悄悄住进了市区边上一家避人耳目的小旅馆。24 日下午 3 时，伊朗方面款项未到，合同已无效。专家团闻讯立即出动，直奔该摩托厂，进行购买谈判。

25 日上午，专家团经过全面考察，认为买下全套设备非常合算。下午开始谈判，到深夜正式签下合同，以 1600 万马克买下了该厂全部设备和全套技术软件，比伊朗商人所签合同低 200 万马克，比其他竞争对手的出价也低 500 万马克。上海方面获得了很大的经济效益。

商场是没有炮火与硝烟的战场，在商业竞争中，任何“尔虞我诈”、“鱼死网破”的恶意竞争终归会被滚滚商潮所吞没。商场呼吁平等，人人渴望平等，平等竞争在商场中的作用显得尤其必要。

8. 如何让对方心悦诚服

能否说服对方接受自己的观点，是商务谈判能否成功的一个关键。谈判中的说服，就是综合地运用听、问、叙等各种礼仪、改变对方的最初想法而接受你的意见。

说服是商务谈判过程中最艰巨、最复杂，同时也是最讲求礼仪的工作。在商务谈判过程中，以下两点需要掌握：

（1）创造说服对方的条件

要说服对方改变初衷，应当首先改善与对方的人际关系。当一个人考虑是否接受说服之前，他会先衡量说服者与他熟悉的程度，实际就是对你的信任度。对方在情绪上与你是对立的，则不可能接受你的劝说。

在进行说服时，还要注意向对方讲明你选择他为说服对象的理由，使对方重视与你交谈的机会。

把握说服的时机。在对方情绪激动或不稳定时；在对方喜欢或敬重的人在场时；在对方的思维方式极端定势时，暂时不要说服，这时你首先应当设法稳定对方的情绪，避免让对方失面子，然后才可以进行说服。

（2）常用的说服技巧

努力寻求双方的共同点。谈判者要说服对方，应极力寻求并强调与对方立场一致的地方，这样可以赢得对方的信任，消除对方的对抗情绪。用双方立场的一致性为跳板，因势

利导地解开对方思想的“纽结”，说服才能奏效。

① 强调彼此利益的一致性

说服工作要立足于强调双方利益的一致性，淡化相互间的矛盾性，这样对方就容易接受你的观点。

要诚挚地向对方说明，如果接受了你的意见后将会有什么利弊得失。既要讲明接受你的意见后对方将会得到什么益处，己方将会得到什么益处，也要讲明接受你的意见，对方的损失是什么，己方的损失有哪些。这样做的好处是：一方面使人感到你的客观、符合情理；另一方面当对方接受你的意见后，如果出现了意想不到的情况，你也可以进行适当的解释。

② 说服要有耐心

说服必须耐心细致，不厌其烦地动之以情，晓之以理，把接受你的意见的好处和不接受你的意见的害处讲深、讲透。不怕挫折，一直坚持到对方能够听取你的意见为止。在谈判实践中，常遇到对方的工作已经做通，但对方基于面子或其他原因，一时又下不了台。这时谈判者不能心急，要给对方一定的时间，直到瓜熟蒂落。

③ 说服要由浅入深，从易到难

商务谈判中的说服，是一种思想工作，因此也应遵照循序渐进的方法，开始时，要避开重要的问题，先进行那些容易说服的问题，打开缺口，逐步扩展。一时难以解决的问题可以暂时抛开，等待时机再行说明。

④ 不可用胁迫或欺诈的方法说服

说服不是压服，也不是骗服，成功的说服必须要体现双方的真实意见。采用胁迫或欺诈的方法使对方接受意见，会给谈判埋下危机。

9. 谈判时应将心比心

商场上的谈判，只顾自己的利益，不管别人的需要和目的，是一种不高明的商谈策略。在激烈的竞争中，采用这种策略的一方往往导致商谈破裂。

商务谈判中，将心比心既是谈判方所要做到的一种态度，又是谈判方向对方发起攻击的武器。

有一次，外国某财团到我国洽谈合资经营茶产品的问题。他们不顾及我方利益，自恃其科技设备先进，以保护专利权为名向我方漫天要价。于是，我国的一名商务谈判员在一次发言中，便给其重重一击，他说：“中国是个文明古国，我们祖先早在一千多年前就将指南针、造纸术、印刷术和火药等四大发明无条件地贡献给全人类，而他们的子孙后代，

从未埋怨他们不要专利权是愚蠢的。现在中国在与贵国的经济合作中，并不要求无条件地转让专利权，只要价格合理，我们一个钱也不会少给。”这段不卑不亢的精彩发言，赢得了与会者的赞赏，促使这个财团在以后的谈判中愿同我方携手合作，并由此达成协议。

考虑对方的利益，这就是我们通常所说的将心比心，要设身处地地为他人着想。

某专卖店有位销售经理是位经商老手，他的营业额比一般营业员都高，有人问他：“是不是因为能说会道，所以生意兴隆呢?”他回答说；“不是，我的成功秘诀是善于理解、体察顾客的心理。”

一天，有位顾客站在衣架前对所展示的服装赞不绝口。凭经验，销售经理判断这位顾客是想买这套服装，于是赶忙迎上前去说：“您喜欢这种款式吗? 这套服装很不错，而且您仔细看，这套颜色深浅和谐，特别适合您的气质。”

说着，销售经理又从衣橱里拿出一套服装，在灯光下展开接着说：“您身材修长匀称，年龄和我差不多，穿这种款式的衣服会更好些，美观大方，要论价钱，这套服装比您刚才看到的那种多 100 块钱，您仔细看看，试着盘算盘算，哪个合算?”

顾客见这位销售经理如此热情，居然帮自己精心挑选，于是不再犹豫，买下了销售经理推荐的套装。

这位销售经理之所以能成功地做成这笔生意，就是因为他善于使用将心比心术。他站在买者的立场上替顾客精打细算，现身说法，使对方的戒备心理、防御心理大大降低，而且产生了一致的认同感，故而说服了对方，做成了生意。

因此，了解对方的心理需求、困难，将心比心，站在对方的角度谋划和考虑，这种礼仪最容易使对方接受，进而赢取商机。

10. 商务接待礼仪

(1) 商务接待的种类

① 业务往来接待

业务往来接待，主要是指和本企业有商务往来的单位之间的往来，包括一切商品流通交往过程中的交流、沟通、洽谈的业务往来。它直接关系到企业的经济效益，而业务往来接待工作的好坏，又直接影响彼此交往合作的顺利与否。所以，业务往来接待是接待工作的重点。有关人员应有充分认识，注重交往中的各项礼节，以赢得主动。

② 对投诉者接待

商品流通过程的最后环节，是产品的销售。接待用户的投诉，是商业企业特别是零售企业经常遇到的问题。一般来说，投诉的主要原因是产品质量问题，其次是服务态度问题，

对此，接待人员要以热情的态度，温和的方式，委婉的语气来安抚客人的情绪，认真倾听投诉者的倾诉；对产品给用户造成的损失表示同情，调查属实后应尽快给以妥善的解决。

③ 商务宣传活动接待

商务宣传活动主要是指企业为与大众沟通，树立形象而进行的宣传、庆典活动；主要包括新闻发布会、贸易展览会、茶话会、庆典、开业等活动。这项活动在商业营销、业务交往中发挥着重大作用。它不仅具有强有力的说服力、感染力，为主办单位广交朋友；而且可以借助于个体传播、群体传播、大众传播等各种传播方式，使主办单位的信息广为传播，提高其知名度和良好声誉。正因如此，主办单位在接待各方来宾时，要时时注意礼仪规范，服务热情周到，举止从容大方、彬彬有礼，以优雅的交谈、行为，塑造良好的企业形象。

(2) 商务接待中的礼仪

主要是指业务往来接待用户，接待及未经预约的商业往来拜访。接待时应注意以下礼节问题。

① 来访者无论身份如何，目的为何，都应热情接待。这不但涉及到企业形象问题，对工作能否顺利开展也有很大关系。切不可让客人坐“冷板凳”，或以貌取人，言语不周。

② 访者到来时，接待者要起立，主动握手，表示欢迎。

③ 接待过程中，要善于倾听客人的谈话，在客人讲话过程中，正视对方，适时地以点头表示尊重，且一举一动都要表示出你在认真听对方的陈述，切忌做与交谈无关的动作。如翻看报纸，写东西等，以免会让客人有被慢待的感觉。

④ 接待客人时，不停地接听电话，打断对方的讲话都是一种不礼貌的行为；当客人到来时，应告诉秘书尽量不要让电话打扰；如有重要电话应先向客人说“对不起”，在得到客人谅解后再接听，且要长话短说。

⑤ 交谈过程中，不要随意打断、驳斥对方，也不要轻易许诺。不同意对方的观点，要克制情绪，委婉地表达自己的意见；意见一致时，也不要喜形于色。同时，能马上答复或解决的事，不要故意拖延时间；暂时不能解决的，应告诉对方一个解决方案，约定一下时间再联系。

⑥ 如果交谈中出现某些使你为难的场面，可以直截了当地拒绝某一要求，也可以含蓄地暗示自己无法做到，请求对方理解。但要注意方式和态度，尽量不要让对方误认为你是瞧不起他或有能力而不愿帮忙。如果想结束会见而对方又未察觉，可以婉言告之如“对不起，我还有个十分重要的会议”等等，也可以用身体语言提示对方，如：间隔性的抬腕看表等。

(3) 大型接待工作的礼仪

接待工作非常复杂、烦琐，又十分具体，事无巨细都关系到接待的质量和企业的形

象，稍有疏忽就可能给企业造成不可估量的损失。所以，从事接待工作的人员，应当积累经验，把接待工作程序化，以避免临时忙乱、疏漏，做到周密细致，有条不紊。接待工作基本程序一般是：

① 了解客人基本情况。接待人员，在接到来客通知后，首先，要详细问明有关情况，如，来访对象、来访人数，男女比例、职务级别、接待规格等；其次，要了解客人的日程安排；第三，要了解客人到达的日期、所乘车次，并通知有关部门做好有关准备工作。

② 食宿安排。在客人尚未抵达前就安排好食宿，根据客人的民族习俗，身份及要求，本着交通便利、吃住方便的原则，制定具体安排计划。注意客人住宿环境的整洁、安静，房间设备是否齐备，服务质量是否可以满意等。

③ 迎接客人。事先根据来宾的身份、地位、规格及本企业的具体情况制定接待规格，一般客人可由业务部门或办公室人员去车站（机场、码头）迎接，重要客人应安排有关领导前往迎接，迎接时应率先向来宾握手致意、表示欢迎。

④ 安顿宾客。客人抵达后，应先安置客人休息，如果是所在地来宾，可在单位会议室或接待室稍作休息，并提供茶水、饮料等；若是远道而来的客人，应先把客人引进事先安排好的客房休息。接待人员向宾客告别前，应把就餐地点、时间告诉客人，并留下自己的联系方式，以便随时联系。

⑤ 协调日程。客人食宿安排就绪后，对一般客人可由接待人员出面协调活动日程；对重要客人，应由领导出面进一步了解客人的意图和要求，共同协商活动的具体日程。最后根据确定的活动内容、方式等印发活动日程，并分发至每一个客人手中。

⑥ 组织活动。按照日程安排，精心安排好各项工作和活动，对客人提出的意见要及时向领导反馈，客人提出的要求要尽可能的满足。

⑦ 安排返程。了解客人离程时间后，及早预订机票、车船票，安排送行人员和车辆。根据车次、航班的时间，及时与负责行李的部门、人员约定提取行李的时间，并通知客人；到达车站（机场、码头）后，要妥善安排好客人的等候休息，等客人登车（机、船）后方可离开。

11. 商务洽谈礼仪

（1）洽谈礼仪的基本要求

① 以诚待人

古人有言“精诚所至，金石为开”。作为洽谈的首要条件，就是各方的诚意。坦率地将自己的意图和目标，需要真诚地向对方交代清楚。对于洽谈人员来说，最忌讳弄虚作

假、口蜜腹剑。健康的洽谈提倡的是开诚布公、光明磊落。以诚待人能为洽谈创造和谐、轻松的气氛，改变由于误解等原因形成的不友好场面，获得对方的谅解，达到“化干戈为玉帛”的效果。

② 信誉至上

信誉至上，是洽谈中不可动摇的原则，各方均应严格遵守所达成的协议，履行各自的诺言。洽谈中，双方可以亮出自己的利益和要求，必要时会争论一番。但是如果各方就某些问题产生妥协、达成协议后，各方就有义务和责任严格遵守。

③ 礼敬对手

礼敬对手就是要求洽谈者在整个洽谈会的过程中，排除一切心理和情绪上的干扰，始终如一地对自己的洽谈对手保持礼节，时时、处处、事事表现出对对手的尊重与礼貌。在洽谈会上，文明的语言、诚挚的笑容、友好的态度、得体的举止等，有助于消除双方的隔阂与抵触心理。在洽谈桌上，始终如一地维持君子风度，有利于赢得对手的尊重和好感。

(2) 洽谈准备的礼仪

商界所进行的业务洽谈，又称商务谈判，是重要的商务活动之一。商务洽谈，是指在商务活动中，具有利害关系的双方或多方，为谋求一致，进行合作、化解分歧、处理争端、达成协议等而进行的协商活动。

① 工作准备

俗话说“知己知彼，百战百胜”。在洽谈之前，如能对对手有所了解，并有所准备，那么在洽谈中，就可以扬长避短，取得好的效果。工作准备主要有：

a. 主题和实力分析：既然是洽谈就应该有一个主题，也就是要明确所协商解决的问题是什么。这个问题，可以是立场观点方面的；也可以是基本利益方面的；还可以是行为方式方面的。主题明确后，应紧密围绕这一中心，分析双方实力，我方的优势是什么，不足在哪里；对方的优势是什么，问题在哪里。并就此制定自己的洽谈战略，反复审核，精益求精。

b. 了解对手：对洽谈对手的了解，应集中以下方面：对方真正的决策人是谁；洽谈对手的个人资料；谈判风格和谈判经历；洽谈对手在商务活动、人际关系、政治等方面的背景资料；洽谈对手以往谈判成功案例及失败案例等。

c. 挑选成员：洽谈的成功固然与议题有关，但另一方面与洽谈人员的素质和修养也密切相关。为使洽谈能圆满成功，参与人员应深谙专业、知识渊博、能言善辩、熟知洽谈策略、反应机敏、充满自信、刚毅果断、有理有节，同时，在洽谈前要多做案头准备工作，精心细致地研究各种资料及应变对策，以便做到胸有成竹、处变不惊。

② 礼仪准备

a. 洽谈的礼仪准备：是指洽谈者要注重自己的仪表，合理地安排好洽谈的时间地点和洽谈座次。表现出己方的诚意和重视，以及对洽谈对方的尊重。主要考虑的内容有：

b. 时间、地点的安排：洽谈的时间地点安排，应通过双方协商而定，一般情况下，主方应尊重客方的意愿，时间安排上除征求对方意见外，应尽量避开公众假期，尤其当对方是外企时，过多占用私人时间会引起他人不快。洽谈的地点应选择高雅、安静、宽敞、明亮的地方，舒适的环境可以放松人的情绪，有利于融洽地进行洽谈。

c. 座次的安排：洽谈时，一般使用长方形桌或椭圆形桌。长方形桌在摆放时，若是横向，以门为准，正对门的一方为上，属客方；背对门一方为次，属主方。若是纵向，以右为尊，即以进门方向为准，右侧为上，属客方；左侧为次，属主方。椭圆形桌因无界限之分，被大多数洽谈所采纳。尤其在多边洽谈时，几乎均是“圆桌会议”。既淡化了“主次”的界限，又可避免失礼于人。

③ 个人仪表的准备

a. 仪表方面：出席洽谈会的商界人士最重视的是服装，正式场合参加人员的衣着是否得体，不仅是体现了个人及所代表的企业形象；同时也从侧面反映出对会晤的重视程度及对对方的尊重。男士应穿深色西装配白衬衫，打素色条纹或圆点式领带，黑色系列皮鞋配深色袜子。女士则可选择单一色彩的西装套裙，内衬白衬衫，肤色长筒丝袜配黑色中、低跟浅口皮鞋。

b. 发式方面：男士应以整洁传统的短发为主；女士则要以体现职业女性干练的、简洁、大方、端庄的发型为首选。同时，女士面部应配以清新淡雅的化妆。

（3）洽谈过程中的礼仪

洽谈是一项双方合作的事项，是双方派出己方代表，在特约的时间、地点进行的一场正规的洽谈，具有特定的规则程序。一般来说，从开始到结束划分 6 个阶段。

① 导入阶段

在洽谈刚开始的导入阶段，一般不会费时较多。主要是让洽谈者通过介绍或自我介绍彼此熟悉。在双方入座后，由各自的主要谈判代表分别向对方介绍己方谈判人员。如果是一方代表同时介绍双方的谈判人员，应先介绍己方人员，然后再介绍他方人员，以示对他方人员的尊重。

介绍与被介绍时应遵循介绍的基本礼仪：双方均要以和善友好的态度出现，行握手礼，面露微笑并说一声“您好”，在需要表示庄重或特别客气时，还可略施一躬。

接下来双方稍作寒暄。为了营造一个轻松愉快的洽谈气氛，话题应是松弛的、非业务性的，比如社会新闻，生活趣事等，要避免带有攻击性或胁迫的话题。如“听说企业发行的股票又大了，以你们目前的状况，如果洽谈不能成功，是否会造成很大损失？”

② 概说阶段

概说阶段的目的，是想让对方了解自己的目标和想法，双方做一些双向沟通。谈判代表发言时应当尽可能简短、清晰、准确，避免含混不清和转弯抹角，并且要善于向对方表示友善的情感，言辞和态度尽量不要引起对方的焦虑和愤怒。一方发言时，另一方应认真

倾听，尽量不要中间插话打断别人的发言。这个阶段的主要工作是陈述己方立场，提出己方条件，在这个问题上，双方都应采用审慎的、实事求是的态度，讲究信誉，注重自己的谈判形象。大量实例表明，在互相比较信赖的双方，如果有一方总是违反平等互利的原则、要弄手段、利用他人对自己的信赖以谋求谈判桌上的优势，最终必然会导致合作失败。

③ 明示阶段

洽谈中双方代表必定会有一些意见争议。明示阶段的任务就是把这些问题及早提出，并加以解决。而对这些必须解决的问题，双方都应遵循平等互利的原则，相互尊重，以平等协商的态度达成谅解，不允许采用强制、欺骗的手段仗势压人，要时刻注意维护自身与企业的信誉和形象。

④ 交锋阶段

对立，可以说是洽谈的命脉。在交锋阶段，为了达到己方的利益，应该表现出勇气、自信与毅力，朝着己方的追求目标勇往直前；同时也要牢记坚持礼敬对手，以诚待人的原则与立场。在交锋阶段，双方都会列举大量事实反驳、说服对手，在反驳对方意见时，要避免使用对抗性的、绝对性的语言，如“你们要么接受，要么放弃没有协商的余地”等，如果对手说了过火的语言或提出不合理要求，也应保持沉着冷静的态度，要以理服人，对“事”不可不争，对“人”不可不敬，要避免在暴躁的状态下进行人身攻击。

⑤ 妥协阶段

妥协阶段是洽谈过程中的“讨价还价”环节，即为了达成一致而进行的让步讨论。在任何一次正确的洽谈中，都没有绝对的胜利者和绝对的失败者。妥协是在求同存异的原则下，通过双方的相互让步来实现的。让步要互惠互利、公平合理、自愿，切忌穷追猛打、以大压小。现代的商界社会，讲究的是伙伴双方的同舟共济，所谓“买卖不成仁义在”。

⑥ 协议阶段

经过交锋和协商，双方认为已经基本达到了自己的理想，便要表示拍板同意，然后由双方决策人代表己方在协议上签字，这就需要一个签字仪式。主方在安排签字仪式时，首先要做好文本工作。文本要用规范的文句加以陈述，要表述准确、内容全面，不允许有歧义和遗漏。同时准备好签字用的文具。签字时应是先在己方保存文本上签名，再在对方保存文本上签字，然后交换文本，“握手言和”。协议书一旦签署生效，双方必须认真履行。

12. 商务拜访礼仪

（1）拜访前的准备

商务活动是一种双边或多边的交往过程，相互拜访是一种必不可少的交往活动，可以

促进彼此的了解，有利于扩大合作。

①预　约

前往对方处去拜访，应提前预约，以防突然出现给对方带来麻烦。通常应提前三天电话告知对方，简单说明自己拜访的原因和目的，以及预计到访时间，在得到对方同意后，方可前往。如提议时间与对方时间安排冲突，则可协议另行确定。

②确定目标

出发前拜访者应对此行的目的做到心中有数，如拜访的目的是什么，要解决的问题是什么，需要对方做的是什么等，如有必要，应准备好相关的资料文件，以免在洽谈时言语不知所谓，浪费彼此的时间和精力。

③服饰仪表

整洁端庄得体的仪表，是对被拜访者的一种尊重，所以出门前应检查一下自己的仪表。一般情况下，男士应身着深色西装配浅色衬衣，领带应以传统图案为主，黑色系带皮鞋配深色袜子；而同色西装套裙配白衬衣，中跟浅口皮鞋配肉色丝袜，则是女士的最佳选择。

④礼　品

是否携带礼品，要根据具体情况而定，一般情况下，当拜访的目的是为表示谢意时，可准备礼品。礼品的选择要有针对性，因人而异。要了解对方的爱好和品位，尽量使礼品受到受礼人的欢迎。通常情况下，不要赠送过于贵重的礼品，如珠宝、首饰、现金等，以免增加受礼人的心理负担，或有受贿之感。

(2) 拜访中的礼仪

①守时践约

拜访确定后，要准时赴约。这不仅是为了讲究个人信用，树立自身良好形象，也是对交往对象的尊重。拜访既不可迟到，也不可早到。过早的出现，会打乱别人的工作安排。赴约时可早到几分钟，稍作整理后，正点出现在约定拜访的地点。万一有特殊情况不能准时抵达，要及时通知对方，告知自己现处位置，大约多长时间后能到，并要致歉，以免对方焦虑。如因故不能赴约，应提前告知对方，以便对方及时调整自己的工作安排；同时向对方说明原因并道歉，请求谅解，必要时，还可以与对方商议，将拜访另行改期。

②进行通报

到达约会地点后，如未直接与拜访对象见面，要主动向接待人员通报自己的有关情况。一般而言，前往大型的企业单位，应首先前往接待处，向接待人员或秘书通报，由其代表安排见面。如果是前往宾馆拜访，应先在被拜访者下榻的宾馆一楼大厅接待处，打电话到对方房间通报，由对方决定见面的具体地点，切勿鲁莽地直奔对方的客房。前往普通人办公室进行拜访，首先应轻叩房门，得到主人允许后，再推门进入；即使房门是虚掩或敞开的，也应敲门，经允许后再进入。

③ 举止得体

见面后，要主动问候致意，如果是初次见面，要主动进行自我介绍，如果对方先行握手礼，要热情回应，否则，不要先行握手礼。如果是对方为长者、高职或女性时，更不可以自己先伸出手去。行过见面礼后，在主人的引导之下，进入指定的房间，坐在指定的座位上，且要等主人落座后方可坐下。先主人落座是一种失礼的行为。

如果需要交换名片，应双手接过对方名片仔细阅读后，妥善收好。切不可随手乱放。递名片时也应双手递出，且字体朝向对方，方便对方阅读。

谈话应开门见山，简单的寒暄后即言归正传、切入主题，不要海阔天空，浪费时间，而且不要自己一个人滔滔不绝。当对方发言时，要善于倾听，不清楚的问题，可以要求对方重新解释，但不要打断对方的讲话。如果双方意见不一致，要保持沉着冷静，不可冲动，避免产生不愉快的场面。

④ 适可而止

上门拜访应有时间观念，不要因为自己停留的时间过长，而影响对方其他的日程安排。如果双方事前未约定拜访时间的长度，则拜访者要自觉把握时间，当所谈问题讲清楚后，便可起身告辞。如果话题虽未讲完，但对方提议结束交谈，或以身体语言表现有结束的意愿，拜访者要主动提出告辞，绝不可纠缠下去，延长交谈时间。告辞时，即使主人表示挽留，仍需执意离去，且要向对方道歉，请主人留步，不必远送。

13. 商务聚餐礼仪

（1）工作餐礼仪

工作餐是指在商务交往中具有业务关系的合作伙伴为联络感情、交换信息、洽谈业务，而以用餐的形式所进行的一种商务聚会。

① 工作餐的特点

a. 具有实际目的：顾名思义，工作餐的目的是工作第一，进餐第二。商务人员讲究的是务实，工作餐自然也是如此，就餐双方一般都心中有数，意欲借聚餐来实现某种目的。

b. 规模小：工作餐一般规模较小，参加人数一般不超过 10 人为好。可以是两个人之间单独约见，也可以是相关人员的小聚。

c. 随意性：相对于正式宴会来说，工作餐有一定的随意性，只要双方无异议，可以随时随地举行。聚餐前也不必向客人发出正式请柬，时间也不必提前预约。一般情况下，提议者电话邀请，对方同意参加，即可举行工作餐。工作餐通常安排在工作日的午间，以不影响参加者工作为准。

d. 提议者做东：依国际惯例，不论工作餐规格高低，提议方应负责工作餐的付账。

② 工作餐中的礼仪

工作餐举行的具体时间，原则上应由主客双方协议而定。按惯例，以午餐时间为最佳时间。即中午 12 时至 13：30 分。一般情况下，工作餐的时间以 1~2 小时为宜，以免影响双方下午工作，若有特殊情况，在双方同意的情况下，可适当延长时间。进餐的地点应由主人选定，客随主便。但主方应考虑到客人的交通情况，不要选择距离客人较远或通行不便的地点就餐，选定的餐厅应卫生状况良好，环境安静舒适。

确定工作餐的安排后，主方应提前预订座位，以免抵达后餐厅客满给双方带来不必要的麻烦。订座时，必须将自己的要求明确告知对方，如：理想的桌位、就餐的人数、菜式的要求、用餐的时间等。

一般情况下，主方应提前 10 分钟抵达就餐地点，首先落实一下餐厅的安排工作，然后迎候客人的到来；如有不便，应告知饭店迎宾人员，请代为引导客人到预定座位；如果主方因特殊情况不能准时抵达，一定要电话联系客人告知原因，并为此致歉。

工作餐是一种非正式的商务宴请，对于座次的安排一般没有严格的要求，双方可自由入座。但出于礼貌，主人应等客人落座后再就座，且应把座向较好的位置让于客人。如果主人与客人为同性时，主人可坐于客人的对面，也可坐于客人左侧；客人为异性时，主人应选择客人对面的位置。

菜肴的选择要少而精，不应刻意追求奢华。具体的选定，可征求客人的意见，以示尊敬，要注意回避客人的饮食禁忌。工作餐中应避免选用烈性酒，可以饮料代替，或适当饮用啤酒、红酒。为了卫生起见，可采用“分餐制”或“公筷制”。

进餐期间，宾主双方拟订有实质性问题的，交谈宜早不宜晚，按常规，用完主菜后，主人可以提示对方交谈能够开始了。

工作餐应当适可而止，问题一旦谈妥，工作餐即可告终。双方均可提议终止用餐，如果问题虽未谈妥，但时间已久，主方应主动提议结束。

(2) 自助餐礼仪

自助餐亦称冷餐会，是目前国际上通行的一种非正式的西式宴会。因其自由性、便捷性，在大型的商务活动中较为多见，它通常不预备正餐，以冷食为主。用餐时自行选择食物、饮料。

① 自助餐的特点

经济节约：自助餐多以冷食为主，一般不设正餐，也不上高档的菜肴酒水，避免了奢侈、浪费，节约了开支，在以务实为宗旨的商界倍受青睐。

气氛融洽：正规的自助餐，往往不排定座次，客人可以按抵达先后或个人喜好随意选定座位，或选择相熟的合作伙伴，或意欲结识的人士坐在一起。有些自助餐会甚至不设座

椅，方便大家自由地与每个人进行交谈。

容纳性大：在客人众多的情况下，自助餐不失为一种首选，而且还可以解决“众口难调”的问题。客人可以随意地挑选自己喜爱的菜肴。

② 自助餐中的礼仪

a. 承办礼仪

主要是指承办方在安排就餐时间、地点、食物的准备及客人招待方面依循的礼节问题。首先是时间的安排。依照惯例，自助餐多被安排在各种正式的商务活动之后，既可以是正餐，也可以是晚餐。其次是地点的选择。要安排在离商务活动较近、交通便利的餐厅，既要注意环境的整洁卫生，更要考虑其容纳性，是否能为众多的就餐者提供足够的交际空间。再是食物的准备，自助餐以冷食为主，为了满足就餐者的不同口味，在食物品种的选择上可以是多元化。菜式上既可以是西式的餐饮，也可以是中式的，或者中西餐结合。在食物品种上也可以有不同侧重，或以冷食为主，或以甜品为主，如有必要还可以酌情增添特色菜肴助兴。还要注意食物的卫生，热菜的保温等问题。务必保证有充足的食品供应。最后是做好对客人的招待工作。在所有的来宾中，主宾是主人的招待重点，主人应陪同主宾就餐，为其介绍食物的特点，引见其他客人，满足其在就餐中的特殊要求等等。但也要注意给主宾留有自由活动的时间，不要始终伴随其左右。除主宾外，主人还要照顾到其他客人。就餐期间，主人应担当起引见者的责任，积极热情地牵线搭桥，尽量为彼此不相识的客人创造相识和交谈的机会，活跃气氛，避免僵局。

b. 就餐礼仪

讲究秩序：参加自助餐会的客人一般比较多，每个人都有责任和义务自发地维护公共秩序。应按先来后到，排队选择食物。加塞、哄挤等行为是缺乏修养的举止，均会破坏自己的形象。

注意卫生：自助餐实行的是“分餐制”。取菜前每个人应准备好自己的餐具、食盘。取菜时，应用公用的餐具将食物放入自己的食盘内，不要用自己的餐具取菜。自助餐所提供食物品种较丰富，为避免串味，备餐人员会在不同味的食盘内放入公用餐具，就餐人员应注意，不要把不同口味的公用餐具混用，以避免影响食品的口味。对于自己中意的食品，应直接放入餐具内，不要在取菜时挑挑拣拣；食品一旦放入自己的食盘，就不能再把它放回公共食盘，因此，最好先在备餐台周围转看一下，了解情况后再去取菜。

避免浪费：参加自助餐会，应遵循“多次少取”的原则，也就是说，在选取食物时，应量力而行，用餐者在选取某种菜肴时，可以反复去取，不会遭人非议。每次取餐少取一点，品尝之后，如感觉不错，可以再次去取。每次应把餐具内的食品用完之后才可再次去取，切忌将食物狂取一通，结果口味不合或吃不完而导致浪费。

不可外带：当自助餐具有商务活动功能时，就餐者必须明确，与其他人士进行交往才是首要的事情，吃东西往往属于次要地位。在就餐时，一方面应当与老朋友叙叙，增进彼

此的感情；另一方面还要积极争取多结识新的朋友，扩大自己的交际圈，发掘潜在的交易伙伴。介入陌生的交际圈，要结识新朋友，可以请老朋友、主人引见，也可以寻找机会毛遂自荐，借机加入。但要注意礼貌，不可贸然闯入陌生的交际圈。

14. 开业庆典礼仪

店铺开张，粮行开市，厂矿开工，公司开业，如办大喜事，庆贺者往往很多。业主在开业之时，为了扩大影响，造成喜庆吉利的气氛，可以邀请有关领导、有关单位代表、新闻记者和有关职工群众参加，并发启事、请柬，请客人参加开业庆典；还可以张贴对联、挑挂店招，介绍经营宗旨，宣传产品、商品，组织参观现场。客人则献花篮，送贺联、贺诗、贺幛、贺匾，发贺函、贺电，宾主共祝财源茂盛，事业兴隆。

(1) 奠基石礼仪

建筑高厦或大型建筑工程，如水库、水坝一般都有奠基石。这种奠基石多砌在建筑物正面墙的下部。奠基石当中镌刻“奠基”两字，左右或上下镌刻两行小字，一行是单位，一行是年月日。

奠基石有 3 种方式：

① 奠基石上半部镌刻“奠基”两个大字，下半部分行列出建设单位、设计单位和施工单位名称，末行刻上日期。

② 奠基石中部镌刻“奠基”两个大字，上方或右方镌刻建设单位，下方或左方镌刻承建单位及施工日期。

③ 奠基石正中间镌刻建筑物名称，右下方镌刻施工单位及动工年月日，这样的奠基石砌在建筑物正面中部，以引人注目。如：

有的奠基石，只刻“奠基”两字及施工日期，而建筑物名称标在建筑物正面顶端。

农村建房，多在墙基上砌一块青色的奠基石，上面镌刻“泰山石敢当”5 个大字。

(2) 厂店名号礼仪

办厂开店，总要有个名号。这个名号就是该厂该店的招牌和标志，用以区别其他厂店。招牌是于开业仪式前已装修安在店面上的，在开张前应用红绸布或红布把招牌遮盖好，到开业时，边放鞭炮边揭开红布。

厂店名号的取用方法主要有以下 5 种：

① 厂店所在地名加该厂店所生产或经营的内容。如武汉市半导体器件厂、福州东街口百货大楼等。若要标明厂店所有制性质，则加在最前面。如国营永安化工厂，中美合资武汉同济海昌联合开发公司等。

② 采用能点明企业所在地的代用词作为企业名号。如燕京饭店、齐鲁饭店、芙蓉饭店。

③ 用一个富有寓意又有文采的词作为企业的名号，如白天鹅宾馆、昆仑饭店、益民食品厂、云锦裳服装店。

④ 联营企业和有些合资企业，往往用双方地名加经营生产业务为厂店名号，如榕港铝业有限公司（福州与香港合资企业）、福日电视机有限公司（福建和日本合资企业）。

⑤ 起一个号召性或逆反性的厂店名号，以引起顾客的关注。如清香饭食店、美味饭店、狗不理包子店、好再来酒家、懒汉菜馆。

厂店名号也有 3 种形式：一种是望子，也叫“幌子”，是招引顾客的布招。店户在旗杆上挂一块布，上面书写“茶”、“酒”、“当”等字样，以表示是一家茶馆、一家酒店、一家当铺等。另一种是“招牌”，表示店铺的经营范围，宣传店铺的特色。如“陈年老酒”、“湖绉南绸”、“百年老店”，等等。第 3 种是“门匾”，有的用木标记，有的直写墙上，有的用霓虹灯装饰；起名的范围广泛，如福泰、醉仙楼等，有的门匾不写字号，而代之一些吉利的喜庆之语，如金玉呈祥、海上明珠等。

(3) 广告启事礼仪

广告是一种宣传性的公告，性质和启事公告一样，为了让更多人了解广告内容，通过电台、电视台、报纸、杂志等新闻媒介发出，使用诱发人们情感的语言文字，引起人们注意。但是，在增强感染力的同时，首先要诚实，不能言过其实；其次是要有创意，用极简洁的语言构成意境，以取得人们的信任和好感。而在设计中，排版格式、颜色图案，都要美观大方。

开业启事与开业广告在性质上一样。不过开业启事一般较简洁，写明商店开业的时间、经营的范围和服务宗旨，必要的话，还写上商店地址、电话号码、邮政编码、交通路线，以及开户银行和账号，还有厂长、经理、董事长的姓名，以便联系。

：

××集团公司××商场即将开业

总经理：××× **副总经理：**××× ×××

商场建筑面积 32041 平方米，营业面积 13997 平方米，地上五层、地下二层，地上一至四层营业，安装中央空调、自动扶梯电梯、烟感报警和自动喷淋消防系统、监控系统等现代化设施，为您提供安全、便利、优雅、舒适的购物环境。

经 营 方 针

高中低档商品全面经营，突出高、中档商品和名、优、新商品，与全国各工商企业广泛联合，以经销、代销、展销、以厂进店各种形式，广开货源渠道，开

创商场经营全、品种多、档次高的经营特色。

服 务 宗 旨

以信誉第一、服务至上，竭诚为本市居民、全国来京人员、国外宾客和机关、企事业单位提供周到满意的服务为宗旨，努力在迎客、待客、便民措施、布局陈设上带给您方便和惬意的享受。

经 营 项 目

日用百货、服装鞋帽、针织纺织品、家用电器、文化用品、工艺美术、旅游商品、食品副食，开设国内第一家市内免税商店，设高档饭庄和快餐厅、音乐、茶座、舞厅、美容厅、服装鞋帽加工、工商银行国际部等营业场所。

热切欢迎国内外各界人士光临洽谈业务！

地址：北京市××区××大街××号

电话总机：（略）传真：（略）

例2：

热烈庆祝××办公设备经营部

隆 重 开 业

本部系××复印设备公司的下属企业，为实现C地区办公设备现代化服务。开业之际隆重推出最新佳能产品——WP-2020复印机，同时展销国内外各种名优复印机、制版机、三位一体机、电脑、机械打字机、速印机、工程复印机、晒图机、传真机及消耗材料零配件。

欢迎各界人士光临！

地址：××市科技街×号

电话：（略）

时间：××××年×月×日

例3：

××宾馆开业启事

谨订于1994年4月1日起正式对外营业，欢迎国内外人士光临

金湖中餐厅：承办喜庆宴席，欢迎订座。

银湖西餐厅：早×时至晚×时营业。

咖啡厅：下午×时至×时

地点：××市××路××号

电话：（略）

例4：

××门市部开业启事

本门市部翻修工程已顺利完工，定于元旦正式开始营业，经营四季时装，欢迎广大顾客选购。

××门市部

××××年×月×日

(4) 邀请书

业主在店户开张之际，为了邀请亲朋好友和社会各界人士参加开业仪式，往往要发出邀请书。这类邀请书一般比较精美，以示庄重。邀请书应在开张前的若干天之前发出，以便使受邀者早作考虑和安排。如有必要，可注明“请回复为盼”一类文字，使受邀者在可能的情况下向主人回复是否接受邀请。

(5) 贺电贺函

①贺　电

敬贺开张，并祝吉祥。

敬贺开幕，并祝业务发达。

欣悉宝号开张，敬贺财运亨通。

欣闻宝号开张，祝贺财源茂盛。

鸿基始创，骏业日新，特电祝贺。

宝肆禄开，财源涌进，陶朱猗顿，指日可期，聊奉贺仪，预为赞喜。（附礼金）

②贺　函

例：

××友：

我们自从暑假分手后，好久没有通信。据说你将在城南悬壶开业，这真是一个喜讯。像你这样承家传又毕业于医学院的学生，无疑能很好地胜任这个职业。

我送你一副对联：

作弹劾阎王的御史

为修理人体之技师

这两句话你以为如何？请你把它挂于诊所，也好尽我一些捧场的微意呢！

祝

顺遂！

友：××

×月×日

③ 贺幛用语

开张宏发 开业大吉 文明经商 广开财源 和气生财

宾至如归 服务周到 财源茂盛 百货齐备 万商云集

商德昭世 利路亨通 门市吉庆 业崇财裕 四通八达

艺术天地（书画店） 春华秋实（水果店） 宾至如归（旅店）

从头做起（理发店） 巧夺天工（工艺店） 鼓乐琴韵（乐器店）

启业 进财 新张 开张志喜

④ 贺 诗

（宋）徐玑《咏酒》

凉从荷叶风边起，暖向梅花月里生。
世味总无知此味，深知此味即渊明。

（明）瞿佑《剪刀》

双环对剪鱼肠快，两股齐开燕尾长。
针线有功凭制造，绮罗无价任裁量。

（唐）李白《客中作》

兰陵美酒郁金香，玉碗盛来琥珀光。
但使主人能醉客，不知何处是他乡。

（明）王廷耀《绿茶》

山中春有黄金芽，气味自别寻常家；
入口令人破孤闷，比之众卉先开花；
含露摘，炊白石；
不因我侯缓征役，山中那得兹清暇。

（6）庆典仪式

庆典仪式是公司或商店开张之际，为了扩大影响和提高单位的知名度，举行的较为隆重的开业庆典活动。这种庆典活动都要借助新闻媒体，向社会公布开业时间、地点以及优惠办法等等，造成一种较浓厚的喜庆氛围。其基本要求是隆重、热烈、礼节周到，既能达到预定的目的，又能收到很好的效果。

在庆典活动中，还要举行隆重的剪彩仪式。举办剪彩仪式，一般要经过以下几个

环节：

首先要做好庆典活动的宣传工作，根据单位的大小和财力，采用不同的方式，可以张贴和散发开业公告。若是一个大的商场和公司举办开业庆典活动，大都在开业前的几天，连续在报纸上以整版或半版的篇幅，刊登广告，借以扩大影响。

其次要在举行庆典活动的现场和商店的门口以及交通要道，安排佩戴绶带的礼仪小姐。庆典活动应有喜庆感，场面要热烈。一般应悬挂“××商店（公司）开业庆典”的会标，会场两边可布置来宾赠送的花篮、盆花，四周悬挂彩带、宫灯；现场的上空还应悬挂带有巨幅广告的气球，还可以请乐队来演奏欢快喜庆的乐曲；还应在现场安放好来宾和首长的座席，请好摄影师和摄像师等等。

在开业庆典活动中，剪彩仪式是必不可少的一项重要内容。剪彩仪式要进行得紧凑简洁，隆重热烈。

剪彩者一般由客人担当，或是请上级领导，或是请主管部门的负责人，或是请某一方面的知名人士担任。剪彩者要注意仪表，以给人一种精干和文明的好印象。

剪彩活动的形式和步骤大致如下：

① 请来宾入座

如果不是对号入座的话，可提醒来宾坐到预定的位置上。对就座于主席台的人，最好能在座位前放置姓名牌，到时由礼仪小姐引领入座！

② 宣布剪彩仪式开始

主持人在宣布剪彩仪式开始后，应鼓掌向与会者表示谢意。若有必要，还应向到会者介绍一下参加剪彩仪式的领导、负责人和知名人士，并同时向他们表示谢意。

③ 安排简短的发言

发言人一般以安排展览会、展销会、公司和商店的负责人担任为好。发言的内容是介绍此次展览会、展销会、公司或商场的经营宗旨，或者是新设施建成的意义，并对有关过程进行汇报。同时，也可安排其他有关部门的人员作祝贺性的发言。

④ 进行剪彩

剪彩时，主席台上的人员一般要尾随于剪彩者之后 1~2 米处。待剪彩完毕时，向四周群众鼓掌致意。

在剪彩时，剪彩者应注意使自己保持一种稳重的姿态，忙而不乱。当走向剪彩的绸带时，步履要稳健，面带微笑，在这种场合要全神贯注，否则就是失礼的表现。在剪彩之前，神态应有一种庄重感。当工作人员用托盘呈上剪彩用的剪刀时，可用微笑来表示谢意。在剪彩之前，也应用微笑向手拉绸带的左右两边工作人员表示谢意。然后，聚精会神地把彩带一刀剪断。剪彩完毕，应转身向四周人们鼓掌致意，并与主人进行礼节性的谈话，握手表示祝贺。

⑤ 欢迎首批顾客

开业结束，商店即正式对外开放。店领导和营业员可立在店门口迎接顾客光临。在营业过程中，营业员应适时地说一些向顾客表示感谢的话，欢迎顾客常来光顾。还可准备一些购物袋，上面印有开业典礼的字样，赠送给顾客作纪念。

15. 商务签约礼仪

商务签约仪式是各种组织之间通过谈判，对某一方面专业领域的合作事务达成的相互协议进行书面签字，以确定其法律依据的活动。

要确保商务签约的顺利进行，必须遵守以下仪式礼仪：

(1) 商务签约的准备工作

布置好签字厅。签字厅要保持庄重、整洁、清静；室内应铺满地毯，正规的签字桌应为长桌，桌面上最好铺上深绿色的台布；签字桌应横放于室内，在其后摆放适量的座椅；签署双边性合同时，可放置两张座椅，供签字人就座；签署多边性合同时，可以仅放一张座椅，供各方签字人签字时轮流就座，也可以为每位签字人提供座椅。签字人就座时，一般应面对正门。

在签字桌上事先安放好待签的合同文本以及签字笔、吸墨器等签字时所用的文具。与外商签署涉外商务合同时，还需在签字桌上插放有关各方的国旗。

(2) 商务签约人员的安排

签字人要视签订文件的性质来确定，可由组织中最高负责人签，也可由具体部门负责人签，但双方签字人的身份应该对等。事先还要安排好助签人员，并洽谈好签字的有关细节。其他出席签字仪式的，基本上是双方参加会谈的全体人员，人数最好大体相等。

签署双边性合同时，应请客方签字人在签字桌右侧就座，主方签字人则应同时就座于签字桌左侧。

签署多边性合同时，一般仅设一个签字椅。各方签字人签字时，须依照有关各方事先同意的先后顺序依次上前签字，助签人应随之一同行动。

(3) 对签字合同文本的要求

依照商界的习惯，在正式签署合同之前，应由举行签字仪式的主方负责准备待签合同的正式文本。

待签的合同文本应以精美的白纸印制而成，按大八开的规格装订成册，并以高档质

料，如真皮、金属、软木等做成封面。

(4) 商务签约程序

有关各方人员进入签字厅，在既定的位次上各就各位，签字仪式正式开始。

签字人正式签署合同文本。通常的做法是，首先签署己方保存的合同文本，接着再签署他方保存的合同文本。

签字人正式交换已经有关各方正式签署的合同文本。此时，各方签字人应热烈握手，互致祝贺，并相互交换各自一方刚才使用过的签字笔，以示纪念。全场人员应鼓掌表示祝贺。

共饮香槟酒，互相道贺。交换已签的合同文本后，有关人员，尤其是签字人当场干一杯香槟酒是商务签约典礼通行的、用以增添喜庆色彩的做法。

在一般情况下，商务合同正式签署后应提交有关方面进行公证，此后才正式生效。

第十辑

服务业礼仪

俗话说："车有车道，行有行规。"面对各个行业的不同情况，要区分对待，万不可一概而论，否则，不但闹出笑话，还会伤害对方。

1. 宾馆服务礼仪

（1）前厅预订服务礼仪

① 接受电话预订或柜台口头预订时，应主动问好，询问需求；要热情礼貌，语调亲切甜美，并根据各种不同类型的客人准确报价。若不能全部满足客人要求时，应建议客人做些更改，主动提出一系列可供客人选择的建议。若实在无法满足，也应用友好、遗憾和歉意的态度对待客人，并希望客人下次光临。

② 受理预订时认真做好记录，迅速处理。填写预订单时要仔细，逐栏逐项填写清楚。

③ 所有订房信息资料应准确无误地输入电脑。订单资料要分类摆放、整齐规范，以便为后面的预订工作提供准确信息。

（2）前厅门童服务礼仪

① 迎　宾

a. 客人抵达时，向客人点头致意，并说："欢迎光临"。如客人乘坐小汽车，则应替客人打开车门，用左手拉开车门 70 度左右，右手挡在车门上沿，为客人护顶，并提醒客人"小心碰头"。开关车门要小心，注意勿碰了客人手脚，注意扶老携幼。

b. 要协助行李员卸下行李，查看车内有无遗留物品，然后关门，退后一步，示意司机发车，并向司机道谢。

c. 对重要客人或常客要准确礼貌地称呼客人姓名。住店客人进出酒店时同样要热情招呼致意。

d. 遇下雨天应为客人打伞。

② 送　宾

客人离店时，首先协助行李员装好行李，并请客人清点过目。当客人上车时，预祝客人旅途愉快，并感谢其光临，最后轻轻关上车门，面带笑容，后退一步，向客人挥手致意，目送客人随车离去。

（3）前厅行李服务礼仪

① 主动向客人表示欢迎，请客人一起清点行李件数并检查行李有无破损，然后引领客人至总台。引领时应走在客人左前方，距离二、三步，合着客人脚步走，拐弯处或人多时要回头招呼客人。另外，搬运行李必须小心，不可用力过大，更不许用脚踢客人行李。

② 客人办理入住登记手续时，应背手站在总台一侧（离前台约 4 米以外的地方），眼睛注视接待员，待客人办妥手续后，主动上前从接待员手中接过房间钥匙，帮客人拎行李，并引领至房间；途中要热情主动地问候客人，向客人介绍酒店服务项目和设施。若乘

电梯要先请客人进出电梯。

③ 进入房间前，要先按门铃，再敲门，房内无反应，再用钥匙开门。进房后，先开总开关，退至房门一侧，请客人先进。将行李放在行李架上或按客人吩咐放好，然后介绍房内设施及使用方法，介绍要简练，有所侧重。最后要问是否还有吩咐，如没有，即道别，祝客人在本店过得愉快，迅速离开，轻轻关上房门。

④ 客人离店行李服务

a. 客人携行李离店，应主动提供服务。

b. 当接到电话通知去客房为离店客人拎行李时，应问清房号，迅速赶到客人的房间门口。进房前要先按门铃再敲门，帮助客人清点行李后再离开房间。

c. 到大厅后要先到收银处确认客人是否已结账，如客人未结账，应有礼貌地告诉客人收银处的位置，并提醒客人交回房间钥匙。送客人离店时，再次请客人清点行李后装上车，向客人道别，祝客人旅途愉快。

（4）总台接待服务礼仪

① 客人来到总台时，要面带微笑向客人问好，并表示欢迎和乐于为其提供服务，然后询问是否已预订房间。若客人已办理预订，应迅速查找订房资料，为客人复述订房要求，同时解答客人的疑问。若未预订，应首先询问其住房要求和具体需要，同时查看当日可住房情况，并根据情况用建议的方式向客人推销，请客人选择。即使不能满足要求，也应设法联系其他住处，尽量帮助客人。

② 请客人填写入住登记表。如客人有疑问，应礼貌地向客人解释。填完后应表示感谢，并请客人出示有效证件，核对无误后迅速交还并再次感谢。

③ 为客人安排房间并确定房价，尽量满足客人的要求。注意必须向客人再一次重复、强调，以至确认。询问客人付款方式，确定后请客人在房卡上签名，并将房卡，钥匙交给客人。

④ 客人要离开前台时，应安排行李员运送行李和引领进房，最后向客人道别，祝客人入住愉快。

（5）总台问讯服务礼仪

① 回答客人询问时，要主动、耐心、热情，做到百问不厌。答复要肯定而准确，语言流畅，简明扼要；不能模棱两可，更不可以推托、不理睬客人或简单拒绝。对不能回答或超出业务范围的问题，应向客人道歉或迅速查阅有关资料，请示有关部门后回答。

② 非住店客人查询住店客人的有关情况时，要先问清来访者姓名，与住店客人的关系等。然后打电话到被查询者房间，经允许后，才可让来访者去找。若住店客人不在房内，切不可将其房号及电话号码告诉来访者，也不可让来访者到房间找人，以保证客人的隐私权。

③ 接到查询住店客人的电话时，应问清客人姓名，而后征得住店客人同意后将电话接到房间；若房间无人接听电话，可建议打电话者留言或稍后再打，不可将房号告诉他。

④ 当住店客人要求对其房号保密时，应准确记录保密的房号、起止时间和特殊要求。若有人来访或查询，一般以客人没有入住为理由予以拒绝。

(6) 电话总机服务礼仪

① 必须在总机铃响三声之内应答电话。拿起电话首先用中英文熟练准确地自报家门，并自然亲切地使用问候语。接过去的电话，铃响半分钟后（五声）若无人接听，应向客人说明，询问是否需要留言，若需要则转到总台问询处。

② 电话叫醒服务，应准时，若无人答应，一分钟后再叫一次，仍无人应答则通知大堂副理或客房服务中心。

③ 应答电话时，必须礼貌、友善，而且声音清晰、亲切、自然、甜美，音调适中，语速正常。

(7) 客房迎送服务礼仪

① 迎宾礼仪

a. 准备工作。在客人到来之前应了解客情，布置房间，检查设备用品，调节客房空气和温度。

b. 应接工作。当客人走出电梯间，应立即迎上前去，并致欢迎词。请客人出示房卡，双手接过房卡，仔细核对房号和住宿天数，确认后双手还给客人，并道谢。而后引领客人进房，引领时走在客人左前方 2~3 步，遇到转弯处要回头示意。途中可向客人介绍酒店的设施和服务项目。开门后要站在客人对面，面对宾客伸手示意，请客人先进。进入房间后，应规范地为客人送茶递巾，并介绍房内设施，注意介绍要简短，尽量少用手势。当客人没有吩咐的事情后，先倒退一、二步，再转身，走到门前，转身面向客人示意，轻轻把门关上。

② 送宾礼仪

a. 准备工作。掌握客人离店的确切时间和所乘交通工具的车次、航班。仔细检查最后代办事宜，抓紧办妥。检查账单，如洗衣、饮料单、长话费用等，清理好迅速转总台，以免耽误和错漏。主动询问客人行前有何需求，并提醒客人检查自己的物品，不要遗留在房间。

b. 送别工作。客人启程离开楼面时，应主动为其提送行李，送至电梯口，并叫电梯，礼貌告别，目送离去。若老、弱、病、残者应主动搀扶，送至大门口或汽车上。

(8) 接待贵宾服务礼仪

① 了解贵宾和陪同人员的姓名、抵离店时间、房号、不在房间，应将衣物放在床上，绝不能直接挂入衣柜。

② 及时将洗衣账单交总台收银处入账，待客人离店时统一结算。

③ 如出现差错或损坏，要及时与洗衣房联系，调查原因，并向有关部门汇报，请示处理意见。

2. 售货员的礼仪

(1) 售货员的工作礼仪

售货员礼仪是指售货员在接待顾客过程中在仪表、言谈、举止等方面应当讲究的行为规范。售货员讲究礼仪有着重要的意义。

售货员讲究礼仪，首先是售货员本人道德修养、文化素质和思想觉悟的外在流露。售货员仪容整洁、装束大方、言谈文雅、举止庄重，会为自己在千百万顾客心目中树立起一个美好的个人形象。这是商业售货员应当具备的一种重要素质。同时，通过每个售货员文明礼貌的服务，又在为本企业塑造着良好的社会形象，为企业赢得社会声誉。由于零售商业遍布城乡，地处人口密集的闹市，因此，售货员的文明礼貌又成为传播精神文明的窗口。

售货员讲究礼仪，是改善服务态度、提高服务质量的重要内容。顾客到商店来，主要有两个要求：一是对物质的要求，希望买到称心如意的商品；二是对精神的要求，希望得到热情、文明的接待和耐心、周到的服务。现代商业，把顾客奉为上帝；旧时商业，把顾客奉为衣食父母。那么作为商业企业中的一员——售货员，当然要满足顾客的这两项起码的要求，为企业赢得信誉，赢得效益。可见，售货员讲究礼仪，不论从那个角度讲，都是十分重要的。

售货员的工作是一项思想性、专业性、技术性都很强的工作。从售货员的言行中，可以体现出新的道德风尚，体现出人与人的关系。特别是现在，社会主义市场经济蓬勃发展，市场竞争日益激烈，这便对售货员提出了更高的要求。

(2) 售货员的品德修养

售货员应当具有良好的品德修养：作风正派、廉洁奉公、仪容整洁、举止庄重、言谈文雅、待人礼貌，接待顾客主动、热情、耐心。同时，要不断改善服务态度，提高服务质量。

售货员的工作是一项社会化的集体劳动，每天要经手大量商品和货币，接待无数位顾客，所以售货员还必须有严格的遵纪守法观念，能自觉地遵守劳动纪律，把自己放在集体和纪律的约束和监督之下，时时事事严格要求自己，以严肃的态度、严明的纪律，优质高效地进行劳动。

(3) 售货员的业务水平

售货员售货，靠的是业务技术，没有过硬的业务技术，其他便都成为空话。售货员应当掌握本商店的有关业务知识，包括商品的购进、验收、销售、保管、盘点、核算和破损处理等环节的知识；熟悉自己所经营商品的商品知识，包括商品的分类分档和品级；货号、品名和别称；产地、商标和包装；性能、质量和用途；花色规格和价格；使用、保管和简单维修；主要结构和零部件；流行性、连带性和类似商品等等。掌握这些知识，对于分析商品库存结构，掌握商品销售规律，适应顾客购买心理，准确介绍商品，回答询问和当好顾客参谋，使顾客买到称心如意的商品，都是必不可少的基本功。

售货员还必须有一身过硬的售货操作技术，这是售货员最重要的基本功。它包括拿放展示技术，称量技术，包装捆扎技术，计算技术，取款、点钞、找零技术，开发票、填支票技术等。有了这些技术，才能提高售货速度，减少顾客购买时间，提高服务质量和劳动效益。

业务技术是为顾客服务的主要手段，售货员要熟练掌握，就必须勤学苦练，刻苦钻研技术、精通本行业务，不断提高自己的业务素质，更好地为顾客服务。

(4) 售货员的仪表

仪表，即人的外表，一般是指人的仪容、衣着打扮和卫生状况。售货员的仪表是和店容店貌不可分割、不可缺少的组成部分。售货员的仪表会给顾客造成深刻的第一印象，对顾客心理变化起着重要作用，所以售货员讲究仪表是很重要的。

售货员的仪表主要包括服饰、修饰两个方面。

①服　饰

服饰是指售货员的衣着穿戴。由于售货员职业的特殊性，其服饰也有特殊要求。

不同的人，有着不同的审美情趣；不同岗位的人，有着不同的审美标准。售货员不同于演员，售货岗位不同于舞台，所以服饰不可以奢华。售货员上岗位后，是在从事紧张的劳动，不同于在日常生活之中，所以不应太随便，或不修边幅，或穿奇装异服。售货员的服饰应当样式美观大方，色调和谐雅致，体现出与个人体型、工作特点、环境条件和民族习俗相协调统一的整体效果。

商店有统一工作标志服的，所有售货员在上岗时都必须穿上标志服，不能是有的人穿，有的人不穿。工作标志服是上下身配套的，就必须上下身配套穿，而不能只穿一件标志服。如果只有上衣是工作标志服，下身可以着便服，但也应搭配得当，裤子或裙子应在样式、色调上与工作标志服相协调。商店没有工作标志服的，衣着样式应当利落大方，色调庄重雅致。无论如何，不可穿得过分花哨、袒胸敞怀，更不能只穿背心裤头。

上岗时，还要按规定佩带好工作证或徽章。出售食品的售货员必须戴上工作帽，把头发盖好，有的还要戴上口罩。鞋袜的穿着也应注意与工作特点和全身服装相统一。

不论穿着什么装束，都应当整齐干净。不要穿得皱皱巴巴、歪歪扭扭，甚至古里古怪。该扣的扣子要扣上，该系的带子要系紧，不要捋袖子、卷裤腿，不要光着脚穿鞋，不要把鞋当拖鞋穿，不要戴墨镜，不要围围巾、头巾。

总之，售货员讲究服饰美是对本职工作严肃认真、充满热情的反映，也是对顾客表示尊重的体现。每个售货员都应当通过讲究服饰美，不断提高自己的审美情趣和对工作、对集体的责任感。

②修　饰

售货员除要讲究服饰外，还要讲究修饰。修饰，主要是指对容貌的化妆和对装饰品的佩带。商业售货员的修饰，应当体现出健康向上、积极进取的精神风貌。

用现代商业的观点来看，对售货员的化妆，应当认为是一种礼貌。售货员每天和无数的顾客打交道，如采用一张平平淡淡的脸与顾客打交道，尽管你注意了言谈举止，防止使顾客产生不愉快，但总不如对自己的容貌化过妆后那样显得精神饱满而使顾客在一开始接触时便产生了好感。现代社会，化妆已经成为人们习以为常的普遍现象。化妆虽然有人工修饰的成分，但只要得体，就会通过化妆强调出自己容貌的优点，掩饰自己的缺点，不仅会使自己容光焕发、表情生动，而且还会使自己心情愉快、增强自信、精神饱满。售货员化妆接待顾客，有如我们在家里为迎接前来拜访的客人，要先把房间打扫得干干净净，收拾得漂漂亮亮一样，表现出对客人的尊重和礼貌。所以，售货员化妆是必要的。

售货员化妆必须掌握适度，要根据环境特点、自身特点、当地习俗等掌握分寸，切忌过艳。浓妆艳抹甚至将低级、庸俗的东西带进柜台，会损害自己的形象，影响顾客的购买心理。

a. 男性售货员的修饰

男性售货员，要勤理发、洗手、勤剪指甲，不留长发和怪发型，鬓角不可过长，不留胡须，上班前不喝酒，不吃生葱、生蒜等带强烈刺激气味的食物。

b. 女性售货员的修饰

头发：头发要勤洗、勤梳理，发型以短、散、松、柔为宜，显示出自然、端庄之美。短发式，显得轻巧、活泼、充满活力。长发处理不好会显得笨重、迟钝，而且工作起来很不方便。留披肩长发的，在上岗时应当用深色的丝带把头发扎起来。有些年轻的女售货员喜欢用刘海遮一下前额，这不失一种青春的美，但不可过密过长，盖住眉毛，那样显得很压抑、拖沓，给人以沉闷的感觉。

面部化妆：售货员站柜台，不同于演员上舞台，化妆不可过艳，应以自然适度为原则，以淡淡的粉妆为宜。粉底应选用同自己肤色一致的粉底霜，薄薄地拍打均匀，眼影和鼻线可用咖啡色眼线笔先打个线，再用手揉匀。眼线用黑色眼线笔，眉毛用黑色或棕色眉笔画上，在颧骨附近，用软刷淡淡地刷上一些胭脂，最后用与皮肤相同的粉来定妆。嘴唇应用粉红色的口红涂抹，太暗显得萎靡不振，太鲜显得浓艳、不庄重。

指甲及其他：售货员的指甲应当常剪常修，一般不宜擦指甲油。营业时，也不可佩带手镯和带坠子的耳饰。也不宜带惹眼的胸饰、领花和戒指等。

女售货员的修饰美是尤为重要的，但分寸不易把握，要在不断提高文化素养的前提下，不断提高自己的审美情趣，进而提高自己的化妆艺术。

（5）售货员的举止

举止，指一个人的动作和姿态。售货员的举止，不仅可以表现出个人的人品和对待工作的思想状态；而且可以反映出商店的经营管理状况，是售货员个人形象和商店社会形象的最重要的部分。售货员端庄、礼貌、亲切、大方的举止，对于促进销售业务的开展和维护企业的信誉有着重要的意义。

①站　姿

站立是售货员在岗位上工作的基本体态。人们把售货员的工作称作“站柜台”，就是说售货员都是站着工作的。站柜台体现了售货员工作的辛苦和劳累，站着工作，反映出售货员对顾客的尊重和对工作的高度责任心，因而也应受到人们的尊敬。售货员的站姿要讲究端庄、精神、热情、自然。站在柜台后面，虽不必双脚并拢，呈立正姿势，显得呆板拘谨，但也不可松松垮垮，显得漫不经心和无精打采。正确站姿应是双脚自然分开，上身正直，双手相拢放在小腹处，面带微笑。顾客走到柜台前时，可以双手分开轻放在柜台上，礼貌地迎接顾客，切忌趴柜台、倒背手、倚货架；站立时也不可抱臂膀、蹬柜台或把手插进衣兜里。没有顾客时，可以擦擦柜台，整整货物，或打打发票，不可同别的售货员扎堆聊天，更不可走出柜台去和别的柜台上的售货员闲谈。

站姿，是售货员的一项重要基本功，站姿不正确，易过早地疲劳，久而久之甚至损害身体，所以，应当刻苦锻炼，养成站柜台良好的基本姿态。

②迎　接

柜台前没有顾客时，可以做些其他工作，但要随时注意有无顾客到来。当有顾客走来时，应当观察顾客的意向是浏览还是购买。如是浏览，可以肃立等待，以自然、关注的表情目视顾客，准备接待；如果购买，则应主动上前打招呼。如果自己正在接待其他顾客，可以招呼其他有空闲的售货员来接待，也可以礼貌地请他稍候。

③接　待

接待顾客是售货员的主要任务，主要包括拿，放、展示、收款核算、包扎等基本技术。

“拿”——就是售货员从货架上给顾客拿商品。拿商品看似简单，实则不然。除了要准确轻柔敏捷利落外，还要讲究礼貌。拿商品要根据顾客的眼神、年龄、身材、打扮等来决定所拿商品的花色、品种、规格、型号。要面带热忱的微笑，尽快地拿出适合顾客需要的商品。拿的动作也要轻捷、稳重。比如拿帽子，应当拿住帽子的边沿，而不可大把抓住帽顶，或以两个手指捏住帽沿，显得很粗鲁轻率。拿大的商品时应双手托住，拿食品时应用夹子等等。

"放"——就是售货员把商品放在顾客面前的柜台上，请顾客挑选、鉴别。放的动作要轻缓、利落，显示出礼貌的表情和动作。切忌随意扔、摔商品，好像自己很不耐烦。放下商品后要等待顾客说话，不要急于报价，好像在催促顾客购买一样，这样会刺伤顾客的自尊心。

"展示"——是指售货员把商品展示给顾客，请顾客看清楚商品的全貌、特征，方便顾客鉴别、挑选，以吸引顾客购买兴趣。展示是售货员最重要的售货技术之一，应当更讲究些。展示应根据商品的特殊性，用不同的展示方式。动作要熟练、自然、礼貌、大方。如展示衣料，顾客一定很想了解一下穿在身上的效果，售货员应当适时把衣料抖开，左手拉住一个边，右手拉住另一个边往自己肩上一搭，请顾客仔细观看。展示裤料，则可以把料子拉开一部分，两手分别拉住两边，用力轻轻一抻，请顾客鉴别。展示服装，带有衣架的可以一手拿起衣架的上端，一手拉住服装下边，请顾客观看服装的全貌；不带衣架的，可以用双手托住服装，先请顾客近看，再将衣服搭在自己身上，请顾客由近到远，看看总体效果。展示化妆品，可先请顾客看一看色泽，闻一闻香味。对口红、眉笔等，还可以在纸上涂几下，请顾客比较一下不同的色彩。展示玩具，应善于显示玩具的特殊性能，善于耐心细致地帮助顾客使用玩具。对于不宜轻易让顾客动手触摸的商品和不宜轻易拿放展示的商品，售货员要礼貌地说明，详细地介绍，并由自己来操作、展示，请顾客尽可能了解商品的全部情况。

总之，展示商品，应熟练、大方、礼貌，要使顾客看得清楚，又不污损商品，更不使顾客自尊心受到伤害。

"算款收款"——算款收款，包括算款、收款、找零和开票等，是售货过程中的一个重要环节。算款一要准、二要快。算款可用心算、珠算、计算器计算等多种方式。计算时要态度认真，精力集中，这本身就是对顾客的尊重和负责，既可以提高效率，又可以防止差错。不论用哪种计算方法，都应当一边唱数，一边计算，给顾客交待清楚，计算过程要当着顾客的面进行，请顾客看得明白。如果顾客对货款有疑问，应认真、耐心地再算一遍，不应有丝毫不满的表现。发现计算差错，应向顾客表示道歉；没有差错，也不可再过多地说明，把顾客搞得很尴尬。收款要先点整数，再点零头。找零时则要先找零头，再找整数。收款、找零都要唱收唱付，当面点清。找零时要按票面大小整理好，硬币放在纸币上面，礼貌地交到顾客手里，切忌零乱地往柜台上一扔，撒了一片，让顾客自己整理，显得很不礼貌。开票是本环节的最后一道手续，要像算款一样，认真、细致，填写项目要完整，印章要齐全，递付发票要郑重、礼貌，像找零一样交到顾客手里。

"包扎"——售给顾客的商品，有不少需要包装、捆扎后交给顾客，以方便顾客携带。包扎技术一定要过硬，对包扎的要求是一要牢固、结实，二要美观、大方。特别是高档礼品，包扎要特别讲究。随着商品经济的不断发达，大部分生产厂家十分注意商品的包装，考虑到顾客携带的方便，商场也大都配备了包装塑料袋等物料，这便大大减轻了售货员包

扎商品的劳动量，降低了包扎的难度。但是，包扎技术仍必须熟练掌握。比如，出售盒装糕点，尽管有包装盒，但对没有带包的顾客，为了方便携带，仍需要用绳子捆扎一下；顾客买几盒糕点，就更需要捆扎。其他如出售针织布料、瓶装酒、罐头也需要捆扎，而且后者的捆扎难度很高。只有很好地掌握了包扎技术，才能更好地为顾客服务，使顾客高兴而来，满意而去。

当顾客拿好商品，要离开柜台时，不要忘记向顾客微微点头，行注目礼，并说一声："欢迎再来！"

接待顾客，是售货员最主要、最关键的工作内容。新售货员在上岗前，就应当受到严格的训练，在基本熟练后，才能上岗接待顾客。在工作的实践中，还必须不断地勤学苦练，进一步熟练。尤其应当注意的是，在整个接待顾客的过程中，要努力改善服务态度，时刻注意尊重顾客，做到主动、热情、耐心。同时文明服务、礼貌待客，使顾客感到方便、满意、心情愉快。

④ 其他举止

售货员进入商店，便是以商店的主人身份出现，应当时时、事事、处处表现出本商店的良好的精神风貌。以下一些场合里的行为，虽不在柜台内，但其举止对表现商店的风范有着不可低估的作用。

揩柜台——保持柜台、货架的干净整洁，是美化店容店貌的重要工作，售货员在柜台前没有顾客时，经常揩揩柜台，可以表现出对自己工作的热爱，对商店的责任感。揩柜台要用沾水后拧干的抹布，一边揩柜台，一边留心有无顾客走过来。揩柜台末端与他人柜台相接处，如果那里有顾客挑拣商品，应当停下来，不要弄脏了顾客的衣物。必须继续揩拭时，要礼貌地请顾客让一让。

店内行走——售货员在店内行走要注意礼让顾客。当顾客人多堵住道路时，应轻声地说"对不起，请借光"、"劳驾，请让一让"。然后从顾客身后走过。与顾客迎面行走时，要谦让地主动给顾客让路。在与顾客同上下楼梯时，应请顾客先上，自己走在后边。两人同行走过通道时，不要并行，不要边走边聊天，不要手拉手行走，更不可勾肩搭背。售货员推货车行走时，最好前边有一个人开道，及时提醒顾客让一让。单独一个人推货车时，行走速度要缓慢，前边有顾客时，要及早提醒顾客，以抱歉的语气说："对不起，请让一让"、"过车了、劳驾让一让"等等。切不可在顾客中间穿行，显得很没有礼貌。

售货员的仪表举止是其各项内在素质的综合反映和自然流露。因此，要讲究仪表举止，就必须不断加强自己的思想品德修养，提高业务水平，以良好的时代风貌，向社会宣传精神文明，促进两个文明的建设，为开创新风尚作出贡献。

（6）售货员语言的要求

语言是人际间相互表达感情、交流思想的交际工具。售货员接待顾客，时刻都需借助于语言。售货员的语言也叫柜台语言，不同于社会中的一般交际语言，具有鲜明的职业

性。柜台语言是特定语言环境的产物，是在商品交易过程中，售货员所使用的一种规范性语言，是礼貌待客、文明售货的主要标志之一。

售货员能不能很好地运用柜台语言，直接关系到服务质量、商店信誉和个人形象。售货员在接待顾客时所用的语言，会自然地表现出本人的品格。礼貌、文明、优美的语言会给人以美感，产生出巨大的魅力，让顾客心中感到亲切和温暖。相反，语言不当，会使顾客感到受了怠慢，甚至侮辱，导致不必要的矛盾。顾客会对售货员和商店丧失信心，也使售货员个人的人格扫地。讲究柜台语言，是售货员道德高尚的表现，是服务本领高明的标志。所以每个售货员都应当讲究柜台语言艺术，根据本人业务特点，研究总结出一套接待顾客的程序化、规范化语言，为树立商店良好的社会信誉，为维护良好的社会风气作出努力。

柜台语言要追求效果，就必须要有利于服务，有利于顾客，有利于商店声誉。柜台语言的基本要求是：

① 要准确明白：语意清楚、明确、完整。说话抓住要领，用词恰当，通俗易懂。

② 要礼貌亲切：态度要谦逊、真挚，尊重顾客，富有感情，语气温和得体。

③ 要文明优美：语言要文雅，形象生动，音调适中、柔和。

④ 要敏捷灵活：不同时间、不同顾客、不同条件语言要随机应变，巧妙灵活，完美地处理与顾客之间的各种问题。

柜台语言切忌生硬唐突、粗鲁烦躁、讽刺挖苦和低级庸俗。要达到这些要求，既不是高不可攀，也不会一蹴而就，必须在以下几方面坚持不懈地努力：一要提高自己的政治修养、道德修养；二要提高自己的科学文化和社会常识素质；三要提高业务技术和商品知识。只有在这三方面都提高了，才能成为本职工作的行家，成为受尊敬的新一代售货员。

(7) 售货程序语言礼仪

售货员在售货的各个程序中，都要使用文明礼貌的语言，主要有：

① 开头语

当顾客走近柜台时，售货员首先遇到的是对顾客的称谓。称谓要根据顾客的性别、年龄、身份来确定。对一般顾客，可称呼“同志”或“先生”。“同志”是我国解放以来最常用、最普遍的称谓方式，适应面很广，不受性别、年龄、职业和地域的限制。不过，如果能使用针对性强的称谓，会使顾客更觉亲切。如对老年顾客称“老大爷”、“大娘”、“老太太”等；对少年儿童称“小朋友”、“小同学”、“小弟弟”、“小妹妹”等。近年来随着开放意识的增强称谓发生了一些变化，增加了“先生”、“小姐”等称谓，显得比较文雅、谦恭。

称谓后接着便是与顾客打招呼。打招呼要主动、热情，要根据不同情况，把握时机，使用不同的语言。比如，看到顾客走过来，售货员便要关切地看着对方，到了柜台边后，便可以打招呼。这时可以说：“您想看看什么？”或说“您需要点什么？”而不说：“您要买什么。”因为这时顾客可能并不想买东西，只是随便看看。问他要买什么，一定会迅速

离去的，心里留下了一丝别扭。问他想看看什么，没有催促他购买的意思，因而他会感到自然、亲切。对老顾客到来，语言便可“家常”一些。可以先问一声“您好！”下班了，还可以进一步问候、寒暄：“几天不见了，您好吗？”前天买的刮脸刀好使吗？”“您需要点什么？”等等，看到顾客比较专注地看某种商品时，可以上前问候：“您要看看这个吗？”等等。

好的开头语，可以给顾客以美好的第一印象，一开始就把顾客吸引住，为一桩生意的成交铺开了一条道路。

② 选购时

打过招呼以后，接着售货员就要根据顾客的要求拿放和展示商品。这时主要是对商品作出介绍和推荐。介绍商品，要实事求是，通俗易懂，不笼统含糊。如顾客问：“洁银牙膏有什么特点？”答：“能治病。”问：“治什么病”？“治牙齿的病，没病还可以防病。”这样的回答使顾客不得要领，这笔生意就难以成交。再如顾客问：“这种表质量好吗？”答：“这种表价格虽不高，但质量还是很好的。”这种回答也很不明确。如果回答说：“这种表是改良后的快摆机芯，准确性不如电子表，但很耐用，式样不错，价格也便宜。”这样的介绍顾客会比较满意。当然，对商品作不切实际地胡夸乱捧，是欺骗顾客的不负责的行为，应当坚决避免。

介绍之后，可以很自然向顾客作推荐。推荐要对顾客负责，不要强加于人。根据具体情况进行推荐，如：“这是老牌子了，质量可靠，您可以买回去试试。”根据您的年龄、体型，这件上衣您穿还是比较合适的。如果顾客对几个花色都欢迎，又拿不定主意时，可能会问售货员：“你看我买哪种好？”可以回答说：“我看这几种都挺不错的，尤其这一种更适合您用，您看怎么样？”这种尊重顾客的语言，让人比较容易接受。相反，如果说：“你用这种没错，买下吧！”或说：“这几种都好，买哪一种都包你满意。”这种强加于顾客的语言，会使顾客产生逆反心理，对你推荐的商品产生不信任感。

③ 结束语

顾客购物后，售货员要把商品轻轻地交给顾客，及时地说：“请您拿好！”当然不要忘记礼貌地向顾客说一声：“谢谢，欢迎下次再来。”给整个售货工作画上一个圆满的句号。

售货时的情况千差万别，售货员应根据自己岗位的特点，不断地探索、总结，逐步形成自己富有特色和独具魅力的柜台语言。

3. 美容院礼仪

(1) 发廊礼仪

发廊即理发店，是一个历史悠久的服务性行业。近几年随着改革开放的深入发展，理

发业也有了巨大的变化。人们到理发店，不仅对剪、理、洗、吹、烫、刮等有了更高的要求，而且希望理发师也是美容师，也能为美化容貌、护理皮肤提供良好的服务。因而，理发和美容逐渐趋于融合。

目前，各式发廊鳞次栉比，理发店遍布大街小巷，不但数量在不断增多，而且在激烈的行业竞争中，档次也在不断提升，质量也在迅速提高。理发业已经逐步认识到，理发业要得到顾客的青睐，另一方面要重视优美的环境、高超的技术等硬件建设，一方面还要重视用良好的服务态度，优雅的礼仪行为，树立自己的美好形象，用“人情味”来吸引更多的顾客。

①环　境

理发与美容有基本一致的环境要求。因为人们理发不仅是只把头发剪短，而且还要达到美化容貌的目的。因此，发廊的店容店貌也应当整洁、漂亮。门脸、牌匾，橱窗要美观、整洁、醒目；店内用具、设施要清洁整齐；室内无尘、无垃圾、无蚊蝇，无异味；温度适宜、光线充足；地面、桌面、沙发、椅子要经常擦拭，没有头发渣、肥皂沫；毛巾、围布、理发用具要清洁、整齐，及时消毒。为了方便顾客，可以准备一些有关发型的杂志，墙上可以张贴男女各式发型图片。

以上这些，看似一般工作，但是如果做得精心、细致、周到、具有个性，那么，就会表现出对顾客的尊重和体贴，就会受到顾客的偏爱。

②准　备

服务人员要提前到岗。上岗前要先检查一下个人的服装、卫生，具体内容和要求，大致与美容店服务人员相同。营业之前要打扫卫生、检查工具、电源等，发现故障要及时排除，以保证顾客安全。准备好充足的热水，准备工作特别要做好各个用品的消毒工作。各种工具应当摆放有序，防止使用时东翻西找，出现慌乱。

（2）美容服务的礼仪

顾客进店，服务人员要主动上前欢迎，亲切地说一声“您好，欢迎光临!”、“请里边坐”。如果是老顾客，可以更亲近一些。

顾客进店后，服务人员要主动介绍服务项目，展示有关图册，在顾客选择美容项目的时候，服务人员要为顾客当好参谋。对美容知识比较缺欠的顾客，更要耐心地、较全面地讲解，帮助顾客选择适合自己职业、身份、性格、情趣和自身自然条件的美容项目。

美容师、美发师此时应当细心观察顾客；既要看顾客的发型、脸型、皮肤等，还要看顾客的年龄、身份等，以便考虑提出适合顾客具体情况的美容、美发项目。在仔细观察的基础上，可以询问顾客对发型、美容项目以及用什么化妆品、对操作有什么要求。这时要耐心详细地介绍针对顾客情况应当选用的项目和应使用的美容化妆用品，在意见一致后方可进行操作。

在操作过程中，要认真细致，并不时问一下顾客，“我的手重不重?”“水热不热?”

"是这样吗?"学会同顾客谈话交流非常重要，不仅会使操作过程变得轻松、愉快，而且可以拉近同顾客的距离，如果顾客提出不满意时，应当根据不同情况恰当处理。属于自己不当时，要向顾客道歉，并立即设法补救；不属于自己的问题时，要礼貌、耐心、平静地向顾客解释，不要和顾客发生争执。如果发生了矛盾，经理要及早出面解决。要考虑顾客的正当权益，不论什么情况，都不要和顾客争吵。如果属于顾客无理取闹时，要耐心地讲道理，确实劝解不了，可以建议顾客向有关部门投诉，请求他们解决。其实应当知道，绝大部分顾客都是通情达理的，只要自己能够把道理讲清楚，而且态度和缓、礼貌，一般都能够妥善解决。处理好和顾客的矛盾，不仅是一种责任，而且也是一种艺术。能够妥善处理好各种矛盾，就会在顾客中树立起良好的形象，吸引更多的顾客。所以，经常揣摩、研究不同顾客的心理，抓紧容易产生矛盾环节的警惕和防范，特别是严格规范经营、服务行为，避免矛盾的发生，做到防患于未然，是非常重要的经常性工作。

服务结束后，要再次询问顾客是否满意，有无要完善的地方。如果遇到顾客有不满意之处，服务人员应当抱着对顾客负责的态度，认真听取顾客意见，并且及时解决。确实不能解决的，要耐心地解释清楚。顾客如仍不满意，要请经理出面解决。如属本店的失误，要首先向顾客道歉，然后采取措施，弥补顾客的损失。

如果顾客对美容效果满意，表示感谢，服务人员要礼貌地说一声："不客气"、"让您满意是我的责任"、"谢谢您的合作"、"欢迎再来"、"希望下次再为您服务"等。

顾客要离开美容院时，服务人员可以帮助顾客拿一拿大衣、外套、围巾等。提包或贵重物品，最好让顾客自己动手去拿。快要离开时，可再次提醒顾客有没有忘记随身携带的物品。

顾客离店，要随身后相送，并用"欢迎再来"、"再见"等礼貌的语言表示告别，用目光送至远处。

(3) 美容前期服务礼仪

① 满足顾客需要

美容院要设备齐全、技术高超、服务热情、环境卫生舒适，以满足顾客美容和休息的需要，使顾客高兴而来、满意而去。

美容院的服务项目应当尽量全面，修面、修眉、修甲、化妆、面部头部按摩、祛斑、去黑眼圈、去暗疮、妆面设计，以及理发、烫发、染发、洗头、盘头、发型设计等。好一些的美容院还可以开展减肥瘦身、丰乳、翘臀业务。规模大、档次高的美容院，还可开展整体形象设计，如，妆面设计、发型设计、皮肤保养设计、体型健美设计、婚纱礼服设计、四季场境服饰设计、艺术写真设计以及营养保健设计等。

服务人员的技术要全面。服务人员包括美容师、美发师、设计师、助手和勤杂工等，对自己的业务技术要全面掌握并且要熟练精通。不同的顾客有不同的生活习惯，不同的审美角度，不同的自然条件，因而，就会有不同的需求。只有掌握了全面的技术，才能满足

不同顾客的不同需求。

② 个人准备

服务人员要热爱自己的工作，上岗要精神饱满，精力集中。上岗前要做好各项准备工作。

着装。美容院的服装与百货店、宾馆等有所不同，应当更美观、更大方，色调要与整个环境相协调，尤其要特别注意干净整齐。有统一服装的要穿统一的工作装，服务工作证要端正地佩戴在左胸前。工作时间，不要带首饰，身上不要带装饰品。

化妆。美容院服务人员的化妆，与其他商业服务业也有所不同。服务人员不能不化妆。不化妆会显得面部平淡，没有生气，顾客看了，会觉得你无精打采，打不起精神。美容院的人，自己不化妆，也会被顾客认为你对自己的技术缺乏自信。但是，如果化妆重了，又会产生喧宾夺主，似乎要与顾客“一争高低”的劲头。所以，美容院服务人员的化妆，要特别谨慎，总体上要浅而淡，局部要有所强调，如嘴唇、眉毛、皮肤等部位，应当在浅淡的前提下精心“施工”，做到既不浓艳，又不平淡。如果服务人员面部或皮肤有瑕疵，要给予遮掩。皮肤患疾的，应暂不上岗，或做其他不接触顾客的工作。

由于服务人员会不断近距离地接触顾客，所以，美容院的服务人员尤其要讲究个人卫生。洗手、洗头、洗脸、洗澡、修甲自不必赘述。服装和身体特别是口腔，均不可有异味。如果洒些极清淡的香水、喷一下口腔清新剂，会受到欢迎的。

③ 工作准备

开业前，应把一切准备工作做好，把当天所要使用的用具、用品检查一遍，摆放妥当，环境卫生再次巡视一下，然后，精神饱满地准备迎接第一批顾客。

(4) 理发中的礼仪

开始营业，理发人员应当站在各人岗位，准备接待顾客。顾客进店，理发师要主动迎接，热情打招呼。一般常用亲切、轻缓的普通话，有礼貌地说：“您好，欢迎光临。”、“请里边坐”等。对老、弱、幼、残顾客，更要热情上前搀扶，妥善安排座位。

顾客入座后，要根据顾客年龄、职业、身份、脸型和原来的发型，推荐不同的发型。还可以用图册请顾客挑选。在介绍推荐发型时，应当扼要讲明推荐这一发型的原因，以取得顾客信任。

在为顾客理发的过程中，要不时询问顾客的感受。洗头前要问水热不热、凉不凉；洗头时手重不重。需要顾客仰头、低头时，要温和地说：“请您低一下头。”“请您直起身来。”等。

各项程序结束后，要拿一面镜子，从各个角度照给顾客看一看，并询问是否满意。如有意见，应当按照顾客意见进行修整，直到顾客满意。

为老年顾客理发，要做到轻柔、舒适。语言、行为更注意尊重礼貌。需要顾客行动时，要主动搀扶。

为儿童理发时，要耐心、轻缓。一般儿童都不让理发，怕热、怕痒、怕疼、爱动。所以，在给儿童理发时，要适时地讲些鼓励、夸奖、激励的话，消除他的畏惧心理。同时理发的动作要迅速而轻柔，使理发在愉快中结束。

理发结束，及时结算账目，不要出现差错。顾客离店，要说声："谢谢光临。"欢迎再来。并提醒顾客不要忘记带好自己的物品，直到把顾客送至门口。

(5) 美容院环境礼仪

美容院是一种艺术性很强的行业，也是一个较高层次的"享受"性行业。顾客进入美容院，不但要通过美容塑造出或端庄娴淑，或妩媚秀丽，或清秀淡雅的个性美，而且还希望在美容院优雅恬静的环境中，让心情得到充分放松，疲劳得到充分缓解，在美容院感受一下艺术的熏陶，因而，在激烈的市场竞争中，美容院应当千方百计地设法满足顾客对美的追求和向往，把自己的美容院办成技艺卓越、环境优雅、个性突出的，具有强大吸引力的店铺。

①环　境

美容院的环境不仅是吸引顾客的基础条件，优美的环境还体现着对顾客的欢迎和尊重，所以环境也是一种礼仪的表现。美容院应当布置成"美丽的花园"、"艺术的殿堂"。让美在这里有充分的展示，形成一个个性突出的、具有强烈艺术感染力的、充满诗一般韵味的"人间天堂"。

美容院的装修，事先要有一个具有创意的整体设计。装修、陈设、用品、设施都应当围绕一个中心思想、围绕一个主题风格展开。可以追求古典幽深、可以追求清秀靓丽、可以追求书香墨趣、可以追求时尚现代、可以追求田园厚朴，等等。不要企图为了招徕各种各样的顾客，而把环境搞成多题材的堆砌，显得不伦不类、杂乱无章。

不论哪种风格，都应当做到整洁、有条理：地面、墙壁、屋顶和各种设施上，都要保持清洁无尘；室内无蚊蝇、无异味，无丢弃物，无水渍污迹。

橱窗、墙面的陈列要讲究精美，有韵味，强调主题。个性化的设施，如音乐、美术、雕塑、书卷、古玩、工艺品等，应符合主题构思，而且陈列有序。

②工　具

美容用品、用具、设施，首先要干净卫生，一定要按照专业要求，严格清洗消毒。如毛巾、面盆、围布、床单、椅垫，特别是接触顾客身体、皮肤的用品，如面巾、化妆笔、眉毛夹等，更要经常地、彻底地清洗消毒。这些工作既是美容工作职业道德的基本要求，也是对顾客最基本的、最起码的关心与尊重。

高品味美容院的美容用品、用具、设施，不仅讲究实用性，而且也要讲究艺术化。在不影响实用功能的前提下，其质地、样式、颜色、图案都应当按照整体风格的要求选择和安排，从而形成与整个环境相统一的格调，创造、烘托同一个意境。

4. 旅游业礼仪

旅游业礼仪是现代旅游业用来协调各种人际关系，力争外部环境的和谐和内部统一的礼仪，它要求旅游从业人员有礼貌的为游者服务。

我国素有“礼仪之邦”的美称，富有文明礼貌的传统。孔子说：“不知礼，无以立”。讲究礼仪，除了可以使旅游从业人员在旅游活动中充满自信、胸有成竹、处事不惊之外，还能更有效、更规范地向旅游者表达自己的尊重、敬佩、友好与善意，增进彼此之间的了解和信任。

（1）提供优质的服务

当前，旅游业激烈的市场竞争，实际上是服务质量的竞争。旅游企业的生存发展、市场与客源，靠的是向宾客提供满意的优质服务。研究表明：在旅游企业硬件设施相同的情况下，影响优质旅游服务质量的主要因素是服务意识与态度。“宾客至上，服务第一”的意识和“主动、热情、周到”的态度，可使客人在感官上、精神上产生亲切感和尊重感。所以说旅游从业人员的礼貌礼仪是优质服务的关键，而服务质量的优劣，将直接影响我国旅游业在国际上的声誉。

（2）严于律己尊重他人

学习、运用礼仪知识，最基本的是自我约束和自我检讨。在旅游接待过程中，克服自身的、社会环境中的各种阻力，以规范的礼貌语言、礼貌行动、礼宾规程去接待每一位旅游者。但接待外国旅游者必须尊重其宗教信仰，民族风俗。要做到这一点，必须了解各国的宗教信仰，风俗习惯和主要禁忌。只有尊重了客人的习俗礼仪，满足了客人的心理需求，客人才会有一种真正得到礼遇和尊重的切实感受。

（3）适度原则——不卑不亢，自尊自爱

应用旅游礼仪时，必须讲究技巧，特别是注意把握分寸、适度得体，而不能呆板僵化，不能一味地妄自菲薄、低三下四，也不能盛气凌人、态度蛮横。特别在接待外国旅游者时，注意维护国格和人格，千万不能卑躬屈膝，弄得别人手足无措；应表里如一，热情适度。

（4）平等待人真诚关心

在旅游活动中，具体运用礼仪时可因人而异，根据不同的客人的要求，采取不同的方式。但来者都是客，决不能厚此薄彼、看客施礼，更不能以貌取人、以财取人。在接待过程中，把自己的情感投入到一举一动、一招一式中，真正从心里关心他们，才能使服务更有人情味，才能赢得客人。

(5) 善解人意理解宽容

旅游者在旅游过程中，由于个人原因可能会作出违反常规的举动，甚至是失礼或无理的要求。作为旅游从业人员应理解对方的立场、观点和态度，根据具体情况宽容对方，体谅对方，必要时做冷静、耐心的解释。尤其是对非原则问题，要能原谅对方的过失，得理让人，决不能穷追不放，把宾客逼至窘境，否则会使宾客产生逆反心理和对立情绪，引起不必要的纠纷。当然，宽容并不意味着放弃原则，姑息纵容，而是更要注意方式方法。

5. 旅行社礼仪

(1) 旅游团队接待礼仪

① 准备工作

a. 制订接待计划

接待部从外联部接到要接待的旅游团队后，首先要研究接待内容，制订一份有针对性的接待计划，内容一般包括该团的编号、基本情况和要求、日程安排、成员名单 4 部分。

b. 配备合适的接待人员

计划制订好后，配备全陪、地陪是非常重要的，人选不当就会造成失误。重要的团要选配经验丰富、反应灵活的人员；国际旅游专业团，要选配外文强而又有专业知识的人员；学习考察团的陪同，要选配知识丰富；参观游览团的陪同，要活泼开朗。

c. 制订工作方案

陪同拿到接待计划后，要根据其要求、本地的实际条件，制订自己的工作方案，内容包括节目安排、宣传重点、重点人物的工作、可能发生的问题及处理方法等等。

d. 打印日程表

地方导游要将在该地活动内容打印日程表，分给领队、团员、全陪、司机和相关酒店等。日程表内容应有：团名、活动内容、出发时间、一日三餐时间及地点、交通工具、交接行李时间、地方导游和司机姓名。

e. 宣传及其准备

对于国际旅行团，在接待前要集中一至两天学习近期党的方针政策及对外宣传口径，了解旅游者所在国的政治动态，重大事件及我国政府对这些事件的态度。根据该团的特点，拟订宣传重点并为此准备有关材料。有针对性地准备外文和地方语，特别对一些专业团，更应注意专业知识的补充。另外，需做好物资准备，如全陪要备好衣物、携带记录本等等。

② 接待工作

a. 致欢迎辞

接待人员首先代表旅行社向旅游者表示欢迎，而后介绍接待人员和司机。一般除欢迎外，还要表示自己愿努力工作，尽力满足大家要求，并祝这次旅行成功愉快。欢迎辞口气、用词要适度，既要热情，又要稳重。

b. 协商旅行路线和日程

全陪在工作前一两天，重点是调查研究，尽快熟悉成员。根据了解的情况，在旅行路线中安排特有节目。地陪要尊重全陪意见。全陪、地陪与领队协商一致后即向全团宣布。

c. 了解情况，安排座谈

要坚持天天记下发生的问题和旅游者的反映。旅行过程中可安排座谈解答旅游者提出的问题，以取得谅解。座谈可安排在火车上或在酒店里。

d. 致欢送辞

欢送辞内容主要是感谢游客一路合作，表达惜别之意，对于没能满足客人要求的，要表示歉意并希望再次接待。惜别言语要诚恳，要有文采，这样才会给客人留下深刻的印象，然后一一握手告别。陪同要等客人离开车站、机场再走。

③ 精心设计最佳的旅游路线

旅行社应派专人预先按路线采访一下，并落实各地的准备工作。每个地方突出什么，活动、交通、住宿、膳食怎样安排等，要反复检查确认。

④ 配备最佳导游

选择导游是邀请团活动成功与否的关键。要选择有经验而又学识丰富的导游，讲解既要深入浅出，又要诙谐动听、妙趣横生，让代理商或记者们感到是一次很好的艺术享受，回去后有助于更好地宣传，扩大影响，吸引更多的游客。

⑤ 部门经理应亲临机场或车站、码头迎接邀请团的到来

接待人员应提前到达接站地点，精神饱满地恭候客人。

⑥ 交接准备

a. 陪同接受接待任务后，要认真阅读接待计划，从中掌握所陪团队的基本情况，包括人数、姓名、性别、年龄、国籍、民族及领队情况等，了解该团的费用标准和住宿情况，掌握团队的日程安排和抵离时间、航班车次、接站地点等。

b. 了解旅游团所在国近期政治、经济、文化方面的情况以及宗教信仰、风俗习惯和主要禁忌，掌握国家有关法律、政策方面的规定。

c. 熟悉景点介绍，团队如有专业交流、考察、参观、座谈、访问活动安排，需认真阅读有关专业活动资料。全陪还要了解沿途城市有关历史、地理、人口、风土人情等多方面的情况。

d. 地陪要适时核对接待车辆、就餐安排、交通购票等落实情况，要确定与司机的接头

时间和地点；并做好接团的物质准备，如领取和备齐各种票证、导游图、导游胸卡、导游证、喇叭、导游旗、接站牌等。

⑦ 接站服务

a. 陪同要按规定着装，并至少提前半小时抵达机场、车站、码头迎接客人。地陪要佩带导游胸卡、打社旗和接待站牌，还要与司机约好客人上车地点。

b. 客人抵达后，陪同要持接站牌主动上前迎接。要和客人共同核对团号、实际抵达人数、名单及特殊要求等。陪同在客人全部到齐后，可带往乘车地点，帮助客人上车，并认真清点人数。

c. 在适当场合或客人上车坐稳后，导游要向客人进行自我介绍，并介绍全陪、司机等。随后要向客人致欢迎词。欢迎词要力求简短、精彩，热情洋溢，不可千篇一律，也不可过于拘谨或夸夸其谈，要视不同国家、不同团队而有所区别。

d. 在前往酒店途中，导游除了要介绍沿途景观外，还要主动向客人发放导游图，介绍日程安排、游览项目等。在宣布日程安排前，应主动与领队交换意见，并询问客人有无其他要求。

e. 抵达酒店前，导游向客人介绍所住酒店的基本情况，如酒店历史、建筑面积、地理位置、娱乐设施、客房餐厅等。

⑧ 入住服务

a. 团队进入酒店后，导游要办理住房登记手续，协助酒店接待人员分配房间。

b. 导游应了解客人房间位置、领队房号和安全通道，并提醒客人注意安全，外出要锁好房门。

c. 将客人送至房间后，适时带客人到餐厅用餐。

d. 向客人收取要确认的机票或车票和所需办理的签证、护照等，并向客人询问有无其他委托办理事项。根据客人要求，要尽力提供帮助，需转交内勤办理的事宜，要做到转交及时，交代清楚。

⑨ 行李服务

a. 旅游团队客人抵达机场后，导游要协助客人提取、集中和清点托运行李。如发现行李丢失、破损、被盗，要立即与机场联系交涉追查和索赔。清点行李无误后，认真填写行李交接单，记录团号、国籍、人数、行李件数、破损情况等，随行李一并交给司机运离机场。对于乘火车的团队客人，导游要向全陪或领队索取行李托运单，交给司机后方可离站。

b. 行李运抵酒店后，导游要同客人一起认真清点核对，并协助运抵客人房间。提醒客人检查内部物品是否完好无损，如有丢失或损坏应立即报告，还要提醒客人将贵重物品存放酒店的贵重物品寄存处，或次日游览时随身携带，不要放在房间内。

(2) 带客游览礼仪

① 出发前，导游应在客人用餐时向客人表示问候，并了解客人身体情况，重申出发

时间、乘车或集合地点，提醒客人带好必备用品，如手提包、摄像机、照相机及贵重物品、身份证明等。

② 出发乘车时，导游应站在车门口照顾好客人上车，待客人落座后要清点人数，示意司机开车。车行驶后，导游要向客人问好，报告天气情况和简短新闻，重申当天活动日程和旅游须知等。

③ 去景点途中，导游要向客人介绍本地基本概况并回答客人问题，简要介绍即将参观的项目情况，还可根据客人特点、兴趣、要求，穿插介绍一些历史典故、风土人情、社会风貌等，以增加游客的兴致。若路途较远，可教客人唱山歌，与客人一同做游戏，以驱散旅途的疲惫。

④ 到达景点前，要向客人宣布集合时间、停车位置等。游览过程中，要认真组织好客人活动，做到服务热情、主动、周到。讲解时要运用不同导游手法和艺术，通过穿插历史典故、传说等形式增加客人兴趣。讲解内容要准确，数字、事实无误，条理清楚，语言生动。到具体景点应提醒客人照相，给客人留出摄影时间。途中要提醒客人注意人身安全，看管好所带财物，防止发生丢失、被盗现象。对于行路困难的地方，要陪伴照顾好年老体弱者，以防发生意外。客人提出需要帮助时，应尽自己最大的努力使客人满意。

⑤ 游览结束后，应清点客人人数，组织客人上车，一旦发现客人丢失，要按导游路线返回寻找。

⑥ 全天活动结束后，在返回酒店的途中，导游要向客人宣布第二天的活动安排、出发时间、地点等。抵达酒店后，导游要主动征求领队意见，对白天遇到的问题，要与领队和客人共同协商解决。

（3）带客购物礼仪

① 根据旅游团队客人要求，合理安排客人购物。

② 带团购物必须去旅游定点商店，客人下车前：要向客人讲清停留时间和有关购物的注意事项。客人购物时，可陪同客人并介绍商品。

③ 如遇小贩强拉强卖，导游有责任提醒客人不要上当受骗。导游本人不向客人直接销售商品，不要求客人为自己选购商品，不从购物商店私拿回扣或变相索取小费。

④ 商店不按质论价或抛售假冒伪劣商品，导游者有权维护团队消费者权益，向商店经理直接反映情况，要求商店向客人赔礼道歉，并退还、赔偿所购商品。

（4）送客的礼仪

① 客人结束旅游活动准备离去时，导游要提醒客人应分开整理托运行李和手提行李，客人的贵重物品如现金、首饰、支票、护照等，不得放人托运行李中，并通知客人交送行李时间。同时提醒客人付清所住房间的长话、酒水、洗衣等费用。

② 准确通知客人用餐时间、集合地点、离去时间以及航班车次，若次日早上离店，

可提前通知酒店叫早服务。

③ 导游应确认以下事项：凡乘国际航班的旅游团必须检查每张机票的起飞时间，同时取走有关确认证件；凡乘火车的团队除核对火车车次、开车时间、车厢外，还应领取站台票。

④ 客人交送行李时，导游要与领队一起核对行李件数，检查是否符合托运标准，同时在行李卡上填清团名、国籍、团员姓名、日期时间、航班车次、目的地、行李件数等，交与有关人员办理托运手续。

⑤ 临行前，要提醒客人不要遗忘个人物品，不要带走酒店物品和房卡。导游应将客人的各种证件、护照和机票、车票等亲手交给客人或领队。客人上车后，要认真清点人数，一旦发现有客人在规定时间未到集合地点，应立即下车寻找。

⑥ 若客人乘坐飞机，要按航空公司规定时间提前到达机场；若乘火车必须按铁路部门有关规定提前将客人送上车厢；不要忘记将行李托运单交给领队、全陪或客人。

⑦ 火车启动后，导游与团队客人告别后，方可离站。在机场，若航班因故推迟，应主动关心客人，必要时要留下与领队共同处理有关事宜。

6. 中餐服务礼仪

（1）零点餐厅服务礼仪

① 餐前准备

a. 班前短会：餐厅服务员必须在规定的上班时间前到达餐厅，换好工作服，精神饱满地列队站立，接受领班或主管检查仪容仪表，并认真听取领班或主管介绍当日客情及菜肴情况，接受另配的任务。

b. 清洁工作：为创造一个整洁优雅的环境，餐饮服务员应打扫餐厅卫生，包括地面卫生。四周卫生，餐桌椅卫生，工作台卫生，绿化卫生，打扫时讲究效率和质量。

c. 整理餐台餐具：按餐厅规定铺设餐台，要求统一、规范、整齐、美观。准备宾客所用餐具，如杯、碟、碗、筷、匙、烟缸、牙签等等，同时准备服务所需用具，如菜单、酒单、点菜三联订单、圆珠笔、开瓶器、托盘等。此外，还需准备茶叶、开水以及一些开胃小食品。

② 开餐服务

a. 热情迎宾：宾客进入餐厅，餐饮服务员要面带微笑，欠身行礼，站在客人对面热情迎候并礼貌询问客人人数。

b. 合理领座：引领宾客时，应在宾客左前方 1 米左右，并不时回头示意宾客，伴之以规范的手势指引。安排座位时要掌握“先里后外、尊重选择、合理调整”的原则，尽可能

使每一位客人满意。

c. 拉椅让座：待宾客到达餐位时，要双手将椅子拉出，离桌边1厘米，右腿在前，膝盖顶住椅子后部，在宾客曲腿就座的同时，顺势将椅子推向前方。

d. 递巾送茶：宾客入座后，应及时递上香巾，可用毛巾夹从每位宾客右边递送，并说"请用香巾"，然后奉上香茗，具体做法是将餐桌上的茶杯翻起，站在宾客的右侧，用预先泡好的一壶茶依次斟茶，并请客人用茶。

e. 接受点菜：右手拿菜单上部，恭敬地递给客人，并备好笔和点菜单，站在与客人相距一臂远的地方，腰部稍弯，微笑地倾听与应答。当宾客征询意见时，可详细介绍本餐厅的特色菜和时令菜，同时注意观察客人的反应，不要勉强或硬性推销。

f. 开单送单：将客人所点菜记录在点菜单上，并向客人复述一遍，以免听错或写错。点菜完毕后要及时向客人介绍酒水。点菜单一式三联，一联为提货联，送至厨房；一联为存根联，送至收银台，一联由服务员保存。酒水订单一式二联，一联送至吧台，另一联送收银台。

③ 就餐服务

a. 上酒上菜：快速领取所点酒水，并为客人斟倒。上菜时要从宾客右侧的空隙中送上，严禁从宾客头上越过。放置餐盘要轻，摆放时要注意整齐有形；为客人报上菜名，如有佐料的要同时跟上。菜上齐后，要告诉客人一声，并询问是否还需要其他帮助。

b. 撤换餐具：经常巡视客人就餐情况，为客人撤换烟缸，及时收去餐台上的空瓶、空罐、空盘和更换餐碟。

c. 结账收款：当宾客的酒水、菜肴上齐后，应及时告知收银员准备账单当客人提出结账时，应先递送香巾，然后使用小银盘或账单夹呈递账单，同时告诉应付金额数。接受款项要点清数目，代客人交款后，应将找回的余款连同账单仍用小银盘或账单夹送给客人并道谢。

④ 送客服务

a. 征求意见：在客人用餐完毕，即将离开餐厅时，要主动征求客人的意见，包括菜点质量，环境卫生，服务态度等，并虚心听取。

b. 热情送客：客人起身离座时，应上前为其拉椅，并提醒客人携带好随身物品。根据不同情况采取不同方式与客人道别，并以热情的语言欢迎再次光临。

(2) 宴会服务礼仪

① 准　备

a. 掌握情况：接到宴会通知单后，宴会服务员应做到"八知"、"三了解"。"八知"即知台数、知人数、知宴会标准、知开餐时间，知菜式品种及出菜顺序、知主办单位或房号、知收费办法、知邀请对象。"三了解"即了解宾客风俗习惯，了解宾客生活忌讳，了解特殊需要。

b. 明确分工：应明确自己的具体任务和宴会服务注意事项。

c. 熟悉菜单：应熟悉每道菜肴的名称，并能准确描述风味特色，能准确讲出其制作方法，了解其服务方法。

d. 配备物品：根据宴会菜单的服务要求，准备好各种银器，瓷器，玻璃器皿等餐酒具，同时根据宴会通知单要求，备好鲜花、酒水、香烟、水果等物品。

e. 铺设餐台：宴会开始前一小时，根据宴会餐别，按规格摆放餐具和台上用品，并在座位前摆上席位卡。

f. 摆放冷盘，斟倒酒水：宴会开始前 15 分钟摆好冷盘，要轻拿轻放，保持拼摆造型。同时注意荤素、颜色、味型的搭配。开宴前 5 分钟斟好葡萄酒，做到不滴不洒，以八分满为宜。

② 迎　宾

a. 热情迎宾：宾客到达时，要热情欢迎，使用服务敬语，并引领到休息室就座。

b. 接挂衣帽：接过宾客脱下的外衣，挂在较明显的位置，切勿倒提，以防衣袋里的物品倒出。贵重的衣服要用衣架，以防衣服走样。

c. 递巾端茶：宾客进入休息室后，应主动招呼入座，并根据接待要求，按先宾后主、先男后女的顺序，递上香巾，奉上香茗。

③ 就　餐

a. 入席服务：宾客进入宴会厅要礼貌引导其对号入座，并拉椅让座。待宾客坐定后，撤下台号、席位卡、花瓶。主动打开餐巾，铺在宾客膝上或递给宾客，脱去筷套。

b. 斟酒服务：征求宾客意见斟倒合适的酒水，一般八分满即可。若宾客杯中只剩 1/3 时应及时添酒，注意不要弄错酒水。在宾主致词前应为每一位宾客斟满酒水。

c. 上菜、分菜：要正确选择上菜位置，操作时站在翻译和陪同之间进行。每上一道菜要介绍菜名及风味特点，并将其放在转盘中央位置。应主动为宾客分菜，操作时要掌握好分量，力求准确均匀。分派要按顺序进行，先主宾、副主宾，然后顺时针进行，最后到主人。

d. 撤换餐具：宴会进行过程中要经常撤换餐具或小汤碗，重要宴会要每道菜换一次餐碟，一般宴会的换碟次数不少于三次。操作时应站在宾客右侧，征得同意才可撤换。

e. 席间服务：要勤巡视、勤斟酒、勤换烟缸。留心观察宾客的表情及动作，主动服务。当餐台上水果用完后，可撤掉水果盘、点心碟和刀叉，并摆上鲜花，以示宴会结束。

④ 送　客

a. 拉椅送客：宾客用餐完毕起身离座时，应主动为其拉椅，并提醒宾客不要遗忘个人物品，热情告别并欢迎再次光临，视具体情况目送或跟送至餐厅门口。

b. 取递衣帽：根据取衣牌号码，及时准确地将衣帽取递给宾客，并感谢客人光临。

7.西餐礼仪

(1) 西餐开席礼仪

西餐主要指欧美国家饮食，包括英式菜、美式菜、法式菜、意式菜和俄式菜等等。在我国，西餐通常泛指外国菜肴，目前，进出交际圈的人，吃西餐已经习以为常，因此，很有必要了解一些西餐礼仪，以免在公众场合闹出笑话。

西餐正餐大致由头盆、汤类、色拉、主菜、甜点组成：

① 头盆（Appetizers）：又称开胃品，是开餐的第一道菜，起开胃作用。可选用低度干型的白葡萄酒与之搭配。

② 汤类（Soups）：一般不用酒，如需要可配较深色的雪利葡萄酒或白葡萄酒。

③ 色拉（Salad）：主菜的前一道菜，具有增进食欲、帮助消化的辅助作用，可选用白葡萄酒。

④ 主菜（Maincourse）：又称大菜，是一餐的高潮。一般说，鱼类、海鲜类应配冷冻的白葡萄酒，而肉类、禽类应配红葡萄酒。

⑤ 甜点（Dessert）：一餐中最后一道食品，可配用甜葡萄酒和葡萄汽酒。

西餐正餐的进餐顺序大致按照上述顺序进行。

(2) 吃西餐的礼仪

① 着　装

参加正式宴会，或吃正餐，应当重视自己的衣着。到西餐厅不仅仅是为了去吃一顿饭，同时也要去感受一下它那优雅华丽的气氛。这种场合，穿牛仔裤、运动鞋、超短裙等就不合时宜，它会破坏那种庄重的气氛，而且，这对同席的人也是一种失礼。欧美的餐厅，会将这些穿着非正式服装的客人拒之门外。因此，应穿适合宴会性质的服饰，如西装和礼服。此外，出席正餐一般不戴帽子，女士也不可围厚长围巾。不过，随着生活节奏的加快，和对生活意义的新的理解和追求，人们更崇尚自然、放松和休闲。对于着装的讲究，也在发生巨大的变化。尤其是美国人，随意性个性化更为明显。

② 入　座

入座通常从左侧入座，一般应请女士先入座，然后男士再入座。如果服务生没有替女士拉椅的话，男士应为女士把椅子拉开，女士进入后，再把椅子推进。

③ 刀叉匙的用法

正式宴会，对餐具非常讲究。每吃一道菜，都要用相应的餐具。喝汤用汤匙，吃开胃品用开胃品刀叉，吃鱼用鱼刀鱼叉，吃牛排用主菜刀叉，吃甜点用甜点叉匙，吃水果用水

果刀叉。

餐具按顺序由外向内依次取用，一般左手拿叉，右手拿刀或匙。具体用法是：右手中指和拇指夹住刀柄，食指放在刀背上。左手持叉与右手持刀的方法基本相同。拿匙就像拿钢笔一样，匙面朝上。切食食物时，用叉紧紧压住食物的左端，顺着叉的侧边用刀切下约一口大小的食物后，再用叉直接叉起送入口中。席间有事离席，还未吃完时，可将刀叉呈八字形摆于盘上，而刀刃必须面向自己。若用餐完毕，可将刀叉并拢置于盘中，刀叉柄部朝向右下方 45 度，暗示服务员可以撤盘。

④ 酒杯与餐巾的用法

葡萄酒杯、香槟酒杯等高脚杯，要用右手轻拿杯柄部分，静静地移到嘴边，而不要把嘴伸向酒杯。有的人习惯端酒杯时翘起小拇指，这往往惹外国人的讨厌。主人提议干杯时，即使不能喝酒的人也要喝一点，能喝的人可都喝掉。

餐巾是用来擦手、嘴和防止弄脏衣服的，而不是用来擦汗或擦鼻涕的。擦嘴时轻轻地拿起餐巾一端，优雅地在嘴唇上轻压一下。若暂时离席应将餐巾轻轻折好，自然地放在椅子上。

⑤ 交　谈

和中国人“食不言、寝不语”的习惯正相反，西餐桌上应和别人轻松自由地交谈。但说话时嘴里不要嚼食物，也不能得意忘形大声说笑，更不能挥动刀叉，手舞足蹈。通常说话前要用餐巾擦一下。

（3）吃西餐的禁忌

① 用餐时禁止吸烟；
② 不要翘二郎腿；
③ 不宜在餐厅化妆；
④ 用餐时不要发出响声，即使喝汤也一样；
⑤ 不要端着盘子进餐，也不要用刀扎着食物进食；
⑥ 食物热不要用嘴吹，吃进嘴里的东西不可再吐出；
⑦ 餐具掉了不要自己拾，应由服务员拾起。

（4）西餐零点服务礼仪

① 餐前准备

a. 铺设餐台：西餐厅服务员应按本餐厅正餐的要求摆台，并将各种刀、叉、勺、餐盘、咖啡杯、酒杯以及酒篮、冰桶等餐用具配备充足。

b. 餐前短会：开餐前半小时，餐厅经理或主管要召开餐前短会，宣布任务分工和当日客情，介绍当日特色菜肴及其服务，检查员工仪容仪表，强调 VIP（重要客人）接待注意事项，分析本餐厅典型事例并做处理。

② 开餐服务

a. 迎宾引座：客人进入餐厅，要面带微笑向客人问好，并问清有否预订，视客人人数将其引领到合适的餐台，要按女士优先的原则给客人拉椅让座。

b. 餐前酒服务：餐前酒一般是开胃酒或鸡尾酒。当客人落座后，应介绍本餐厅的餐前酒，记下每位客人所点的酒水，并复述一遍，应尽快送上餐前酒。未点餐前酒的客人应为其倒上冰水。

c. 接受点菜：按先女后男、先宾后主的顺序为每位客人递送一份干净的菜单，打开菜单的第一页在客人的左边递上，同时介绍当天的特色莱肴，并耐心回答客人的问题。接受点菜时一般站在客人右边，从主人右侧的客人开始按逆时针方向进行。

d. 呈递菜单：根据客人的点菜，介绍推销与其相配的佐餐酒，并留出选择的时间。

e. 接受点酒：征求客人意见并开出餐酒订单。如果客人点红葡萄酒，要问清是现在喝还是配主菜喝。如果配主菜，问明现在是否开瓶。根据订单重新摆放酒杯，并将多余的酒杯撤下。

③ 就餐服务

a. 上黄油、面包：将新鲜的黄油、面包从客人的左边按先女后男分别放入黄油碟和面包盘内。

b. 佐餐酒服务：先向主人示瓶，待其确认后再往杯中斟少许让其品尝，然后在客人右侧按先女后男的顺序斟酒，最后到主人。

c. 头菜服务：上菜时用右手从宾客右边端上，直接放入装饰盘内。

d. 撤走头盘：当客人用完头菜后，用右手从宾客右边撤下头盘，要徒手撤盘。

e. 上汤：汤盘直接放入装饰盘，若客人用完后，把汤盘连同装饰盘一起撤下。

f. 主菜服务：从客人右侧上主菜，并报菜名，牛排、羊排要告知几成熟。撤盘时要徒手撤走主菜盘及刀叉，并将桌上面包屑清整干净，而后征求客人对主菜的意见。

g. 上甜品和水果：向客人展示各种奶酪及甜点并服务，推销水果。

h. 服务咖啡或茶：询问客人要喝咖啡还是茶，随后送上糖盅、奶壶、柠檬片、咖啡具或茶具，从客人右边斟上咖啡或茶。

i. 推销餐后酒：餐后酒一般是一些利口酒或白兰地。展示餐后酒，征求客人意见并为之服务。

④ 送宾服务

a. 结账：只有客人要求结账时，服务员才能去收银台通知收银员汇总账单。服务员要仔细检查账单，核实无误后，将其放入收银盘或收款夹，递给客人。不需读出金额总数。客人付款后，应站在客人身边将收到的现金点清，而后道谢，随即将现金与账单一并送至收银台，找回的零钱按呈递账单的方式交给宾客。

b. 送客：客人起身离座，要帮助拉椅，并提醒客人带上随身物品，礼貌向客人告别。

（5）西餐宴会服务礼仪

① 准备工作

a. 布置场所，铺设餐台：根据宴会通知单的要求布置宴会厅，设计台型，铺上台布，摆上花盆、烛台、胡椒盅、盐盅、牙签筒等，按菜单内容摆放餐酒具。

b. 配备物品：除备齐每客必用的餐具外，还要准备一定数量的备用餐具（一般占总数的 1/10）。另外还要配备咖啡具，茶具、冰水壶、托盘、烟缸、服务刀叉等。准备好佐料、茶、烟、水果、开水，新鲜面包、黄油等。

② 迎宾工作

a. 热情迎宾：开宴前 15 分钟，应站在宴会厅门口等候来宾客人到时应主动打招呼问好，并引领其进入宴会厅。

b. 接挂衣帽：客人脱去衣帽，应主动接挂，注意不要倒提，应拿住衣领，并挂在衣帽架上或存入衣帽间。

c. 餐前鸡尾酒服务——通常宴会前半小时在宴会厅门口提供餐前鸡尾酒。服务员用托盘端着各式各样的鸡尾酒、饮料巡回走动请客人挑选。

d. 引宾入席：开宴前 5 分钟，恭请来宾入席，并拉椅让座，为其打开餐巾。

③ 就餐服务

a. 上黄油、面包：宴会开始前先上黄油、面包。

b. 餐酒服务：按先女后男、先宾后主的顺序在客人右边为其斟佐餐酒，斟酒前示意客人选择并按菜单内容依次进行。

c. 服务方式及上菜顺序：一般西餐宴会服务方式多采用俄式服务或法式服务，或将两者相结合。上菜顺序是：冷开胃品—汤—鱼类—副盘—主菜—甜品、水果—咖啡或红茶。

d. 撤盘：按菜单顺序撤盘上菜，每上一道菜之前，应先将前一道菜所有餐具撤下，注意要等所有宾客都吃完一道菜后才一起撤盘。

e. 跟上餐具：上甜品要跟上甜品叉匙。上水果要跟上水果刀叉、洗手盅。上咖啡或红茶要跟上糖缸、淡奶壶、咖啡具或茶具以及咖啡匙或茶匙。

④ 送宾服务

a. 宾客离席：当宾客起身离座时，应为其拉椅，提醒客人带走随身物品，并送至宴会厅门口，礼貌道别。

b. 取送衣帽：要及时准确地将衣帽递给宾客，对重要来宾应热情主动帮其穿戴，同时热情欢迎下次光临。